青龍之光

——教学视野下的青浦人文精神解读

主　编　黄玉峰
副主编　简振雷

天津大学出版社
TIANJIN UNIVERSITY PRESS

图书在版编目（CIP）数据

青龙之光：教学视野下的青浦人文精神解读 / 黄玉峰主编；简振雷副主编. -- 天津：天津大学出版社，2022.9

ISBN 978-7-5618-7039-6

Ⅰ. ①青… Ⅱ. ①黄… ②简… Ⅲ. ①地方文化—研究—青浦区 Ⅳ. ①G127.513

中国版本图书馆CIP数据核字(2021)第191891号

青龙之光：教学视野下的青浦人文精神解读

QINGLONG ZHIGUANG：JIAOXUE SHIYE XIA DE QINGPU RENWEN JINGSHEN JIEDU

出版发行	天津大学出版社
地　　址	天津市卫津路92号天津大学内（邮编：300072）
电　　话	发行部：022-27403647
网　　址	www.tjupress.com.cn
印　　刷	北京盛通商印快线网络科技有限公司
经　　销	全国各地新华书店
开　　本	787×1092　1/16
印　　张	18
字　　数	324千
版　　次	2022年9月第1版
印　　次	2022年9月第1次
定　　价	58.00元

凡购本书，如有缺页、倒页、脱页等质量问题，烦请与我社发行部门联系调换

编　委　会

主　编：黄玉峰

副主编：简振雷

编　委：杜　虹　郭　备　宁英娟　王志江　向明雄　张青玮

陈几重　马喜增　李金财　付宏莹　陈　燕　孙　萃

陶芳琴　刘　尧　李利民　彭艳萍　程涵悦

工作室及成员简介

上海市青浦区传统文化经典教材开发与教学研究工作室简介：

青浦区传统文化经典教材开发与教学研究工作室成立于2017年4月，主持人为简振雷老师，工作室有16名成员，其中正（特）、高级教师8人，上海市名师后备人选2人，青浦区名优教师6名，并聘请著名语文特级教师黄玉峰老师任学术顾问。工作室成员已出版专著两部，主持区级以上课题10个，发表论文70余篇。工作室成立三年来，紧紧依托青浦区深厚的文化底蕴以及复旦大学、复旦附中的优质资源平台，致力于优化日常教育教学以及提升语文教师专业素养，开展中华传统文化经典教材开发、课例研究和师资培训等工作，面向全市组织大型公开课十余节，邀请多位知名专家莅临指导，组织专题研讨6次，结集出版《青龙之光——教学视野下的青浦人文精神解读》，在区内外产生了较大的影响。

工作室成员合影

工作室成员简介：

黄玉峰老师

黄玉峰：青浦区传统文化经典教材开发与教学研究工作室顾问，复旦五浦汇实验学校创校校长，中学特级教师，上海市写作学会副会长，复旦大学社会科学高等研究院特聘教授，复旦大学高等教育研究所硕士生导师，华东师范大学中文系硕士生导师，上海市语文学会理事，上海诗词学会理事，复旦大学书画篆刻研究会理事，上海市语言文字工作者协会理事。深耕教坛50载，形成了独特的教育理念与系统的教育方法，至今仍坚守在教育的第一线。近年来，受邀在多所大学、机关、社会团体讲学，致力于传播“人”的教育。

杜虹老师

杜虹：复旦附中青浦分校语文正高级教师，教研组组长，上海市首届九郊培训者培训班学员，上海市第三期名师培养基地学员，青浦区拔尖人才。从教32年，坚持“研究课堂，探索课程”，担任金山区“明天的导师工程”首席教师期间，带领团队，利用远程技术进行课堂切片研究，在摸索中，形成了她用激情引领学生体验感悟表达的教学风格。专著《我的语文故事》真实记录了研究的整个过程。

郭备老师

郭备：复旦五浦汇实验学校党总支书记，中学语文高级教师，上海市“双名”工程基地学员。先后荣获虹口区“新长征突击手”荣誉称号、“虹口区首届高中语文教师教学案例的评比”一等奖、“首届全国研究性学习研讨及成果交流评选”二等奖等。先后有十几篇科研论文在市区级刊物上发表。2007年被评为虹口区骨干教师，2010年被评为虹口区学科带头人，2018年被评为青浦区示范教师。

张青玮老师

张青玮：青浦二中教师，教过中专、大专，教过初中、高中，事随时变，人随事迁，一路实践，一路求索，于写作与韵文教学上略有心得。教学反对赶潮流、玩概念、讲故事、立门户，追求语文本色，力促读写互动，主张广读传统经典，体悟妙理神思，以掘写作泉源，摹写名篇佳构，推演物理人情，以养阅读慧眼。

陈几重老师

陈几重：东湖中学语文教师，华东师范大学教育硕士，已带过7届高中毕业生，开过7节区级公开课，2次参加高考阅卷工作。获得1次青浦区教育局“记功”，独立完成的教科研论文获得青浦区第十二届教育科学研究成果三等奖，有两篇教科研论文在《青浦教育》上发表；指导学生作文竞赛多次获市级、区级奖项，指导的学生参加比赛，作文两次在《青浦报》上发表。2016年获评青浦区教育系统优秀共产党员。教育理念是“全心全意为学生服务”。

王志江老师

王志江：青浦一中语文高级教师，2001年毕业于东北师范大学中文系，青浦区学科带头人，区中心组成员，师之蕴工作室成员，于漪老师主持的上海市语文学科德育基地学员，青浦区“青藤奖”获得者。2016年荣获上海市中青年教师课堂评选一等奖。其课程在2017年获得“一师一优课 一课一名师”部级优课称号，曾获上海市语文教师最美声音奖、上海市诗歌节朗诵作品一等奖。近年开发青浦区“十二五”“十三五”教师培训课程——中小学语文教师经典诵读，用声音传播经典，用经典润泽人生，让学生在深入细致地理解文章内涵和情感的同时，感受声韵之美。

李金财老师

李金财：上海复旦五浦汇实验学校语文教师，中学语文高级教师。上海市写作学会会员，上海市楹联学会会员，于漪语文学科德育基地学员，黄玉峰名师工作室学员。长期扎根一线语文教学，擅长激发学生阅读与写作兴趣。

向明雄老师

向明雄：土家族，籍贯湖南张家界。青浦区珠溪中学语文高级教师，区初中语文兼职教研员。读书杂，业余写闲文自娱自乐。兴趣多，文史政经皆喜涉猎。从教路上乐享交流，收获良多，心怀感恩。

付宏莹老师

付宏莹：中学语文高级教师，华东师范大学教育硕士，青浦区第五届、第六届名优教师，现任青浦区崧淀中学教导主任。教授初中语文17年，形成了独特的教学风格。历任上海市博文学校、青浦区崧淀中学语文教研组长，带出两个优秀的教研团队，多年来带教指导青年语文教师十余人。个人主持的研究课题先后获青浦区第十四届教育科研成果一等奖、第十五届教育科研成果三等奖。获青浦区教育局“记功”奖励三次、“记大功”奖励一次，获青浦区2014年教育系统“园丁奖”，获青浦区第五届教育科研“先进个人”称号。

马喜增老师

马喜增：中学语文高级教师，华东师范大学教育硕士，拥有完整的中学教育教学经历（预初至高三）。师之蕴工作室骨干成员，青浦区文化经典阅读教材开发工作室成员，四叶草研修共同体主持人。从教18年来，多次获区名优教师称号；多次执教市区级公开课并在讲座上发言；发表文章多篇，获得市区级奖项数十项；参与（指导）研究多项区级（一般及重点）课题；带教多位优秀青年教师。

陈燕：复旦五浦汇实验学校语文教师，从教近20年，对于阅读理解、作文训练有深入的研究，能深入浅出地指导学生。在教学中，能很好地拉近学生和文本、学生和老师之间的距离，能让学生更好地、更快地掌握知识，点燃兴趣，进而主动学习语文。在复旦五浦汇实验学校，紧跟黄玉峰校长的“大语文”教学理念，秉承“君子养成”“人生教育”的育人观，在语文教学和班主任日常管理工作中渗透“诗教”“礼教”“乐教”“家教”“科教”，以期达到培养当代君子，践行人生教育的目标。

陈燕老师

孙萃：上海市朱家角中学语文教师，青浦区教育系统第六届“示范教师”。曾获“长三角语文论坛”征文一等奖，上海市语文大讲堂“优秀选手”、青浦区“青竹奖”入围选手，两次获青浦课堂评比二等奖。有多篇论文发表在《语文报》《语文学习报》《新课程》等报刊上，并主编了《伴你成长》的高一（下）分册的同步练习。参与市、区里多项课题，其中《文体透视——中学语文阅读指要》获上海市教育科研成果三等奖。热爱教育、学习不辍，致力于打造更为活泼、更加高效的语文课堂，将语文的实用与诗意融于教学，也融于学生的人生。

孙萃老师

陶芳琴：中学语文高级教师，现任教于上海市毓秀学校。从教18年来，致力于阅读教学的研究与实践，多次承担区级语文教学示范和经验交流任务，在区、市级教育教学刊物上发表论文。先后获得青浦区第四届、第五届名优教师“教学能手”称号，第六届名优教师“示范教师”称号，第七届名优教师“学科带头人”称号；获得“新课堂实验”征文一、二等奖，上海市中小学和中等职业学校“十佳”班主任等荣誉称号。

陶芳琴老师

李利民老师

李利民：安徽大学历史学硕士，现任教于上海市青浦区崧淀中学，同时担任八年级年级组长，校潘振声纪念馆负责人。2017年开设“大自然的语言”的区级公开课。2018年5月“螳螂捕蝉”在“新媒体新技术教学应用研讨会暨第十一届全国中小学创新课堂教学实践观摩活动”教学课评比中荣获三等奖。目前在开发“走近崧泽文化”“走近潘振声”等校本课程。2018年11月在青浦区课程教学季期间的学校教学节中对“走近潘振声”进行了课堂展示。

宁英娟老师

宁英娟：上海师范大学文学硕士，中学语文高级教师，现任教于上海师范大学附属青浦实验中学，青浦区“示范教师”，“上海市园丁奖”获得者，2013 年和 2016 年两度被青浦区记功。坚持“用笔说话”，发表和获奖的散文、论文有 20 余篇。致力于作文教学研究，主持了区级课题“初中生真情作文的教学策略研究”，所指导的学生有多人在报纸杂志上发表作文，并在上海市中学生作文竞赛中获奖。所教班级多次获区、市级“优秀少先队中队”称号。

程涵悦老师

程涵悦：北师大中文系本科、语文教育硕士，现任教于复旦五浦汇实验学校，上海市写作学会成员，获年度写作教学论文征集二等奖。《新锐作文》杂志写作指导专栏作者；诗歌发表于《上海诗人》；散文发表于《北京师范大学校报》并获华东师范大学原创文学大赛三等奖；电影剧本入围“青年编剧扶持计划”暨广电总局“扶持青年优秀电影剧作计划”。担任上海青年报社中小学生古诗文赏析会初赛评委、赛题审稿人。

刘尧："90后"教师，现任教于复旦五浦汇实验学校，樊阳人文公益讲坛助教，新教育星火教师团队成员。在《中学语文教学参考》《当代教育家》《教育家》《语言文字报》等报纸期刊发表论文6篇，在《陕西师大报》等报刊发表散文30多篇。2017年9月至今，在樊阳老师指导下，开设"行读雍州，人文宝鸡"校本课程，已开展"雍州大地知多少""炎帝传说与宝鸡""穿越时空，追溯我们的姓氏"三课，策划组织"炎帝故里在何方"演讲辩论活动，带领学生行读炎帝陵。

刘尧老师

彭艳萍老师

彭艳萍：毕业于华东师范大学中文系课程与教学论专业，教育学硕士。在校期间曾获得华东师大优秀毕业生荣誉称号。现任教于复旦附中青浦分校。

简振雷老师

简振雷：香港教育大学教育博士，中学语文高级教师，现任教于复旦附中青浦分校，上海市首届九郊培训者培训班学员，上海市第三届“双名”基地学员，青浦区“经典阅读教材开发与教学研究工作室”主持人，在古诗文文本解读方面有独特见解，多次应邀到全国各地讲学。先后主持和参与国家级课题3项、市级课题5项、区级课题11项，发表教学论文、教育随笔40余篇，出版专著一部、合著五部，所带班级多次被评为区、市级先进班集体。

让自己在讲台边立得直一些

（一）

在复旦附中老一辈教师中，有很多我所敬重的老师。尤为敬重的，一位是曾容先生，一位是钱仲德先生。

曾先生生前没出过一本书，但他的教案手稿与教学心得，垒起来足有几尺高。他是著名数学家苏步青的学生，曾担任上海中学生业余数学学校校长。本来准备留在复旦大学，后来，因为众所周知的原因，欣然来到附中。曾先生明眸如炬，慈心似佛。从毕业到去世，一辈子在附中，一辈子在上课，临终前两个月还在给中青年教师上示范课！他为附中的昨天、今天和明天的数学教学奠定了雄厚的根基。他去世后，我与一位数学老师把他留下的资料稍加整理，就出版了厚厚的一本书。

钱先生是复旦附中语文教研组组长。前几天，我去宝山养老院探望这位九十多岁的老人。我是在他任组长时被引进的。那年他还不到六十岁，挺拔，坚毅，方正，不苟言笑，玉树临风。因为我平时喜欢舞文弄墨，他便提醒我："课堂是教师的主业，学生不喜欢你的课，什么都免谈。"

钱先生毕业于无锡国专，但从不见他发表文章。我暗地里还以为他不善笔耕。他的课也平淡无奇，没有抑扬顿挫，但不知为什么，他的学生的语文水平都远超他班。退休后，他转向了学术，前几年写了一本研究墨子的专著，他的学生帮他出版了。我这才震惊于他的学问之深，自恨亵渎长者，并真正领会了他关于"主业"的叮咛！

往事历历，哲人其萎，不禁黯然神伤！

（二）

五年前，命运安排我掌校五浦汇，我从未担任过行政职务，连教研组组长都没做过。只当过一年的备课组组长，也被撤了，原因是“特立独行”。

五年来，青浦的历史，青浦的水，青浦的山，青浦的古镇，青浦的人，乃至青浦的民风和乡音，都深深地感染着我。我很想对这方土地做点研究，但一想到自己现在的“主业”，便熄灭了这个念头。以我的管理水平，做好“主业”尚且捉襟见肘，岂能旁骛！

聊可安慰的是，我隐约感觉到我们正在为青浦谱写新的篇章。于是，写了一篇《上善之城赋》，作为对自己心愿的补偿。

在这篇赋中，我上追太古，下述今贤，在谈到教育时，有这样的句子：

至于五浦潮涨，白鹭闻书声而翩舞；盘龙春回，野鹫逐彩霞以相戏。……翔鸿集鹄，长三角之福地；召鸾引凰，大上海之苑囿。吾悦灯影，启凤溪之伟姿；复旦学子，发教育之宏愿。名冠上善，不亦宜乎！

“赋”到最后这样写道：

幸我新城，学风蔚然；卿云灿若，木铎大振；老凤志笃，雏儿声琅。设高等之黉府，瞻无限之先机；倡人生教育之真谛，呈君子养成之气象。

嗟呼，绿色青浦，震欧烁美；睿智卓越，日异月新。谦和若水，曜德含光。有城若是，名冠上善，不亦宜乎！

这些文字，浸润着我的心情和意愿。随着长三角一体化进程的推进，我相信，这片古老的土地必将焕发勃勃生机。耕耘于青浦这片沃土，了解青浦历史，感受青浦文化，讲好青浦故事，应该是青浦语文教师的一项任务。

（三）

振雷是上海第三期名师工程的学员。后来去香港深造。恰逢青浦分校亟需语文教师，我便把他介绍给张之银校长，四年前入职。不久，在青浦教育局领导的关心和支持下，由他领衔，成立了“青浦区经典教材开发与教学研究工作室”，开始了对“青龙之光”的探索。

那上下两卷厚厚的《青浦县志》是他们开展工作的切入点。他们通过阅读《青浦县志》，遴选出适合中学生阅读的诗文，对这些作品进行深入解读，再把它带到课堂中去“试讲”“试教”。三年来工作室的青年才俊们孜孜以求，取得了不小的成绩。

这本《青龙之光》便是他们辛苦耕耘的记录。

当年工作室聘我为顾问，但我很少参与他们的讨论，只听了几堂课，发表了几点想法。现在看到这本书稿，不得不佩服他们的才智和情怀。这是一本值得一读的教学实录，有以下几个特点：

一、这本地方教材具有鲜明的青浦地域特色；

二、书上对重点词语的注释、翻译，对主旨的把握以及艺术手法的品鉴，都具有原创性；

三、文本有鲜明的指向性，挖掘和弘扬了青浦的人文精神，让读者感受其贯通古今的生命力；

四、解读形式多样，除了注释和翻译，还有观点的碰撞，课堂的再现，听长辈讲故事，以及工作室成员研读《青浦县志》的心得体会。

发掘整理乡土材料，并把它引进课堂，从而提升同学们对家乡的认同感，激发其家国情怀，是一个重大的课题。青浦乃“上海之源”，数千年积累的人文资源甚巨，特别是对《青浦县志》这样一部浩繁的文献尚待精选和使用。

三年期限对于工作室来说是短了点，还有很多的工作要做。比如在知人论世方面对文本的理解是否还可以准确些、细致些、全面些；已有文献能否按教学要求梳理出一定的序列；解读的成果能否更自然地走进课堂，还需要进一步探索。

（四）

末了，作为语文教育界年逾古稀尚在“战场”的老兵，我还是要像当年“钱先生”叮咛我那样，提醒教育界的青年朋友：要始终把“教学”作为“主业”。备课、上课、批改作业、课后辅导、激发阅读、引导写作等等，都需要做很多具体细致烦琐的工作。现在有一股不太好的风气，为了评职称、报选题、拿经费，中小学教师热衷于写“学术论文”，“拿来”一些新名词到处挥舞，而对于“主业”反而不重视。这个问题在大学更严重，有时几乎到了没人肯上基础课的地步。

在这个意义上，我更敬佩在第一线兢兢业业、默默奉献的老师。振雷应该向他们学习。

黄玉峰

2021 年 1 月 17 日于兰花教师公寓波安轩

黄玉峰：复旦五浦汇实验学校校长，复旦大学附属中学特级教师，复旦大学特聘教授，上海市写作学会副会长，上海市语文学会理事，上海诗词学会理事。

目录

人文青浦解读

青浦课堂再现

今昔青浦

人文青浦解读

“人文青浦解读”部分“沧海拾贝”模块释例：

（一）解读文本的正文部分用宋体五号字，每一行尽量保证语意完整，有时句子会长一些，甚至超出一行，主要是为了保证语意完整。

（二）注释部分用黑体小五号字，每一个需要解释的字词在正文中下画横线加以提示。

（三）译文部分使用楷体五号字，翻译尽量做到直译，如直译实在言不及义的使用意译。

（四）正文、注释、翻译各部分既相互独立又相互关联，上下呼应，是一个整体。

编者注：文本选取以《上海府县旧志丛书：青浦县卷》为依托，部分文章流传不广，版本较多。对于文本流传过程中出现的明显错讹之处，在选文整理时直接予以修改。

任性潇洒闾阎之侠

——《山月轩记》解读

（李金财　撰）

推荐理由

俞永一生不得志。

观其经历，竟然是被诛了“十族”的有名的硬骨头方孝孺的学生，于是恍然大悟，有其师必有其徒！我很好奇当时朱棣在搜捕方孝孺的朋友和学生，以凑“十族”之数的时候，俞永是如何侥幸漏网的。读罢贝翔此文，得见一位饱读诗书、沉沦下僚却仍然能啸傲自若、寄情山水、随遇而安的大智者。而他能够不顾株连杀头之危险，收留恩师幼子，侠义精神令人感佩，可谓大勇之人。

大智大勇，儒门之侠者，不可不记，不可不读也。

沧海拾贝

山月轩记

［明］贝翔

华亭之山有九，其秀者曰凤凰。

华亭：上海松江府的古称。　秀：秀美。

松江府有九座山，其中最为秀美的叫凤凰山。

嘉言之居，在凤凰之麓，其屋若干楹，蓄书数千卷，日讽诵其间，夜至四更弗休，其勤笃若此。

嘉言：俞永，字嘉言，原名允，号山月，俞显子。其人豪爽慷慨，重然诺，赴缓急。通“春秋三传”，工诗文。明洪武二十七年（1394 年）进士，初拜行人，改吉安、辰州（治今湖南沅陵）二府经历，后知鲁山县事，政声远播。出宰鲁山前，还曾任楚王府（位于今湖北武汉）纪善，讲授经史，辅导尽心。永乐初，征修国史。历官礼部祠祭司主事，迁仪制司员外郎，以事谪为长沙通判。俞永为方孝孺门生，方孝孺死后，其幼子方德宗只有九岁，渡海投之，俞永予以收匿，冒俞姓，妻以养女。后俞德宗惧祸连及俞永，遂更俞为余。万历三十七年（1609 年），提学御史杨庭筠廉其事，德宗得以复原姓。郡人建正学祠，祀方孝孺，俞永配祀。著有《山月轩读书记》《春曹诗稿》。子俞悦，能诗。 麓：山脚。 楹：量词，古代计算房屋的单位。 蓄：储存，收藏。 讽：背诵。 笃：专一，专注。

嘉言的居所，在凤凰山的山脚，那屋子共有若干间，收藏了几千卷书籍，他每天在里面朗读背诵，晚上直到四更天都不休息，就像这样勤奋专注。

或天高气清，海月东出，回视九峰，若青芙蕖然历历可数，欣然有得，因名其轩曰“山月”。

或：有时。 芙蕖：荷花。 历历：清晰的样子。 得：心得，收获。 因：于是。 名：命名。

有时天高云淡空气清新，月亮从东边的海上升起来，回头看那九座山峰，仿若青色的荷花，清清楚楚可以一一点数，内心喜悦，有所收获，于是命名书房叫“山月轩”。

久之游京师，中进士第，擢为行人，将命四方。

游：游学。 中：考取。 第：科第，榜第。 擢：提拔。 行人：官职名。掌朝觐聘问，接待宾客之事。 命：任命。 四方：指京城以外的地方。

很久之后，嘉言到京城游学，考取了进士，提拔为行人，将要接受任命到外地做官。

经太华，周流终南、太白，东抵岱。

经：经历，游历。 太华：即西岳华山。 周流：周旋流连。 太白：太白山，秦岭山脉最高峰。 抵：到达。 岱：泰山。

嘉言游历华山，周旋流连于终南山、太白山，向东到达泰山。

众谓驰传千里，踰越险阻，蒙犯霜露，非其所堪。

驰传：驿站的马车，此处指快速奔驰。 踰：同“逾”，越过。 蒙犯：冒着。 堪：承受。

众人称他千里奔波，越过重重艰险阻碍，冒着风霜雨露前行，不是一般人能够承受的。

而嘉言无羁旅无聊之色。后为吉安幕长，改辰州，溯大江，观匡庐，转浮洞庭，窥苍梧。

羁旅：寄居他乡。　无聊：精神没有寄托。　幕长：古代称将帅幕府中参谋、书记等为幕僚。后泛指文武官署中的佐助人员。　溯：逆流而上。　匡庐：庐山。　浮：泛舟。　窥：观赏，与前文的"浮"皆指其做幕僚的经历。　苍梧：古楚国地名，苍梧郡，前面的洞庭，指洞庭郡。

然而嘉言没有寄居他乡、百无聊赖的神情。后来他在吉安县担任幕僚，又改任辰州，沿着长江逆流而上，观赏庐山景色，乘船转入洞庭郡，又去观赏苍梧郡的景色，在那里担任幕僚。

众谓幕职位下，簿书事烦，非其所任。而嘉言裁决无滞，啸傲自若，如在山月轩时也。

位下：职位低下。　簿书：官方文书的统称。　烦：繁杂。　裁决：裁断。　滞：停止。　啸傲：旷达任性，不受拘束。

众人说幕僚的职位低下，官府文书事情琐碎繁杂，不是常人能够胜任的。然而嘉言每天裁断文件毫不停滞，旷达任性，神态自若，像在山月轩读书时一样。

或以为嘉言远祖清老尝有"猛虎一声山月高"之句，见赏于苏文忠公，轩之得名，其以是欤？嘉言嘱予以言，故书以为记。

或：有人。　清老：北宋诗人俞子中，字清老，与苏轼、黄庭坚、王安石皆有交往。但文中诗句不是他的作品，而疑为他的兄长俞紫芝，字秀老所作。全诗为《宿蒋山栖霞寺》："独坐清谈久亦劳，碧松燃火暖衾袍。夜深童子唤不起，猛虎一声山月高。"　见：表被动。　苏文忠公：指苏轼，谥号文忠。　其：副词，大概。　以：因为。　嘱：嘱托。　书：写。

有人认为嘉言的远祖俞子中曾经有一句诗："猛虎一声山月高"，曾经被苏轼所赞赏，山月轩的得名，大概也因为这一点吧？嘉言嘱托我写一点文字，因此我写下这些来作为记。

（选自《上海府县旧志丛书：青浦县卷》2014，703页）

作者简介

贝翔，明人，生卒年、事迹均不详。

指点迷津

文章分为三个层次。第一层交代山月轩的地理位置以及得名的原因。第二层交代嘉言（俞永）四处宦游的经历。第三层追溯其远祖诗句，提出山月轩得名的另一种猜测。

先说第一层。开篇点出书房的地理位置：华亭九峰最秀丽的凤凰山下，环境优美。紧接着写嘉言书房藏书丰富（千卷），读书勤奋（“日讽诵”“四更弗休”）。正因经常读书至深夜，因此常见月出于海上，一轮明月照耀九峰，景色幽美，令人愉悦，书房坐落于群山之中，明月照耀之下，把书房命名为“山月”，恰如其分。此处作者以超然的笔触，描绘出嘉言读书之余，月色之下，回望九峰的情景，把九峰比作青色的莲花瓣，生动形象，书房主人此时仿佛置身出淤泥而不染的莲花之中，其襟怀表里自然澄澈空明，超尘脱俗。“欣然”一词，把一个醉心读书，寄情山水的书生心态写尽。

第二层以“久之”领起，时间上宕开去，使文章的格局瞬间扩大。但是这一段很奇怪，竟开始写嘉言的宦游生活。从游京师中进士写起，作者用一“擢”字，令人感觉嘉言将要登龙门大展宏图，仕途坦荡，但一“行人”，一“将命四方”把嘉言的命运陡地扭转。接下来，作者连用三个动词“经”“周流”“抵”，写了他游历山川的路线。此处我们不禁要发出疑问。一个“将命四方”的进士，为何不安心于自己的仕途，却不务正业地四处游山玩水？再往下读，发现作者用相同的结构，又分出了两个小层次：“众谓……而……；众谓……而……”对比这两个小层次，我们大概可以窥见作者的写作意图。第一小层写嘉言游山玩水，用众人之口，道出路途奔波辛劳，不是常人所能承受的，而嘉言却“无羁旅无聊之色”。这一转折言外之意是什么？嘉言无羁旅无聊之色，反证出如果是常人，这样的经历必然饱尝羁旅之苦，感觉百无聊赖。那么我们是否可以推断出，作者笔下的所谓游山玩水，不过是嘉言四处求职，而四处碰壁的一种托词呢？一个新中的进士，并且是饱读诗书的人才，为什么不能被重用？沿着这个思路读下去，第二小层果然适露出了嘉言的真实遭遇："后为安吉幕长"。一个后字，揭示了先前的奔波目的；而幕长，即为幕僚长，不过是地方官员的参谋、书记员，没有任何实权，几乎没有施展才华的空间。命运的不公，一至于斯！但是，嘉言的悲惨经历还没完。即使是担任幕僚，他也无法在一个地方长做。辰州、匡庐、洞庭、苍梧，几经辗转。作者此处仍然轻描淡写，不着痕迹。但接下来笔锋又转，再借众人之口，写出嘉言幕僚生活的单调、烦琐与无聊，常人根本无法胜任，而嘉言却能轻松自如地完成这些任务。读至此处，命运加之嘉言的不公，似乎又进一层，令人叹息不已。同时，也对嘉言的才能和胸襟气度大加赞叹。

以上笔墨，似乎已经离题万里。作者运笔的巧妙之处却也恰在此处。作者行文至此，信手一笔"啸傲自若，如在山月轩时也"。原来如此，嘉言之所以能面对挫折坦然面对，全是得自于在山月轩中的修行。在山中月色下修炼的精神气度，使他无论面对什么样的困境，都能从容应对，保持一颗旷达洒脱之心。写他在外宦游羁旅，写他种种偃蹇顿挫，原来都是为突显山月轩的读书养性之重要。文章至此，主旨已经呼之欲出，就此做结，可谓水到渠成。

但是作者却未就此打住，笔锋又转，如天外飞仙，突然引出一段陈年旧事。这就是本文的第三个层次。这种笔法，真有纵横万里，穿越千年的力道。

有人认为嘉言的远祖清老有一句诗："猛虎一声山月高"，猜测山月轩的命名可能跟这句诗有关。清老是谁？这猛虎诗有何深意？为何要提及苏轼称赞此诗？叶梦得《石林诗话》记载：北宋有俞紫芝，字秀老，俞紫琳（澹），字清老，兄弟二人都是诗人，与王安石交往很密切。王安石甚至把俞紫芝的诗歌写在自己的扇面上。《苕溪渔隐丛话》记载：清老曾与黄庭坚同学。俞氏兄弟二人笃信佛教，"猛虎一声山月高"也是在清谈佛理时，顿悟的一种委婉表达。苏轼与王安石、黄庭坚同时，同是诗人，也笃信佛教，与俞氏兄弟有交往也合情理。

关键点在于"见赏于苏文忠公"，苏轼赞赏这句猛虎诗。"猛虎一声山月高"，夜深静坐参禅，突然一声猛虎低吼，突兀而诡异，一声之后，一切又归寂静，只有山月高挂，一片澄明。那一声，是惊吓，是梦醒，如醍醐灌顶，让人豁然开悟。苏轼在《前赤壁赋》中写道："自其变者而观之，则天地曾不能以一瞬；自其不变者而观之，则物与我皆无尽也。"那猛虎一声，恰是苏东坡乌台诗案之后，黄州沉沦苦思后的顿悟，于是"唯江上之清风，与山间之明月，耳得之而为声，目遇之而成色，取之无禁，用之不竭，是造物者之无尽藏也，而吾与子之所共适"。此处，苏东坡的山间之明月，如此亲切可人，让人浑然忘却世俗的顿挫偃蹇。在《后赤壁赋》中，苏东坡再次提到了"山月"："霜露既降，木叶尽脱，人影在地，仰见明月，顾而乐之……山高月小，水落石出。"山月多情，时时待我而不减清辉。月亮，千百年来都是诗人最亲密的朋友。

由此，我们不难看出，作者在最后一层，宕开这一笔，实际上是把嘉言的"山月轩"放在了一个更广大的文学天地，一个文化人的精神世界中进行观照的。由此，嘉言的行为就有了强有力的注脚——德不孤，必有邻也。

这种旷达和洒脱，寄情山水，实际上是一种骨气，也是一种抗争。我们回头再看俞允的经历：他是方孝孺的学生，曾经冒着极大的风险收养了老师的幼子，养育其成人并以养女妻之，死后配享方孝孺祠堂。当年苏轼的政敌不断诋毁他，把他越贬越远，就是想看他的倒霉相，没想到苏轼内心强大，随遇而安，到哪里都活得潇洒滋润。俞允的遭遇，大概与苏轼类似，即使被踩到尘埃里，也要啸傲自若，努力从泥土中抬起头来，绽放美丽的花朵。

智慧碰撞

本文围绕"山月"二字展开，文字疏宕，却又巧妙勾连。特别是结尾提到苏轼的赞赏，让"山月"二字意味更加深厚，试找出苏轼的《前赤壁赋》《后赤壁赋》研读，寻找嘉言为书房命名的曲衷。

百善孝为先

——《归来堂记》解读

（付宏莹　撰）

推荐理由

古语云："百善孝为先，孝为百行首。"《孝经》中说："夫孝，德之本也，教之所由生也"，"夫孝，天之经，地之义，民之行也"。自古以来，孝是最重要的善行与德行，它能维系家庭和谐、促进社会稳定，作为中华传统美德传承至今。历朝历代，各地均以出现优秀的孝文化代表人物为荣。在《青浦县志》中，元末杨维桢撰写的《归来堂记》一文，让我们了解到了青浦地区当时的一位孝行者——章吉父，让我们感受到了元末文坛领袖对孝文化的大力推崇和传扬。孝文化是传统社会的核心文化，具有感染力与穿透力，以优秀而独特的文化精髓和日益完善的文化内涵，不断引导一代又一代的中国人继往开来。

沧海拾贝

归来堂记

［元］杨维桢

予入吴首谒三高祠，以其去国者非忘君，还乡者非怀土，而放迹江湖者，非方外败教之士也。

吴：泛指江苏省南部、浙江省北部、上海市一带。　三高祠：在吴江垂虹桥东，祀越范蠡、晋张翰、唐陆龟蒙，此三人皆功成名就而后退隐。　方外：世俗之外，世外。

我进入吴地，首次拜谒“三高祠”，因为越范蠡、晋张翰、唐陆龟蒙这三个人离开国家但是没有忘记国君，回到故乡并不只是因为怀念故土，虽然在江湖中漂泊，但并不是言行超脱于世俗礼教之外的败坏教化的人。

吴人至今高三人之高，而未知继其高者范张而后为何人也。

高：动词，表示敬仰。

吴地的人至今都敬仰范蠡、张翰、陆龟蒙三个人高尚的品格，但并不知吴地在范蠡、张翰之后还有什么人是品格高尚的。

或曰：上洋有章吉父氏，殆其人也乎。吉父少年以奇才为丞相府舍人，未几乘传遽为宣使者，遂通籍贯，近宦游京师者三十年。

上洋：上海的别名。《正德松江府志·卷之一·沿革》：“以地处海之上洋，故名曰上海，亦称为上洋云”。 章吉父：或作章吉甫。 殆：大概。 舍人：官名，类似现在的秘书。 乘传：奉命出使。 通籍贯：进士初及第。

有人说，上海有一个名叫章吉父的人，大概就是这样的高尚之人。章吉父年少的时候因为有出色的才华担任了丞相府里的舍人一职。不久，奉命出使，就担任了宣使官，于是离开原籍，到京城为官近三十年。

出贰尹江浙府，适以内艰去。制阕，镇抚海道，裁数月即幡然归，曰：吾发种种矣，太夫人之年且望耄矣。

贰尹：县令的副职县丞的别称。 内艰：子遭母丧或“承重孙”（封建宗法制度，其人及其父俱系嫡长，而父先死，则祖父母丧亡时，其人称承重孙）遭祖母丧，称内艰。古代官员的父母或祖父母去世，官员必须停职居丧，这种制度叫“丁忧”，也叫“丁艰”，男性长辈去世称“丁外艰”，女性长辈去世称“丁内艰”。“丁忧”的人不准为官。 阕：停止，终了。 裁：通“才”。 种种：头发短少，有老迈衰颓之意。 耄（mào）：古称八十至九十岁的年纪。

后出任江浙府的县丞，因遭逢祖母过世而离职。停职守制结束，章吉父去海道运粮镇抚司任职，只几个月就决然回乡了，他说：我头发短少，已越来越老了，我母亲的年纪也八九十岁了。

城南有桑麻田若干顷，足以代禄养。

家里在城南边有一些桑树和麻树，足够替代我的俸禄来养家了。

士不知体，人为我何，人谓我何。于是作归来堂于室西偏，遂雅志也。

读书人不知道什么规矩，人们不理解我这样做是为什么，人们怎么看我又能怎么样呢？于是，章吉父在房屋西边建造了一间“归来堂”来体现高雅的志向。

余今年来游，过青龙江，吉父之宅在江上，延致于堂中，具声乐酒食为余驩，因得奉觞为太夫人寿。

延：邀请。 具：准备。 驩：同“欢”。 奉觞（shāng）：举杯敬酒。

我今年出游，经过青龙江，章吉父的家在江边，他邀请我到归来堂中，精心准备了宴乐来款待我，于是我能够向他母亲举杯敬酒祝她老人家高寿。

明日，吉父请文记归来堂。吾尝叹晋处士之归来矣，不知者以为耻五斗之折腰，知之者以为典午氏将踣，而不忍二姓之事人也。

处士：古时候称有德才而隐居不愿做官的人为处士，此指东晋陶渊明。 典午氏：典午为隐语，语出《三国志·蜀书·谯周传》“典午忽兮，月酉没兮”。典与司同义，午是与属相马对应的地支，“典午”指代司马氏，这八个字隐指司马昭将不久于人世，朝廷会有大变故。果然，不久晋王司马昭身死，其子司马炎废曹自立，史称西晋。晋代是司马家天下，古人也以典午指代晋朝。 踣（bó）：破灭。 二姓之事人：二姓，两个封建王朝。句意指陶渊明不愿一身事二朝，体现出了他高尚的气节。

第二天，章吉父请求我写一篇文章来记录归来堂一事。我曾经感叹晋代的隐士陶渊明归乡，不知道的人还以为他是对为微薄的俸禄而对上级卑躬屈膝而感到羞耻，知道的人都认为他是因为晋朝将要灭亡，不愿意在晋朝为官后再去做新朝的官员。

今吉父生于盛时，遭逢圣君贤相之明用其才也，而吉父且以才选登要路，年未及致事而即退然以归，则以母故，而爱日之诚有不能已者。

致事：辞官。 爱日之诚有不能已者：语出朱熹《论语集注·里仁第四》“常知父母之年，则既喜其寿，又惧其衰，而于爱日之诚，自有不能已者”，意思为知道父母的年岁，在喜其高寿幸享时，又为他们日渐衰老而忧虑，而能享受子女尽孝心、献爱心之日渐短了！

如今章吉父生活在繁荣的时代，遇到了圣明的君主、贤明的宰相来任用他，使他的才华得以施展，并且章吉父将要因为自己的才能而获得显要的地位，但还没有到应该辞官的年纪就退隐回乡，这是因为母亲的原因，觉得能对母亲尽孝心的日子越来越少了。

处士之归，其归以义，吉父之归，其归以孝。

陶渊明归隐，是因为他的忠义，章吉父的归隐，是因为他的孝心。

孝义一道也。归以义非世道之幸，归以孝实风教之荣。归来名堂，又岂诡处士之迹以自高，而求振夫鸱夷子、张季鹰之后者耶。

鸱（chī）夷子：即鸱夷子皮，范蠡之号。范蠡是越国的上卿，因献西施于吴王夫差，就中取事，破了吴国。后见越王义薄，扁舟遨游五湖，自号“鸱夷子”。 张季鹰：西晋文学家张翰，字季鹰，吴郡吴县人。官至大司马东曹掾。后因不愿卷入晋室八王之乱，借口秋风起，思念家乡的菰菜（茭白）、莼羹、鲈鱼，辞官回乡。

孝心和忠义都是一样的高尚。但是因为忠义归隐是世道的不幸，因为孝心归隐却实在是社会风化教育的荣耀。用“归来”给这间房子取名，怎么会是借陶渊明的事迹来抬高自己，而想发扬范蠡、张翰风范的后来者呢？

虽然，吉父年未老，神爽峻而才识茂，进贤者未肯辄遗于吉父也。

即使这样，章吉父年纪还没有老迈，精神爽并且才识高，推荐贤能的人不愿意（肯）就把章吉父忘了。

求忠臣不于孝门则已，如以孝门，则吉父其得率志于归来乎。

如果选择忠臣不找有孝心的人就算了，如果要选择有孝心的人，那么章吉父还能在归来堂中尽自己的归隐之志吗？

请以复吉父命，书诸堂为记。

我用这篇文章来回复章吉父的嘱托，在归来堂里写下这篇文章。

（选自《上海府县旧志丛书：青浦县卷》2013 年版）

作者简介

杨维桢（1296—1370），字廉夫，号铁崖、东维子。元末明初文学家、书法家。原籍浙江诸暨。少年时，其父筑楼于铁崖山，聚书数万卷。他终日勤读，自号“铁崖”。杨维桢的诗，既婉丽动人，又雄迈自然，史称“铁体”或“铁崖体”。杨维桢之文，体裁多样，洋洋洒洒，气势磅礴，明初诗文大家宋濂称其为“文章巨公”。杨维桢的书法，在书法史上更是独树一帜。既豪迈雄健，又奇崛古朴，在怪异中见功力。作为诗文大家，杨维桢始终是文人墨客追踪的目标。在他的周围，聚集着众多的高士名家，其中包括宋濂、李孝光、赵孟頫、黄公望、吴镇等。其去世后与陆居仁、钱惟善两诗友同葬于松江干山（今松江区天马山），人称“三高士墓”。

指点迷津

作为生活在元朝的中原地区文人，作者杨维桢从小熟读子史经传，胸怀治国安邦之志，认识到孝行对当时社会的重要教化作用，希望国家能够大力宣扬孝行，重视运用道德力量来治国、育民。因此，他满怀感情地将章吉父的孝行付诸笔墨。全文以章吉父的“归来堂”为线索，从听说章吉父事迹到入章吉父归来堂中拜访，到写文章赞扬章吉父，在娓娓道来中让我们对孝行者章吉父其人其事有了全面的了解、深切的感悟。

作者将章吉父的弃官归乡奉母一事，与“三高”和陶渊明的归隐类比，在比较中，我们感受到了与功成名就后退隐的范蠡、张翰、陆龟蒙相比，才华卓越的章吉父在将要却还没有“功成名就”之时放弃了个人的前途，不是为了保全自身安危而是为了奉养母亲而归乡；我们感受到了与不愿“二姓事人”的陶渊明相比，与陶渊明的为“义”勇退相比章吉父的为“孝”勇退一样值得称颂，而章吉父的“归以孝”更能展现出世道之幸、风教之荣，是更加值得社会肯定和赞扬的行为。

智慧碰撞

“孝”对家庭的重要性，是不言而喻的。而文末作者说国家“求忠臣”也可以把“孝”作为一条标准，意即“孝”对治国也有积极作用。的确，中国历朝历代的统治者，也十分重视“孝”。那么，“孝”对国家具有怎样的重要性呢？

“孝”可以在一定程度上平衡一个人的私心。人自出生起，便与生俱来带有“向己性”，本能地重视自身安危。这份“私”之心如果处理不当，便容易形成处处以自我为中心的“私我”，在为人处事中事事以自己的利益为首位，不顾他人、公义。在平民百姓中，便会造成人际关系紧张，处处计较；在为官者中，便容易以权谋私，不为民、为国，影响社会风气与国家安定。在这样的情况下，大力倡导行孝，通过孝敬父母，“私我”可以越来越淡化。当“私我”越来越淡化的时候，才能够观察、体会到父母乃至他人真正的需要，从而为父母、他人，乃至国家的利益着想，形成良好的社会风气，有利于社会的团结安定。

忠和孝真的不能两全吗？其实平时尽孝与尽忠是不矛盾的，既尽孝，又忠事、忠国，以孝促忠，忠从孝做起，关键时刻才能舍孝而尽忠。

君子务本　本立而道生

——《知本堂记》解读

（陈几重　撰）

推荐理由

当代作家贾平凹说读书要“师精神而弃皮毛”，文章的皮毛应该包括华丽的辞藻、僵化的章法、怪僻的典故、支离的注解等。读书专注于这些东西就会有卖弄之嫌，买椟还珠之误。这种错误的文风常常会影响我们的学习。当今学生读书时生搬硬套、死记硬背，表达时鹦鹉学舌、堆砌辞藻、东拼西凑、断章取义的问题时有发生。学习《知本堂记》可以警醒我们去审视这些问题，有则改之无则加勉，从而回归读书的本源，懂得抓住读书的根本。

沧海拾贝

知本堂记

［元］王嘏

嘏之友曹公元博，典教华亭，克尽厥心，条约之严，化道之笃，一时鲜俪焉。

嘏（gǔ）：王嘏，字伯纯，时任松江府学训导。　曹公元博：曹宗儒，字元博，时任松江府学教谕。　典教：主管教育。　华亭：上海松江府的古称。　厥：其，他的。　俪（lì）：相比，并列。

我的朋友曹元博，主管松江府的教育，能竭尽其心，所持教育条文约束的严格，教化之道的深厚，这个时代少有人能与之相比。

深患学者从事于文辞章句之末，而忘反求密察之功，不足以知圣贤渊源也。

他很担心求学的人只致力于文言辞藻、章法句式等细枝末节，却忘了回头追求细致明察的功力，这样是不足以了解圣贤的渊源的。

乃取朱福州《经史阁记》中语，名其燕居之堂曰“知本”，以示警焉。

朱福州《经史阁记》：朱熹所写《福州州学经史阁记》。　燕居：闲居。

就选取朱熹所写《福州州学经史阁记》中的话，命名他的闲居之堂所叫“知本堂”，以示警诫。

间来求文以为记。暇谨告之曰：窃观朱子于圣贤之书，讲论问辨求之本末，先后大小精粗毫分缕析，无复余蕴，及其教人，又必使知为学之有本，不待求之于外而后可庶几焉，则其忧世之意至深切矣。

圣贤之书：对朱熹著作的尊称。　毫分缕析：细致详尽的剖析。　无复余蕴：展露无余。　待：需要。

近来曹元博请我给这件事写一篇记。我恭谨地告诉他说：我个人看到朱熹探究圣贤经典著作时“讲、论、问、辨”要探究本末，“先后、大小、精粗”要细致剖析，展露无余，等他教育学生时，又必定让学生知道求学有根本，不需要从外部寻求然后就或许可以得到了，因此他忧世的心意最深切了。

盖简册所在，宇宙闲事皆吾分内事也。反而求之，不外乎一心，学者朝诵暮习，精思力究，果有能知其心体之大，而推致其用者乎？

简册：书籍。简是狭长竹木片，中国古代用于书写的材料，若干简编连起来就成为册。　心体：思想。

只要书籍内容所在，宇宙之内无关紧要的事都是我分内的事情。回过头来探求它，不超出这一心思之外，求学的人早晚诵读学习，用尽精力思考探究，果真有能够知道朱熹思想的伟大，从而推究并尽其所用的人吗？

察之深、养之厚而周流不滞者乎？苟于此而致其力焉，是即知本之大者。

有深刻体察、深厚培养朱熹思想从而周遍运用不停滞的人吗？如果真的有在这方面集中投放精力之人，就是知道求学根本的关键的人。

彼博文多识之士，诵其言辞，解其训诂，嚼其渣滓，研穷其糟粕，考据愈详，援引愈多，而支离愈甚。

博文：通晓古代文献。　训诂：解释古文字义。　考据：对资料性文本的分析研究。

那些通晓文献见识广博的读书人，诵读朱熹的言辞，解读朱熹文章的字义，咀嚼其中的渣滓，研究其中的糟粕，考证越详细，引证越多，就越发支离散乱。

缠扰文字而贼害其本心，则自欺自弃之甚者，谓之善学，可乎？

纠缠搅扰文字却祸害朱熹的根本思想，就是欺骗自己、自甘堕落得最深的人。说他们善于学习，可以吗？

昔上蔡谢氏，自负记诵该博，程伯子谓其玩物丧志。

上蔡谢氏：北宋学者谢良佐，学者称上蔡先生，曾从程颢受学，程门四大弟子之一。黄宗羲《宋元学案》："谢先生初以记问为学，自负该博，对明道先生举史书，不遗一字。明道曰：'贤却记得许多，可谓玩物丧志。'谢闻此语，汗流浃背面发赤。明道却云：'只此便是恻隐之心。'及看明道读史，又却逐行看过，不差一字。谢甚不服。后来省悟，却将此事做话头，接引博学之士。" 该：同"赅"，完备。 程伯子：程颢（hào），宋代理学家，字伯淳。学者称其"明道先生"。

从前谢良佐自负记忆背诵文章完备广博，程颢说他玩物丧志。

及观伯子读史则又不差一字，是固不可与迂生曲士论也。

等谢良佐看到程颢自己读史书却又不漏一个字，这本来就是不能和迂腐歪曲的读书人谈论的。

师弟子登斯堂而游焉，观感契会，岂无可望乎？

老师学生登上知本堂在其中游学，观摩感悟领会，难道没有值得仰望的吗？

知其切己而不厌不倦、从容涵泳而有得焉，则其所至何可量哉？

涵泳：深入领会。

知道"求本"思想切合自己因而不满足不厌倦，沉浸其中，从容又深入地领会，然后有所收获，那么他们所达到的境界哪里可以估量呢？

请以是谂诸同志，庶乎用予之言而勉之也。夫堂作于洪武九年，知县朱侯建。侯，庐陵人，讳直，字子良。曹公，名宗儒，其先永嘉人也。

谂（shěn）：规谏，劝告。 庶乎：几乎，差不多，将近。 庐陵：今江西吉安。

请让我用这个规谏各位同仁，几乎是用我的话来勉励他们。知本堂建于明朝洪武九年，是知县朱侯主持建造的。朱侯，是庐陵人，名直，字子良。曹先生，名宗儒，他祖先是永嘉人。

（选自《上海府县旧志丛书：青浦县卷》2014，第692页）

作者简介

王翤（gǔ），字伯纯，元末明初河东（维扬）人。是北宋宰相王旦后裔，南宋朝廷南迁时，家族也随之南迁来上海市地区定居。由乡贡擢松江府学训导，十一年在任，寓华亭。张士诚欲辟其为常熟教授，力辞不就。著有《龙洲集》，代表作有七言律诗两首。《送秦东海法师游上清》：“为爱仙山绝世氛，苍苔寂寞路难分。白羊岁久浑疑石，琼树春深半是云。洗药泉香龙蜕骨，吹箫台迥鹤成群。隐文秘诀无人识，我欲相从一问君。”《寄倪元镇》：“赤水丹山隔两尘，麻姑书信莫辞频。久知鸿宝飞腾术，独许青云磊落人。宾戏能消春昼永，茗香聊试石泉新。东风回首毗陵道，重拟携书与卜邻。”

指点迷津

内容上，文章先叙事，记知本堂由来；再说理，论述求学要“知本”；后记人，以交代建堂者、堂主人作结。文章重在论述求学要“知本”，立足于程朱理学思想。朱熹在《福州州学经史阁记》中说：“世之为士者，不知学之有本，而惟书之读，则其所以求于书，不越乎记诵训诂文词之间，以钓声名、干禄利而已。是以天下之书愈多，而理愈昧。学者之事愈勤，而心愈放。词章愈丽，论议愈高，而其德业事功之实，愈无以逮乎古人。然非书之罪也。读者不知学之有本，而无以为之地也。”朱熹的这一思想可以解释程颢对谢良佐的评价，程颢的言行揭示了“本末”之间的辩证关系。

写法上，文章主要运用议论的表达方式，突出运用了五个反问句来强调自己的观点和情感。结构上首尾呼应，以记叙开篇，又以记叙作结。文章主体部分是说理，首先表述自己对朱熹“知本”思想的理解。接着连用两个反问句指出逐末的不良后果。然后用“赋”的手法说理，“诵其言辞，解其训诂，嚼其渣滓，研穷其糟粕”，列举当时学习的人舍本求末的错误做法。三个“愈”字突出错误做法带来的危害。振聋发聩，很有说服力。又运用谢良佐向程颢求学的典故，实证了“知本”的学习方法，增强了说服力。

智慧碰撞

你是否赞同作者“文辞章句只是细枝末节”的观点？你认为“文”与“质”的关系是怎样的？应该怎么处理二者的关系？

我们应该辩证看待作者对“文辞章句”的看法，“文起八代之衰”的韩愈主张“文以载道”。文辞章句是为表达主旨思想服务的，思想精神是主，是里，是本；文辞章句是宾，是表，是末。这种主张常常是反对文坛浮靡之风的务实之言，是正统的学习理念。《三国志·吴书》记载吴王（孙权）“博览书传历史，藉采奇异，不效诸生‘寻章摘句’而已”。东晋陶潜在《五柳先生传》中说自己：“好读书，不求甚解。”唐宋八大家的“文”与“道”的主张，都与本文作者的观点相近。只注重文采带来的弊端很大，我们学习确实需要正本清源。

当然，锤炼语言，讲究修辞也有很重要的作用，不可以一味否定。《左传》中记载，仲尼曰：“言而无文，行而不远。”这句话告诉我们文采是传播思想的重要保障。炼字也是古人写诗的一种有效的方法，杜甫说自己写诗：“两句三年得，一吟双泪流。”李贺直言“寻章摘句老雕虫”。黄庭坚讲究修辞造句，提倡“无一字无来处”，与作者的观点大相径庭，但也有很重要的影响。

其实古人早就有主张二者相辅相成、缺一不可的观点。孔子在《论语·雍也》中说：“质胜文则野，文胜质则史，文质彬彬，然后君子。”辩证地阐明了语言与内容之间的关系，主张相互结合。学习唐宋八大家的明朝唐宋派也主张“文”“道”合一，这种观念应该更可取。

心安之处是吾乡

——《一枝安记》解读

（陶芳琴　撰）

推荐理由

“士子文化”是一个地方传统文化风俗中很重要的组成部分。一方水土养一方人，青浦当地的传统士子讲风骨，重操守。他们是“贫贱不能移，富贵不能淫，威武不能屈”的大丈夫；他们向往立德、立功、立言；他们“论是非不论利害，论顺逆不论成败，论万世不论一生”。著书立说，指点江山。正是这一代又一代的传统士子，“腰无半文，心忧天下”，用他们的精神传承了“天下兴亡，匹夫有责”的家国情怀。

“风声雨声读书声，声声入耳；家事国事天下事，事事关心”，读本土文化经典，观青浦士子风骨，我们继承的是他们的精神瑰宝，寻获的是自己文化之根。

沧海拾贝

一枝安记

［元］邵亨贞

云间为濒海下邑，因九峰三泖之胜，而置官司焉。迹其可考者，晋陆士衡、陈顾野王而下，人才辈出，民俗殷富，逮唐宋间，几与列郡抗。

云间：地名，即今上海市松江区。　陆士衡：陆机，字士衡，吴郡吴县（今江苏苏州）人。西晋著名文学家、书法家。出身吴郡陆氏，为孙吴丞相陆逊之孙、大司马陆抗第四子，与其弟陆云合称“二陆”，又与顾荣、陆云并称“洛阳三俊”。　陈顾野王：顾野王，原名顾体

伦，字希冯，吴郡吴县人。南朝梁陈间官员、文字训诂学家、史学家。

松江是一个临近海边的小城，由于九峰三泖的风景甚美，故而开设了府衙。此地的文化遗迹值得考据，从晋朝的陆机再到南朝梁陈间的顾希冯，人才辈出，民富殷实，到唐宋年间，几乎可以与诸郡封地比肩。

以五代南渡之乱，民不知兵生，聚五百余年，至宋末而盛剧矣。

南渡之乱：265年，曹魏大臣司马懿之孙司马炎篡夺皇位，改国号为“晋”，以其强大的军事力量统一了当时还处于分裂之中的中国，结束了东汉末年以来的混乱局面，但安定和平的局面仅维持了三十余年，至晋怀帝永嘉年间发生重大转折。由于统治阶级内部的矛盾，西晋王朝开始走向分崩瓦解，匈奴、鲜卑、羯、羌、氐五族趁虚而入，周边少数民族的大肆入侵，出现了“五胡乱华”分裂格局，北方社会的动荡不安，迫使士族和百姓大量南迁，为逃避战乱，门阀士族带领家眷、民户流徙到江左一带，这是有史以来中原汉人第一次大规模南迁。

自五代中原士庶南迁避乱以来，百姓不知兵事，民聚代传五百多年，到宋末这样的富庶殷实更是达到了顶峰。

宋社既迁，名家巨室罔不与国同休戚者，贵游子弟华颠野服，欷歔乔木之下，彷徨离黍之间；相望于宽闲寂寞者，百年于兹矣。

乔木：高大的树木　离黍：亦作黍离。出自《诗经·黍离》，这首诗历来被视为悲悼故国的代表作。黍离之悲指对国家残破，今不如昔的哀叹。也指国破家亡之痛。

宋朝南迁之时，无数名门子弟没有不与国家共存亡，没有官职的贵族子弟、老者身着平民服装。每每在高大树木的荫蔽下作黍离之悲，翘首以盼，寂寞相守，到现在有（数）百年之久了。

云间遗族有三钱焉。其一居市中者，为武肃王诸孙。今其人犹存，而钟鼎之习泯矣。

钟鼎：钟鸣鼎食，豪门贵族吃饭时要奏乐击钟，用鼎盛各种食品来吃。用来形容讲究礼仪，注重排场，生活奢侈。

松江望族中有三支钱氏遗脉。其中一支居住在市中心，是武肃王的众位子孙。现今他的族人还在，但是大家族的钟鼎之风习已经消弭，家族逐渐衰落了。

其一居市东者，为参政象祖之裔，今不复见其人。又其一居城西，为南渡宦家支蔓，最衍风流文采，间有存者。

其中另一支居住在市东头，是参政象祖的后裔，如今他的后人不复相见了。

还有一支居住在城西，是南渡时官宦之家的远房旁支，他们的风流文采至今偶有遗存。

予及识其子孙四人。复堂先生为宋季该博老儒，予尝受业门下。太初先生为承平文物君子，托迹浮屠氏以终。

该博：学识广博。该，同“赅”，完备。　浮屠：亦作浮图。即佛陀之另译。古人因称佛教徒为浮屠。

我认识这一钱氏遗脉的子孙四人。复堂先生是宋朝末年时具备广博学问的老儒，我曾经在他门下学习。太初先生是承平年间的文物君子，后来托身于佛家，终此一生。

皆典刑士也。素庵子善诗词，清谈，卒为老子之徒。今之存者，惟南金君，以明经教授，为钱氏文脉所在。

典刑：典型。　清谈：指在魏晋时，承袭东汉清逸的风气，就一些玄学问题析理问难，反复辩论的文化现象。释义为清雅的谈论。　明经：科举考试的科目。　教授：教师。

他们都是典型的士子。素庵子善于写诗赋词，喜欢清谈，最后成为老庄之道的门徒。现今还健在的只有钱南金先生了，他作为明经教授，承袭了钱氏的文脉。

南金幼失父，侍其祖长于异县。弱冠，祖没，赘居三泖之上，与予同里闬，以文字交三十余岁。

弱冠：男子20岁称弱冠。这时行冠礼，即戴上表示已成人的帽子，以示成年，但体犹未壮，还比较年少，故称“弱”。冠，戴帽子，指代成年。后世泛指男子二十左右的年纪，不能用于女子。

南金幼年失父，由其祖父抚养在外县。到了二十岁（左右），祖父去世，入赘到了三泖，和我同村，我与他因为文字相亲相交，算来有三十多年。

既乃更世，故皆操觚出游。南金问舍他乡，不相周旋者中，又过半矣。

操觚（gū）：觚是古代书写用的木简。操觚，原指执简写字，后指写文章。

后来就遇上了世道更替，所以我们都持简外出游历。钱南金到了其他地方居住，这三十年中间我们少有往来的时间也有大半。

岁丙申，浙右大乱，南金所居，悉罂兵燹，乃扁舟载妻子还泖上。其门人曹幼文，辟室馆之。

婴：同“撄”，触犯，这里指遭受。　兵燹（xiǎn）：指的是战乱造成的焚烧破坏等灾祸。

丙申年，浙西大乱，南金所居住的地方全都遭遇了战火破坏，于是他带着妻子乘小船回到了三泖。他的门人曹幼文，腾出了一间小屋让他住下。

一见握手问劳外，南金曰：“偃蹇之踪，青毡去我久矣。琴尊书卷，亦复无几，彼皆身外物耳。今幸见故人。

偃蹇：这里指困顿，窘迫。　青毡：青毡旧物，比喻家传的珍贵之物。　琴尊：同“琴樽”，琴和酒樽。

我们两人一见面彼此握手问候之余，南金说：“我这样困顿流离，富贵离我多时了。琴樽书卷也都不剩多少了，那些都是身外之物罢了。如今有幸能够见到老朋友。

故人固知予胸中所存者不失也，斯为无慨。既得一室以御寒暑，日夕起居其间，动焉而运；默焉而静；慨然而啸歌，幽然而沉绎，何适非吾名教之乐耶？若然，则天地万物、阴阳造化皆在吾一室中具。

老朋友你定当晓得我心里所坚持的东西并没有丢失，所以也不必感慨。已经得到一间屋子来抵御寒暑，每天从早到晚在这间屋子里起居生活，我动则世界应运而动，我静则世界随之而默；动情地歌唱，沉静地钻研，不恰好是我们这些明经教授的快乐吗？像这样，我的小屋就包容了天地万物、宇宙自然。

当此之时，又岂念夫先庐之乔木、江湖之萍寓焉。子其为我名之，以识吾心所适。”

每当这样的时候，又怎么会想到曾经故国的大树荫蔽，如今江湖的漂泊不定。请你为我这间小屋命名吧，来表明我心志所往。

予应之曰：“吾子既知夫一室之可安，与天地万化相为表里，将无适不安矣，予复何言。

我回答道：“我的朋友啊，你既然知道哪怕只有一间屋子也足可安顿自己，一间屋子也好，天地万物也罢，从形的角度来说，并没有什么不同，只要心志不变，这一切只是互相为表里变化，那么无论我们所处何地何境，也就没有什么不能安顿的了，我又有什么好说的呢。”

虽然，杜子美当天宝之末，奔走乱离，至无所容其迹，往往形于歌诗，今皆宛然在目。

"杜子美"句：说的是天宝十四年十一月，安史之乱爆发期间，杜甫避难羌村后仍心系苍生、不忘报国之志的经历。

即使如此，杜甫在天宝末年遭遇战乱，仍能奔走呼号，心系苍生，就算到了无处容身的境地，往往还要将内心之志寄托于诗歌，这份情怀直至今日读来，仍然好像就在眼前一般清晰动人。

若所谓强移栖息一枝安者，岂非君子居安虑危之道乎？今之出处，殆类是也。姑取斯言，名子之居。

一枝安：语出后文所引"鷦鷯之喻"典故。

你所说的，现在困顿来此，勉强栖息，就像是鷦鷯小鸟，即便一根树枝也可安顿，难道不是君子应当坚守的居安思危的道理吗？现在我们所谈的，论其出处，大概也都是这个道理啊。姑且选取这句话，来命名你的屋子吧。

子居之，以无忘四郊之多垒，而以道自安，当危之中所安者存，斯与圣人所谓'君子居无求安'者合矣。

君子居无求安：语出《论语》，"君子食无求饱，居无求安，敏于事而慎于言，就有道而正焉，可谓好学也已。"

你居住在这里，不要忘记四周敌军逼近，形势危急，而应当以追求至道之理，在危险之中求得的安适，这就与圣人所说的"君子居无求安"契合了。

庶几无所往而不得其安也。"南金作而曰："子之言是矣。取南华鷦鷯之喻，以一枝为安而忘吾先庐之乔木者，人之情也。今子复以圣人之言励予，予益不敢以一枝自安，以忘其身之惰者，此天下之言也。敢不服膺。"

鷦鷯之喻：见《庄子·逍遥游》："鷦鷯巢于深林，不过一枝；偃鼠饮河，不过满腹。"

那么大概无论身处何地也都能够得到内心的安适了。"南金起身说道："你的话说得太对了。你用庄子的鷦鷯之喻，来告诉我因为生活上'一枝而安'的安逸而却忘记了故国苍生之不幸，这或许是人之常情。你又用圣人的话勉励我，我更加不敢因为一枝而自觉安逸，却忘了自己身上的缺漏，这是心系天下的至言呀！我怎么敢不心服口服呢！"

遂书以揭诸室中云。

于是写下了这篇文章，来记录室中对话。

（选自《上海府县旧志丛书：青浦县卷》2014 年版，692 页）

作者简介

邵亨贞（1309—1401），字复孺，元末明初文学家。杨枢《淞故述》中载其本淳安人。至正间为松江训导，占籍华亭。他出身名门望族，交游文人雅士，早年师于舅公曹知白。他生逢乱世，经历元末明初的大规模农民起义，面对战争的残酷与惨烈，黎民的惊惧与伤痛，常以杜甫为榜样，心忧天下。钱南金是其好友之一。文征明将邵亨贞、杨维桢、钱惟善、孙作、陶宗仪合赞为“杰然天下士”。

指点迷津

《青浦县志》摘录本文时只选择了原文第二段和第三段的第一句。这样掐头去尾后的节选，很难真正把握人物的思想追求和作者的写作意图。因此，此处将原文转录。

在优秀文章中汲取文化滋养，在典范士子身上感受家国情怀，这是一个可实现的、有深远意义的、思接古今的美好愿景。正如北宋大儒张横渠所言：为天地立心，为生民立命，为往圣继绝学，为万世开太平！这是一个教育者的使命！

本文的作者曾任松江训导，文中另一位主要人物——钱南金则任明经教授，用今天的话说，就是两位教育工作者。通过两人的对话我们可以清晰地感知，古代士子对自身修养的追求之高，对为文为人至理追求的情怀之笃，令人敬佩！

听其言，观其行。我们对于历史人物的学习和探究，就是要挖掘人物身上的优秀品质，探寻人物背后的灿烂文化。文中的钱南金不为外物所役，不为生活困顿所折，穷且益坚，不坠青云之志，安贫乐道，一枝即安。他请故人命名住所，其实就是想表明他的心志。而更为难得的是作者邵亨贞，极尽恳切之辞，婉转劝诫南金：不能如鷦鷯这般，一枝自安。身为士子，尤不可忘却君子之“居无求”，“四郊之多垒”，子美之“形于诗歌”。这种儒学士子“腰无半文，心忧天下”的家国情怀，“安贫乐道，心忧天下”的高尚情操，恰恰透露出本土文化中，南朝官渡之乱，特别是宋室南迁以后，“名家巨室罔不与国同休戚者”的文化渊源。

智慧碰撞

钱南金和作者这一对朋友为何会有这样高尚的思想追求？试从文中寻找依据并分析。

尊孝兴义　儒雅成风

——《建钟亭修塔记》解读

（陶芳琴　撰）

推荐理由

《孝经·开宗明义》篇中讲："夫孝，德之本也。""夫孝，天之经也，地之义也，人之行也"，古人认为"孝悌之至"就能够"通于神明，光于四海，无所不通"。

"人之行，莫大于孝"，儒家之"仁"以"孝"为出发点。"孝"在传统文化中的地位和影响可见一斑。《青浦县志》历代编纂中甚至特别将孝义之士列传作记。青浦这一方水土也是这样一处尊孝兴义、儒雅成风的所在。

元代文学家王原也正因受王骏声等人大孝精诚所感，受托记录了这样一件行孝感人的名人轶事。时隔千年，读来犹有温馨动人之处。

沧海拾贝

建钟亭修塔记

［元］王原

佘山东、西二岩对峙，两岩之间，有兰若曰普照教院。院后有塔，曰月影塔。

兰若：佛教名词，原意为森林，引申为寂静处、空闲处、远高处，躲避人间热闹处。也泛指一般的佛寺。

佘山的东西两座山峰相对而立，两峰之间，有一座寺庙，名叫“普照教院”。寺院后有一座塔，名为月影塔。

宋太平兴国间，聪道人实始居此。塔下为月轩，常有二虎侍道人。

聪道人：德聪，吴人。宋太平兴国二年，寻船子道场结庐佘山之中峰，有二虎大青、小青为侍，终日默坐，悬佛经于梁。人问之曰：“如人阅家书一遍，既知其义，何再读为？”又曰：“古人贵行，吾何言哉？”有叩者皆不答。雪深闭户，四五十日不食，亦不饥。天禧元年正月旦，自言今不复住此，以七月六日坐灭。　实：确实。　居：居住。　为：是。　轩：长廊。

宋太平兴国年间，聪道人起初确实居住于此。塔下是一条名为月轩的长廊，那里常常有两只老虎陪侍着聪道人。

志所传大青、小青虎葬处生异树，并传有虎树亭者是也。余少时，读书山中，尝游览遗迹。

异：奇异的、奇特的。　少：年轻的时候。

据史书记载，大青、小青两只老虎埋葬之地后来长出了奇特的树，而且相传此处有一座虎树亭。我年轻的时候，在山中读书，曾游览观赏传闻中的景物遗迹。

院塔虽屡经修葺，辄就颓敝，每为之徘徊戏感。今年秋，偕陆子星聚在陆侍御山庄信宿，共散步山下，过塔院仰瞻旁瞩，轮奂改观。

信宿：连住两晚。　散步：随意闲行。　轮奂：屋宇高大众多。

寺庙的月影塔即使几经修葺，也终究趋向颓败，想到此处，每每为此在这里走动游戏感怀不已。今年秋天，我与陆星聚在陆侍御山庄连住两晚，一起在山下闲行，经过塔院时仰头瞻览，四处观赏，屋宇高大，一改旧有的样子，让人耳目一新。

昔年陆文定所铭大钟，亦覆以新宇。

当年陆文定所题铭的大钟，也被一座新的殿宇遮蔽了起来。

寺僧肃予客，序秩乎有仪，坐定，询故知覆钟之亭，文学王骏声所作，而修塔亦始事于骏声。

肃予客：恭敬对我以客人相待。予，我。　序秩：次序，引申为按次序排列。　覆钟：将钟倒着放的样子。

寺庙中的僧人对我们恭敬有礼，秩序井然，仪态端庄，我们坐定后，我向僧人询问早先所知的大钟外新盖之亭，这才得知是王骏声修建了此亭，修建塔院也是从王骏声开始的。

侍御言骏声为其九十寿母延龄作诸佛事，此其肇端。余闻之，叹曰：遍满诸塔为无量寿佛，

陆侍御说王骏声修塔建亭，做了很多礼佛之事，其起因是希望他九十岁的老母亲能够延年益寿。我听了，不禁感叹：难怪这寺庙到处都供奉着无量寿佛，

王君资以寿其母，岂非不匮之思与？且侍御赠公之阡，在院之东；星聚先茔，在院之北。

匮：乏。　阡：墓道。　茔（yíng）：坟地。

王骏声用这些来为母亲增寿，难道不是不竭之思吗？况且陆侍御为父亲修的墓道在寺院的东面；陆星聚先祖的坟墓在寺院的北侧。

而骏声肇累世之墓，托于此山，洪钟轰訇，破幽释滞，以资冥福，此为宜矣。

肇：开始。　托：寄托，依靠。　訇（hōng）：形容声音很大。　幽：昏暗，幽暗。　滞：滞念，心中凝结的思念。

而骏声将几世的墓地着手寄托在这座山上，钟声轰然，打破了幽暗与滞念，以此来增长冥福，这是适宜的。

钟亭建于康熙二十一年之春，修塔亦始于是年六月，比九月事竣。

比：接近。

钟亭在康熙二十一年的春天开始修建，月塔也是在这该年的六月开始修建，近九月完工。

院僧圣音、九如、颖白，实有勤绩。而九如则发愿于三年之前，然非王君不克成之也。

发愿：佛教语。谓普度众生的广大愿心。　克：能够。　成：完成，实现。

寺院僧人圣音、九如、颖白在此间确实有劳绩。难得的是，九如和尚在三年之前就曾发愿，若非王骏声相助，就不能够完成了。

星聚之先人清翁远，向尝修四王殿，塑金像。星聚于塔之成，然灯五夜，熏塔诵佛，

然：同“燃”，点燃。

陆星聚的先祖清远，从前曾修四王殿，塑佛祖金身。陆星聚在月塔修成时，点灯五夜，暖塔诵佛。

晃然有光，达近瞻仰，赞叹希有，欺希有，不可以无记，侍御属余书其始讫，因以为记。

希有：同“稀有”，少有。 欺：胜过，超过。 属：同“嘱”，嘱咐。

此后，远远看来塔院仿佛有光亮闪烁，到了近处瞻仰，不禁赞叹世间少有，正因其超越少有，不能够不做记录，陆侍御嘱咐我将此事的始末记录下来，于是便有了这篇文章。

（选自《上海府县旧志丛书：青浦县卷》2013）

作者简介

王原（1296—1370），字廉夫，号铁崖、东维子。元代文学家、书法家。原籍浙江诸暨。少年时，其父筑楼于铁崖山，聚书数万卷。他终日勤读，自号“铁崖”。泰定三年（1326年），中进士，任天台县尹。后调钱清盐场，因不善逢迎，十年不获升迁。元修辽、金、宋三史，他作“正统辩”千言。后调任江西儒学提举，因交通受阻，未成行。值兵乱，浪迹浙西。张士诚据浙西，屡召不赴。后以冒犯丞相达识帖木儿徙居胥浦（今金山区）。身后与陆居仁、钱惟善两诗友同葬于松江干山，人称“三高士墓”。

指点迷津

生命的感动往往发生于心灵戚然相通之时。普照寺、月影塔、聪道人、二青虎，时间的悠长，道人之高深，青虎之情义，多重因素的渲染，使这里有了神秘而多情的因子，令人向往。所以作者说“余少时，读书山中，尝游览遗迹。院塔虽屡经修葺，辄就颓敝，每为之徘徊戏感”。如此的礼佛圣地、高僧圆寂之所，自当香火鼎盛，信众不绝，成一庄严名刹矣！可是，几经修葺仍不免颓败，感慨之情油然而生！

然而没有想到的是，成年后再见，它的壮观、幽静、祥和令作者深深惊叹！更令他震撼的是，王骏声、陆星聚、陆侍御等人孝心可感，圣音、九如、颖白等众僧劳苦功高，曾经凋敝的塔院“翰奂改观”，曾经“陆文定所铭之大钟”亦有一亭遮蔽。不论是“洪钟轰訇，破幽释滞”，还是“遍满诸塔”的无量寿佛，抑或是“然灯五夜，熏塔诵佛”，“修四王殿、塑金像”……孝心感动的不只是听者，似乎也感动了冥冥诸神，这“晃然有光”的塔身，世间稀有！“欺希有，不可以无记”，表面上，作者为其希有而记，实则为其孝心感动！

整篇文章多用衬托，使得看来散淡的语言，零星的记忆与故事，始终围绕着“孝心”二字展开。他将塔院的凋敝之景与“翰奂改观”之貌对比，突出了王骏声孝心之诚；他用大青小青二虎的重情重义、至死不离，衬托王君为九十寿母增寿礼佛的孝行之坚；他用陆星聚燃灯五夜、熏塔诵佛，衬托王君费尽心思修塔建亭，将累世之墓、托于此山的孝心之深。这是作者的用心良苦，更是世风敦厚，孝心可感！

智慧碰撞

文中德聪道人在二虎陪伴下圆寂一事删去似乎不影响记叙，可否省略？请谈谈你的看法。

士不可以不弘毅

——《慧日寺记》解读

（陶芳琴　撰）

推荐理由

康熙《青浦县志》中记载：慧日寺，本佘山中，曰古沐堂。宋太平兴国二年，僧洪庆建。治平二年，赐额。元年，兵毁。明万历中，僧圆实重建。有董其昌记。徐文贞奉明世宗赐蟒衣，付僧圆实镇山门，有诗。陆平泉以衲衣付寺，平偈。

梵宫仙院，所以壮观览，表名胜也。惠日寺在《青浦县志》（康熙《青浦县志》卷之八）“寺观”中位列第四，其占地之广，规模之大，殿楼之盛，受关注之甚，堪称“九峰庄严名刹”。此外，慧日寺得以重建，离不开急公好义的宫保陆平泉、少师徐文贞及众多当地乡绅士子。他们二位重义之风为后世之表率。

沧海拾贝

慧日寺记

［明］董其昌

青浦之南有佘山，山之东麓有沐堂、慧日禅寺，创自宋太平兴国三年，治平二年赐额，住持洪庆专领其事。

青浦的南面有座佘山，东面的山脚下有间沐堂，名为慧日禅寺，它创建于宋太平兴国三年，治平二年的时候被赐匾额，住持和尚洪庆专门负责这里的事务。

元末兵毁。

元末的时候因为战乱而损毁了。

万历改元，圆实同长宁令徐充步榛莽间得古井，洗心泉在焉，遂从林氏赎得其址，约十亩有奇。

榛莽（zhēn mǎng）：丛杂的草木，喻艰危，荒乱。　得：发现　焉：兼词，相当于“于此”。

明朝万历改元，圆实和长宁令徐充随意闲行，在荒草中发现一口古井，洗心泉当时就在这里，于是就从林姓人手里用钱财换回了这块土地，这块地大约有十亩多。

而少师徐文贞与宫保平泉陆公相与倡缘鼎建，并置田二十五亩以资香火。

徐文贞：徐阶，字子升，号少湖，一号存斋，谥号文贞。明松江府华亭县（今上海市松江区）人。明代名臣，在嘉靖朝后期至隆庆朝初年任内阁首辅。　平泉陆公：陆树声，字与吉，号平泉，松江华亭人。明朝名臣，袁可立、董其昌皆其得意门生。　倡：带头，倡导。

少师徐文贞和宫保陆平泉一起带头募资大力修建寺庙，并且购买二十五亩土地用来资助香火。

长史太冲袁公、同乡宏斋林公及余辈渐次捐赀，至万历癸酉而大雄宝殿成。

渐次：逐渐，次第。捐赀：捐资。　万历：明神宗朱翊钧的年号，明朝使用此年号共48年，为明朝所使用时间最长的年号。

长史袁太冲、同乡林宏斋和我们接连出资相助，到了万历癸酉年间寺庙的大雄宝殿建成。

文贞公之仲子中翰、师庵兄弟又撤屋材助之，而大观法戒楼成。又明年，钟楼成。

文贞公的二儿子徐中翰、师庵的兄弟们又拆了房屋拿了材料前来相助，于是大观法戒楼建成。又过了一年，钟楼建成。

又明年，护诸童子殿成，而此寺遂为九峰庄严名刹矣。余尝与陈仲醇、袁微之岁游于此。

庄严：指建筑物壮盛严整。

再过了一年，护诸童子殿落成，至此这座寺庙才成为群山中壮盛严整的著名寺庙。我曾经与陈仲醇、袁微之每年都会在此地游览。

每爱其寺径逶迤，清阴苍翠，上不见日，而钟声殿角往往出修竹白云之间，为流连不忍去。

逶迤：弯曲延伸，曲折宛折。

每每因为喜欢寺中小路蜿蜒曲折，树木茂盛浓荫清凉，向上看不到骄阳，而钟声悠扬仿佛又能顺着斜逸飞起的殿角从修长茂密的竹林之间直上云霄而去，于是我便流连忘返不愿离开了。

今复衰衰长安马头尘，视沐堂不在天际耶！殿北隅石壁数仞，藤萝覆之。陆宫保书“云崖风壑”四字，勒之石。

宫保：明、清各级官员的虚衔。　云崖风壑：或许脱于唐朝郭元超的《水藻赋》：“云崖委溜，风壑鸣泉。”

如今再看此处，则颇有一副“衰衰长安马头尘”的样子，早已没有了当初之壮盛严整之气象，看沐堂也不在那天边了！宝殿北边角落有几仞高的石壁，也被藤草萝蔓覆盖住了。陆宫保写的“云崖风壑”四个字，刻在石头上。

又脱禅衲题小像一轴，手付寺僧，而文贞则奉世庙所赐衮蟒留镇山门。

禅衲：僧衣。　世庙：明嘉靖帝为其父兴献王朱佑杬所立之庙。

（陆平泉）又将一副脱僧衣小像亲手交给寺中僧人，而少师徐文贞则将世庙所赐的蟒衣官服留在此处以镇山门。

两先生流风余韵，与老坡解带故事若合一辙，抑又兹山泉石之光也。

流风余韵：前代留传给后世的风尚韵致。　老坡：即苏轼。　若合一辙：好像出自同一个车辙。如出一辙，比喻两件事情非常相似。辙，车轮碾轧的痕迹。

两位先生为我们流传下来的风雅韵事，和东坡解带的故事极为相似，抑或因为山泉石显现了灵光吧！

（选自《上海府县旧志丛书：青浦县卷》2014，376页）

作者简介

董其昌（1555—1636），字玄宰，号思白、香光居士，松江华亭人，明代书画家。万历十七年进士，授翰林院编修，官至南京礼部尚书，谥“文敏”。

董其昌擅画山水，师法董源、巨然、黄公望、倪瓒，笔致清秀中和，恬静疏旷；用墨明洁隽朗，温敦淡荡；青绿设色，古朴典雅。以佛家禅宗喻画，倡“南北宗”论，为“华亭画派”杰出代表，兼有“颜骨赵姿”之美。其画及画论对明末清初画坛影响甚大。书法出入晋唐，自成一格，能诗文。

指点迷津

虽说盛极而衰，否极泰来。事物的发展总是螺旋式上升，波浪式前进的。沧海一粟般的芸芸众生，在参与兴建、目击鼎盛、共享繁华之后再见“衮衮长安马头尘”的式微，多少会生出唏嘘感慨吧！

然而，由翰林历官至礼部尚书，天才高逸的董其昌在文中却用浓墨记叙了慧日寺重建的缘起、陆平泉和徐文贞两人的公义、众人相助的慷慨。特别叙述了陆平泉脱下衲衣题写偈文与小像、徐文贞将世祖钦赐蟒衣官服留镇山门的高风遗韵。这一切读来令人动容！

层层铺陈过后，作者笔锋一转，今昔对比，只一句“今复衮衮长安马头尘，视沐堂不在天际耶”，便引出了读者对慧日寺式微的无限唏嘘感慨！明明仍沉浸于冷落清秋，荒野飘零，却正见平泉题字赫然在目，想起文贞蟒衣应犹在。文章之奇，在于不落窠臼。

而这一切都不是作者写作之目的。最后，作者又宕开一笔，“抑又兹山泉石之光也”与前文首尾呼应，幽默中透着低落，嘲解中带着希冀。如果山石有灵，作为万物灵长的我们是不是更应当继先贤之遗风，守诸望之公义，举万民之幸事？

智慧碰撞

阅读本文后，您如何看待文章的详略安排？“洗心泉”之名是否激发您对文章内容更多的思考？

业无高卑志当坚

——《重建宣妙寺碑记》解读

（王志江　撰）

推荐理由

钱溥的《重建宣妙寺碑记》篇幅不长，文也不难，简述了宣妙寺修建的始末，讲述了坚公、其徒宗升、宗升徒洪慧三代人殚心毕力，最终重修宣妙寺的故事。这让人不禁想起《愚公移山》中愚公为了造福百姓挪走太行王屋两座大山。大山虽难移，但只要人有志向，并为此不惜付出几代人的努力，总会成功。正如《游褒禅山记》中所写："世之奇伟、瑰怪，非常之观，常在于险远，而人之所罕至焉，故非有志者不能至也。"文章强调"志"的重要性。对于我们现在的学生，很有启发意义。

沧海拾贝

重建宣妙寺碑记

［明］钱溥

吴淞南有山曰余阜，阜西有寺曰宣妙寺，创于宋治平二年。元季兵燹，鞫为遗墟久矣。

吴淞：上海市北部。　元季：通常指元朝末年。元，元朝。季，一个时期末了的意思。　燹（xiǎn）：野火。多指兵乱中纵火焚烧。　鞫：通"鞠"，穷，尽也。

吴淞口南边有一座山叫余阜，余阜西边有一座寺庙叫宣妙寺，建造于宋治平二年。元朝末期兵乱被烧，沦落为遗留的废墟很久了。

而坚公永乐中，自杭来松，主钟贾山之净行院，行业峻茂，有声丛林间。正统六年秋，念宣妙名胜之境，与净行相望三四里外，不可芜没。

钟贾山：为松郡九峰中间山。　行业（xíng yè）：僧侣在净行院做功课。　芜没，淹没于荒草间。

明永乐年间，坚公从杭州来到松江府，主持钟贾山的净行院，僧侣在院中做功课，院周围山势险峻，树木茂盛，风声在丛林间穿过。明正统六年秋天，（坚公）考虑到宣妙寺处于名胜之地，和净行院相距三四里，不能让它埋没于荒草间。

即帅其徒宗升，亲治荆棘、畚瓦砾，凿石以拓遗址，甃路以正向方。

治，这里是割的意思。　畚（běn）：用畚箕之类装东西。　甃（zhòu）：用砖砌。

坚公就带领他的徒弟宗升，亲自治理割除有芒刺的草木、用畚箕清理瓦砾，凿石来拓宽原来的道路，砌砖路来指明方向。

坚圆寂，升复与徒洪慧，殚心毕力，裒众集施。积至成化五年，重建大雄宝殿，内塑十八罗汉、二十诸天于壁，焕人瞻视。

圆寂：佛界语，指僧人死后升天。　裒（póu）：聚集。　二十诸天，佛教用语。

坚公死了之后，宗升再和徒弟洪慧，竭尽智慧和力量，逐渐聚集人手逐步施工，经多年后直到成化五年，重新建起了大雄宝殿，殿内在壁上雕塑十八罗汉、二十诸神，供人观看。

俾向之聋者惊、瞽者明，而昧者觉，是理之妙，不独得诸己，又能宣于人矣。

俾（bǐ）：使。　向：朝着，对着，不可解释为“以前”。　瞽（gǔ）：盲人。　昧：糊涂。　诸：兼词，之于。

使面对着它的聋人惊诧、盲人看到光明、糊涂的人觉醒，这种奇妙的感受，不只在自己心中有所感受，又能传递给别人。

功既讫，升属其徒征文以记颠末。坚名智，号虚白，族潘氏，绍兴余姚人。

讫：完毕。　属：古同“嘱”，嘱咐，托付。　颠末：始末。

宣妙寺重建完成后，宗升嘱咐他的徒弟征文来记述宣妙寺重建的始末。坚公名智，号虚白，属潘氏一族，绍兴余姚人。

（选自《上海府县旧志丛书：青浦县卷》2014，376页）

作者简介

钱溥（1408—1488），字原溥，号遗庵、九峰，华亭（今属上海）人。正统四年（1439年）进士，因蔷薇露诗称旨，受检讨，历任春坊左赞善、侍读学士，曾入内阁整理国家藏书。与修《寰宇通志》《大明一统志》。天顺六年，奉使安南。后坐内侍王伦事，降广东顺德县知县，后起掌南京翰林院事，进南京吏部尚书，致仕，卒谥“文通”。著有《朝鲜杂志》等。

指点迷津

何为宣妙？文中曰：“积至成化五年，重建大雄宝殿，内塑十八罗汉、二十诸天于壁，焕人瞻视。俾向之聋者惊、瞽者明，而昧者觉，是理之妙，不独得诸己，又能宣于人矣。”这一句其实已经把题旨点明。大雄宝殿建成后，内有十八罗汉和二十诸天，能够使“聋者惊、瞽者明，而昧者觉”。虽貌似夸张，但不得不引发我们深思，究竟是什么力量产生了这样的效果呢？不禁让我们顺着文路感受到坚公引领师徒三代，共同重修宣妙寺的这份坚定的志向和诚心。俗话说“心诚则灵”，貌似有某种迷信的色彩，但我们从中感受到的是一个人内心的信念和志向的重要。

本文从形式上语言朴实，没有太多华丽的辞藻。但在着笔并不多的景物描写上，依然能看出作者选择典型景物寄寓情志的特点。比如原寺“元季兵燹，鞠为遗墟久矣”，点明原有的损坏程度之大；“行业峻茂”说明此处环境险峻，点明重修不易，而险峻之处往往也就是景色优美之处，这是大自然的辩证法。

智慧碰撞

本文中坚公以及其徒三代人重建宣妙寺的事迹可以引发你怎样的思考呢?

立志，对于古今文人学习非常重要。明代王阳明说:“故立志者，为学之心也;为学者，立志之事也。”也是强调立志对于为学的重要性。

王国维在《人间词话》中也为我们描绘了三种境界:“古今之成大事业、大学问者，必经过三种之境界:‘昨夜西风凋碧树。独上高楼，望尽天涯路。’此第一境也。‘衣带渐宽终不悔，为伊消得人憔悴。’此第二境也。‘众里寻他千百度，回头蓦见，那人正在灯火阑珊处[①]。’此第三境也。此等语皆非大词人不能道。然遽以此意解释诸词，恐为晏、欧诸公所不许也。”这三个境界彼此联系，第一境界是“立”、第二境界是“守”、第三境界是“得”。第一境界是立志、是下决心，只有具备了这个条件才会有第二、第三境界。但只有第一境界，没有第二境界的苦“守”，最终也能难见到“佛光”普照，有所收获。正如本文中坚公的行为，虽然文中并没有直接写他如何立志，但从文章开头写宣妙寺的荒废久矣，因为周围山林峻茂，景色优美，不可芜没。他认为不可芜没的仅仅是这峻茂的山林吗?其实在他内心深处不可芜没的是由宣妙寺所以传扬的“善”，然又经历师徒三代的努力坚守，此志不可谓不诚、不坚。

① 此为王国维误作，原文为“蓦然回首，那人却在灯火阑珊处”。

一语天然万古新

——《思堂记》解读

（孙苹　撰）

推荐理由

中国有古语“三思而后行”。此语出自《论语·公冶长》：“季文子三思而后行。子闻之，曰：‘再，斯可矣。’”可见，孔子并不赞成行事之前过分犹豫瞻前顾后，但又不能鲁莽草率，因此“再，斯可矣”，只要认真思虑，做到行事谨慎就可以了。苏轼作《思堂记》时，“思堂”建造者章楶刚刚得中进士，正在地方历练，时任华亭（现上海松江）盐监。二十余年后，章楶率领北宋将士征战西夏，横扫夏军，鲜有败绩，令西夏人闻风而丧胆，大大提振了北宋日渐衰落的国威。章楶占军机，当机立断；苏轼喜直言，不失天真。两人未来的人生轨迹都与是否“思”，作何“思”有着莫大的牵连。其中因果值得今人深思。

沧海拾贝

思堂记

［宋］苏轼

建安章质夫，筑室于公堂之西，名之曰思。

建安：福建省古郡建安，郡府驻地在今建瓯市。建安郡是八闽第一郡。　章质夫：章楶（jié），字质夫，浦城（今属福建省南平市浦城县）人，北宋名将、诗人。　公堂：官府的大堂。

建安人章质夫，在公堂之西建了一座厅堂，取名叫“思堂”。

曰：“吾将朝夕于是，凡吾之所为，必思而后行，子为我记之。”

他说：“我要天天记住这个‘思’字，凡是我想要做的事，一定要先思而后行，请你为我写篇文章记录下来。”

嗟夫！余天下之无思虑者也。遇事则发，不暇思也。未发而思之，则未至。

发：抒发，表达。　未至：(事情)没有达到(严重的程度)。

唉！我是天下最不懂得思虑的人。遇事就想表达，根本就来不及思考。如果能在事情发生之前就思考它，那事情原本就没达到严重的程度。

已发而思之，则无及。以此终身，不知所思。言发于心而冲余口，吐之则逆人，茹之则逆余。

逆：抵触，违背。　茹：吃，这里指憋在心里。

如果话已经说出去了再去思考它，那么思考也来不及了。我这一生都是如此，从不知应该思考什么。心里有话就想脱口而出，如果说出来就会得罪别人，如果憋在心里就会使自己难受。

以为宁逆人也，故卒吐之。君子之于善也，如好好色；其于不善也，如恶恶臭。

好(hào)好(hǎo)色：喜好美色。　恶(wù)恶(è)臭：厌恶腐臭。

我认为宁可得罪别人(也不想自己难受)，所以也一定要说出来。君子对于善美的行为，就如同喜好美色。对于不善的行为，就如同厌恶腐臭。

岂复临事而后思，计议其美恶，而避就之哉？是故临义而思利，则义必不果；临战而思生，则战必不力。

就：靠近，接近。

难道还要事到临头再去思考，判断事情的好坏，决定是躲避还是参与吗？所以临到行义时想到获利，那么所行的义肯定不会有结果；面对战斗时想要偷生，那么打起仗来一定不会勇敢。

若夫穷达得丧，死生祸福，则吾有命矣。少时遇隐者曰：“孺子近道，少思寡欲。”

有命：由命运主宰。《论语·颜渊》：“死生有命，富贵在天。”　孺子：儿童、幼儿，这里指年轻人。

至于那人生的困窘显达，获取丧失，死生祸福，都是我命中注定的。我年轻时曾遇见一位隐士，他对我说："年轻人，如果你想得道，就应该减少思虑和欲望。"

曰："思与欲，若是均乎？"曰："甚于欲。"庭有二盎以蓄水，隐者指之曰："是有蚁漏，是日取一升而弃之，孰先竭？"曰："必蚁漏者。"思虑之贼人也微而无间。隐者之言，有会于余心，余行之。

盎（àng）：盆类容器。　蚁漏：细小的蚂蚁洞。　会：领悟，理解。

我说："思虑和欲望，（对道的损伤）是均等的吗？"隐士说："思虑比欲望还厉害。"庭院中有两个盆子来装水，隐者指着（这两盆子）说：一个盆子有小的洞，另外一个盆子每天取一升水然后把它丢了，哪一个盆子先干呢？（我）回答说"一定是有蚁漏的盆子（先漏光）"。思虑对人的损伤微小却不间断。隐者的一席话，我心有领会，我一直按照他的话行事。

且夫不思之乐，不可名也。虚而明，一而通，安而不懈，不处而静，不饮酒而醉，不闭目而睡。

况且无忧无虑的乐趣，真是不可名状。空虚而澄明，纯一而畅达，心安理得从不知疲倦，无时无刻不觉得宁静，就像没有饮酒而陶然大醉，没有闭眼而酣然沉睡。

将以是记思堂，不亦缪乎。虽然，言各有当也。万物并育而不相害，道并行而不相悖。

缪：通"谬"，荒谬。

如果用这些话来为思堂作记，不是显得很荒谬吗？尽管如此，但是思与不思各有各的道理。世间万事万物即是如此，各种事物都得以养育互不妨害，大道并行互不悖逆。

以质夫之贤，其所谓思者，岂世俗之营营于思虑者乎？

营营：劳而不知休息；忙碌。

凭着章质夫的贤能，他所说的思，怎么会是世俗之辈忙碌钻营的思虑呢？

《易》曰："无思也，无为也"。我愿学焉。《诗》曰："思无邪"，质夫以之。元丰元年正月二十四日记。

思无邪：诗经《鲁颂·駉》："思无邪，思马斯徂。" 思为助词，无义。孔子将其借用为"思想"之义。 以：任用，运用。

《周易》说："不耗神思虑，不劳体钻营"。我愿意做这样的人。《诗经》说"思无邪"，质夫身体力行地按着这句话去做。作于元丰元年正月二十四日。

（选自《青浦县志》，1990，687页）

作者简介

苏轼（1037—1101），字子瞻，号东坡居士，世称苏东坡。眉州眉山（今属四川省眉山市）人，北宋文学家、书法家、画家。嘉祐二年（1057年），苏轼进士及第。宋神宗时曾在凤翔、杭州、密州、徐州、湖州等地任职。元丰三年（1080年），因"乌台诗案"被贬为黄州团练副使。宋哲宗即位后，曾任翰林学士、侍读学士、礼部尚书等职，并出知杭州、颍州、扬州、定州等地，晚年因新党执政被贬惠州、儋州。宋徽宗时获大赦北还，途中于常州病逝。宋高宗时追赠太师，谥号"文忠"。

指点迷津

《思堂记》写于元丰元年，元丰二年乌台诗案爆发，苏轼被贬为黄州团练副使，当其羁押于狱中时几乎有性命之虞。人们提到苏轼往往会说他"嬉笑怒骂皆成文章"，赞扬他敢于对看不惯的事物说出自己观点的耿介和直爽。当别人在炙手可热的权势面前或噤若寒蝉或曲意逢迎时，苏轼却敢于直言其不满，直指其弊端。王安石在政坛当红时，苏轼就曾写万言书，对其新法提出批判，因此成了新党的眼中钉，被以攻击新法、讥讽朝政、指责皇帝的罪名贬至黄州。可以说苏轼是深受"不思"之害的。然而"不思"绝不是思想懒惰不懂思考，这是真性情的外露，是一种精神境界和人格操守，只有内心纯净精神清明的人方能做到。乌台诗案后劫后余生的苏轼作下了这样两首诗：

十二月二十八日，蒙恩责授检校水部员外郎黄州团练副使，复用前韵

（其一）

百日归期恰及春，余年乐事最关身。
出门便旋风吹面，走马联翩鹊啅人。
却对酒杯疑是梦，试拈诗笔已如神。
此灾何必深追咎，窃禄从来岂有因。

（其二）

平生文字为吾累，此去声名不厌低。
塞上纵归他日马，城中不斗少年鸡。
休官彭泽贫无酒，隐几维摩病有妻。
堪笑睢阳老从事，为余投檄向江西。

苏轼写“平生文字为吾累”，他不是不知“言发于心而冲余口”，但他依然积习不改，刚刚出狱就“试拈诗笔已如神”。使人哭笑不得之余，又深深被东坡的人格魅力所折服。

东坡留下来的诗文中处处都是他真性情的流露，虽然在人生的低谷也会有苦闷的宣泄，但苦闷只是一种情绪而不会成为心灵的包袱。

照理说写《思堂记》就要写三思而后行，章楶要求苏轼作记恐怕也是此意，但苏轼反其道而行之，大书“不思”之乐，这既是其自我的表达也是对好友的讽劝：朝廷中不乏思虑万千但庸庸碌碌尸位素餐的官僚，也不乏虽有颗七窍玲珑心但善于钻营攀附权势的蠹虫，还是少些世俗中钻营的思虑，多些坦然澄净的快乐吧！

《宋史》记载：“夏自平夏之败，不复能军，屡请命乞和，哲宗亦为之寝兵。楶立边功，为西方最。”章楶去世后获谥号“庄简”。观其一生，章楶对于苏轼的不于世俗之务思虑的劝告，当是很认同的吧。

智慧碰撞

苏轼在本文当中说思与不思“言各有当也。万物并育而不相害，道并行而不相悖”。你如何看待“思”与“不思”的关系呢？你又会如何抉择呢？

苏轼的思想体系非常的驳杂：“为天地立心，为生民立命”的入世进取是儒家的；乐天达观，不羁自适的潇洒天真则是道家的。苏轼认为“不思”的乐趣在于“虚而明，一而通，安而不懈，不处而静，不饮酒而醉，不闭目而睡。”唯有“不思”内心才能虚静，才能实现内心包容万物却不充溢不懈怠；心唯有宽广平和，方能安宁无忧。《道德经》有言：“天门开阖，能为雌乎？明白四达，能无知乎？”人们以感官感知世界，能否保持内心的虚静？当人能够通晓四方无所不知，能否不用心机？苏轼的“无思”当为此意。这与做事不用脑子胡乱为之不同。乌台诗案之前，苏轼地方为官十余载，每到一处皆得百姓称颂，不为百姓思虑岂能得之，但他的所为都是出自他济世为民的本心，而并非“心机”。孟子说浩然之气，“以直养而无害，则塞于天地之间……。行有不慊于心，则馁矣”，浩然之气要以本真的心去培养，行为必须能够满足心灵，使自己能够心安理得。这是对君子如何遵行“义”的至高要求，苏轼的“不思”也即如此。

“思”与“不思”在苏轼身上并无矛盾，正是儒道思想于其身上和谐融合的具体体现。

诚则明矣　名则诚矣

——《明诚斋记》解读

（孙苹　撰）

推荐理由

今人通常只知道“诚”是指诚实守信，是一种美德，虽向往，却往往难以力行。“诚”其实有着非常丰富的内涵，代表着我们祖先对于道德的至高追求。《礼记·中庸》说：“诚者天之道也，诚之者人之道也。”认为“诚”是天的根本属性，努力求诚以达到合乎诚的境界则是为人之道。又说：“诚者，物之终始，不诚无物。”认为一切事物的存在皆依赖于“诚”。确实如此，我们所认识的自然界的万事万物，它们的产生、发展和消灭，都是某一规律不停作用的结果，其中任何一环断掉，恐怕都无法形成我们所拥有的这颗星球。因此，在我们的祖先看来，“诚”是万物的根本，人要顺从自然，便也要遵从“诚”这一准则。

“诚”不单是对人要诚实守信，它同时也是面对诱惑的坚定和遭遇困境的执着。当“诚”与“明”相配合时，人便可以明达事理而又有所始终，这不正是今人所迫切需要的吗？

沧海拾贝

明诚斋记

［元］杨维桢

淞之南五十里，其中水曰大泖，水碧而土坟。

泖（mǎo）：水面平静的小湖。 坟：水边高地。

吴淞口向南五十里，有一泽水，取名叫“大泖”，湖水水色澄碧，湖边地面高起。

环泖而居者多闻家著族，岁治土田给贡赋外，不远千里聘名师教子弟，最者曰朱、陈、邵、吕。

闻家著族：显达有名望的家族。 治：管理。

围绕着大泖居住的多是显达、有名望的家族。这些人家每年管理土地田产的收益除缴纳土贡和赋税外，还不远千里去聘请名师来教育后辈子弟，其中子弟最为出众的是朱氏、陈氏、邵氏、吕氏几个家族。

有曰武叔者，盖邵氏之佳子弟也。予尝闻武叔兄文伯，高爽而好学，一时闻人乐与之游，不知又有武叔竞爽焉。

高爽：清高豪爽。 闻人：有名望，显达的人。 竞爽：媲美，争胜。

有一个叫做武叔的人，是邵姓家族中品行美好且有才干的子弟。我曾经听说武叔的兄长文伯，是个高洁、豪爽并好学的人，一个时期内有名望的人都乐意与他来往，没想到又有武叔可以与之相媲美。

武叔事父兄各极其道，事师尤不遗于礼；且闻修业之所题曰“明诚”，盖以暇日诵书史其中，所以交当世之贤人君子必此焉游息。

事：侍奉。 极：尽。 修业：修营功业。

武叔侍奉父母兄长都极尽孝悌之道，侍奉老师在礼仪上尤为周到；我又听说他把研习学艺的居所题名为“明诚”，大概他在闲暇时日常常在其中诵读诗书，他所结交的当世贤达君子前来游访时必定会在此处止息。

而声色狗马之好，一不以经意，乡之先达无不器许之。

声色狗马：指游手好闲糜烂淫乐的生活。 先达：德行高、学问深的知名前辈。

而那些游手好闲糜烂淫乐的生活，（武叔）完全不放在心上，（因此）乡里有名望的前辈没有不器重赞许他的。

间从外舅倪伯玉来见，且请言以着明诚。

间：近来。 外舅：丈人。 着：加……于上。

近来，（武叔）偶有一次跟从他的丈人倪伯玉来拜访我，又请我写文章来为明诚斋题词。

余喜松子弟多嗜学，而邵氏尤多贤，因告之曰：圣人之道一，诚也；天地之运一，诚也。

我喜爱松江子弟多有爱好学习之人，而邵氏子弟尤多贤才。于是我告诉他说：圣人遵行的道是始终如一（不能停止）的，这就是诚信；天地的运行也是始终如一（不曾停歇）的，这也是诚信。

天地一息不诚，天地之运歇；圣道一日不诚，圣人之道消。圣法天，贤法圣。

天地（如果）在极短的时间里不诚信，那么天地运行就会止息；圣人遵行道（如果）一日不诚信，那么圣人的道行就会消减。圣人效法天地，贤人效法圣人。

圣诚而无不明，孔子之徒是也，贤明而无不诚，颜曾之徒是也。明则知，诚则行也。

颜曾：即颜回、曾子，皆为孔子弟子。

圣人如果做到诚信，就没有不明达的，孔子之类的人就是这样；贤人如果明达，就没有做不到诚信的，颜回曾子之类的人就是这样。由此可见明达就是对天地万物的认知，诚信则是始终如一的行为品行。

《易》曰："知至至之，可与几也。"非明之始事乎？"知终终之，可与存义也。"非诚之终事乎？

此二句出自《易经·乾》。

《易经》说："知道事物可以发展就发展它，从而抓住转瞬即逝的时机。"这难道不是"明"起始时要做到的事吗？"知道事物应该终止就终止它，从而保持行为的道义。"这难道不是要达到"诚"最终要做到的事吗？

譬诸善游者必知道所由，陆辕太行，水航沧海，不惑于天下之歧涂断港。

辕：车，此处作动词用。　涂：通"途"。　断港：同别的水流不相通的港汊。

譬如那些众多的善于游览的人必定知道道路所经过的地方，无论陆地行车访太行，还是水中乘船济沧海，定不会被多岔的道路或中断的水汊所迷惑。

然后星行夜宿，积日累月，蕲于达而后止，此非明诚始终之效欤？

蕲：通"祈"，祈求。

然后星夜里（也不中断）前行，日积月累，祈求到达后方能停止。这不正是

“明”在开始和“诚”在结束时的功效吗？

故明诚之功，极于天地，位万物育，圣人之道于是焉，与造化同流。呜呼，至矣！

位万物育：出自《中庸》：“天地位焉，万物育焉”，意为使万物各处其位，各守其分。　造化：大自然。

因此“明”“诚”的功效，直达天地，使万物各处其位，各守其分，圣人之道就是体现在这里，它的能力与功效与大自然相类似。啊，真是高妙至极！

武叔即予说以合中庸之论而用力焉。他日究子所成，以征子学之不自欺者，果不予妄也。

征：证明，验证。　妄：虚妄，胡乱。

武叔你就就着我的说法再整合中庸学说来致力于学艺吧。将来再探求你的成就，来验证你的学习没有自欺欺人，我果真也没有妄加议论。

大师道而光祖德，不在是欤？武叔之祖为翠岩老人者，余所爱敬也；其师东冈先生，余所友也，武叔归而质之，以为何如？

大：发扬。　光：光耀。

发扬老师的学问道义，光耀祖先的恩惠德泽，不正是在这里吗？武叔的祖父翠岩老人是我所敬爱的人；武叔的老师东冈先生是我的朋友，武叔你可以回去再问问他们，看看他们认为我说的怎么样？

（选自《上海府县旧志丛书：青浦县卷》，2014，700 页）

指点迷津

荀子在《劝学》中说：“君子博学而日参省乎己，则知明而行无过矣。”我们一般都将“知明”解释为“智慧明达”。《诗经·大雅·烝民》中有“既明且哲，以保其身，夙夜匪解，以事一人。”人们从中提炼出成语“明哲保身”意为明智的人善于保全自己。那么，什么才叫做“明达”“明智”呢？

《明诚斋记》中作者引用了《易经》传文中的话：“知至至之，可与几也。”他认为“明”即意味着能知道事物的发展时机，并且果断地把握时机。《易经》的卦辞中有“大明终始”，意为乾元（乾卦象征万物之始）成就并掌握着万物的运行，终而复始。可见，“明”的含义总是与始终相伴，明晓事物的开始与结束的契机，并准确把握，才能称之为“明”。《劝学》以及《诗经·大雅·烝民》中的“明”也即为此意。

因此，“明”与“诚”的结合大有深意。“诚”固然要坚持不懈，始终如一，这是天地运行的根本，亦是君子自我修养的准则和目的；而“明”则是知晓何时始，何时终，以协调“诚”，保全自身的道义。被李白万般推崇的鲁仲连便是一位明诚兼具之人。鲁仲连在纷乱的战国时期不肯在一国为官搅入各国间的纷争，却始终心怀天下，他认为秦国抛弃礼仪崇尚战功奴役百姓，便说服魏国不去拥护秦王称帝，而是与赵国结盟共同抵御秦国，在保全了赵国之后，他拒绝了所有的封赏和酬劳，飘然而去。鲁仲连洞悉世事，清楚地知道自己对于时事的影响，知道什么时候进入又什么时候跳出，这是“明”；他始终保持着对于名利的淡然态度和对天下苍生的关切，这是“诚”。鲁仲连获得了后代读书人对他无限的崇敬和向往，当与他“明诚”兼修不无关系。

智慧碰撞

《明诚斋记》题为“明诚”，然而行文中并未在“明诚”二字上着太多笔墨，这样行文是否不妥？

这篇《明诚斋记》，虽然于“明”“诚”二字着力并不很多，实则此二字贯穿在文章始终。文章开篇使用非常简练的语言，为我们展示了“明诚斋”所处之地，一个地灵人杰的、人与自然相得益彰的地方，天之道与人之道，自然之诚与人之诚已经隐含其中。既而以武叔兄长“高爽而好学”来衬托武叔在德行和学艺上的进益，并直言武叔极孝悌之道，尽事师之礼，诵书史以逾暇，无声色犬马之好。武叔学习“圣人之道”之“诚”可见一斑。

接下来作者便展开议论探讨“诚”于天地、圣人的作用；“诚”与“明”的关系；并以“善游者”辕太行、航东海，达于目的而后止的事例比喻论证“明诚”位育万物、于造化同流的功效。

最后作者表达了对武叔殷切的勉励之意。

此篇记文虽并未将“明诚”二字处处现于纸上，却将“明诚”之意处处融于其中，构思不可谓不巧，笔力不可谓不深。

一蓑烟雨任平生

——《福田寺塔院记》解读

（向明雄　撰）

推荐理由

《福田寺塔院记》是明代青浦县令屠隆游历福田寺后所写。读这篇文章，不仅能了解明代泖塔所在福田寺的盛况，而且有借其文字空中漫步的效果，作者描绘的身在泖塔俯瞰、远眺所见的景致，生动如在眼前。文中还介绍了泖地陷为谷水的奇特逸事，抒发了作者的豁达乐观之人生态度，值得一读。

沧海拾贝

福田寺塔院记

［明］屠隆

余尝与袁长史福征、沈征君明臣、莫孝廉云卿、冯吉士梦祯，登泖塔，坐藏经阁，凭栏瞩眺。

长史：明代官职，设于王府之中，总管王府事务。　征君：朝廷征辟的士人被称作征士，对这些征士的尊称就是征君。　孝廉：孝廉是“孝顺亲长、廉能正直”的意思。在明朝、清朝“孝廉”这个称呼也变成对举人的雅称。　吉士：庶吉士的简称。明、清两朝时翰林院内的短期职位。　瞩：注视。

我曾经和长史袁福征、征君沈明臣、孝廉莫云卿、吉士冯梦祯登上泖塔，坐在藏经阁里，靠着栏杆注目远望。

四面烟水迥绝，大士浮图巍然矗立烟云空翠间，洪涛冲击，日夜撼其下，川鱼沙鸟，芙蕖菱芡，参差历落，钟磬之音，泠泠然与波浪相答。

大士：佛教称佛和菩萨。　浮图：佛像或佛塔。这里指泖塔。　空：离开地面的。　泠泠然：清越的声音。

四面烟雾水气环绕隔绝，佛塔巍然矗立在烟云和地面上的翠树绿草之间，大波大浪冲击，日夜震撼着塔的下面。水里的鱼儿和沙洲上的鸟儿，荷花菱角芡实，看得分明，错落有致，塔院里钟磬清越的声音和波浪声互相应答。

少顷，断虹蜿蜒，上挂木杪，日气霞彩，下射波心，殿阁回映闪烁，陡作黄金相。

杪（miǎo）：树枝的细梢。　日气：日光蒸发的水汽。　陡：突然。

不久，半截彩虹延伸向上，挂在树梢，日光蒸发的水汽和多彩的虹，投射到水波上，大殿阁楼反射这波光，闪烁光芒，突然焕发出金黄的样貌。

又顷之，月出东海，波澄如镜，流光荡漾，直似浮金刹舍，心洒焉乐之。

澄：水静而清。　流光：光彩闪耀。　刹（chà）：寺庙佛塔。　舍（shě）：房间。　洒（xǐ）：古同“洗”，洗涤。

又过了一会儿，月亮从东海升起来了，水波像镜子一样明亮清净。月光一泻而下，映射水面，波光闪耀、荡漾，真好像镀金的庙宇，我的内心被洗涤而愉悦。

时与诸君各赋诗记游。盖幽峭空旷，离绝尘世，足资高流栖遁、词人登览，洵云间山水之最胜也。

峭：高耸。　资：帮助。　高流：才识出众的人物。　栖：居留。　遁：隐。　洵（xún）：确实。

这时，我和几位各自写下诗赋游记。塔上幽静高耸、空阔旷远，离开尘世间，足够帮助高人停歇隐居，词人登高游览，确实是云间这一代最优美的风景。

按图经，泖者谷水也。故秦由拳、长水县，始皇时，童谣告异，野媪示兆，一日陷为谷水，而泖名焉。

谷水：高地之间的水道。　由拳：古县名。秦始皇三十七年（前210年）改长水县为由拳县（县治今嘉兴南）。　媪：妇人。

依照《图经》，泖地这一带是谷水。原来属秦朝的由拳、长水县，秦始皇时，童谣传颂（将有）奇特的事，村野的老妇出示了预兆。有一天这块地方塌陷成了谷水，于是命名为泖。

每遇天水澄澈，隐隐下见城郭、街道、井甃，又器皿故物往往浮出，间多神异，传诸好事者。

甃（zhòu）：井壁。　间：近来

每次遇到天晴水清，隐约看见水下面有城墙、街道、井壁，又有一些老物件浮出来，近来多有神奇特别的事发生，在好事者间流传。

夫数无常住，物必有坏，沧溟扬尘，天地坠劫，数之所至，即大物不能逃，而于一邑何有？

数：命运，天命。　住：停留。　沧溟扬尘：比喻命运摆弄事物，就好比大海扬起一粒小尘土。　沧溟：苍天、大海。

命运没有准数，万事万物都有坏的时候，（命运对待万物，就像）苍天大海搅动灰尘，让天地都坠入劫难。（所以）命运到了，即便是大事物都逃不脱，更何况一个小小的城镇呢？

释氏等之为电露空花，渺不可执。陆谷相循，从古有之，究而言之，沧海一浮沫也，天地一游尘也。

释氏：释迦牟尼，即佛祖。　电露空花：《圆觉经》云："病目见空中华及第二月"，喻证了妄念就像有眼病的人看天空如繁花似锦，意是虚妄所致。　渺：缥缈虚无。　执：坚持不放。　循：沿袭，此指依次变化。　究：探究。

释迦牟尼把这种世间万物的无常，比作有眼病的人看天空如繁花似锦，都是虚妄的，虚无而不可紧抓不放。陆地和河谷依次变化，从古以来就有，推究起来说，这（种事）是大海里的一个小泡沫而已，天地间飘动的一粒灰尘而已。

夫是之谓超然，而予向者之浪喜浪戚，随境而转，不亦细乎？

浪：放荡，无节制、无约束。

（用这种心态看待），就是所说的超然物外，但是我先前不加节制的或喜或悲，随着境遇的改变而转变心情，不也是很细小（不值一提）吗？

虽然，予至此盖亦几有大悟焉，而皆于登泖发之，是泖助予也。

即便如此，对我（来说），到这里也几乎算有大开悟，还都是从登上泖塔生发出来的，这是泖塔在帮我啊。

（选自《上海府县旧志丛书：青浦县卷》2014，378 页）

作者简介

屠隆（1544—1605），字长卿，一字纬真，号赤水、鸿苞居士，浙江鄞县人。明代文学家、戏曲家。《明史》有传。

万历五年中进士，曾任礼部主事、郎中等官职，为官清正，关心民瘼，后罢官回乡。屠隆是个怪才，好游历，有博学之名，尤其精通曲艺。屠隆不但写戏编戏，还演戏，其家中便办有戏班，掏钱聘请名角演出。

指点迷津

这篇《福田寺塔院记》是依据光绪、乾隆本摘录整理的删节版。这样的游记，在地方志中屡见不鲜。古代文人士大夫，大都喜欢接触佛教文化。作为当时青浦知县的屠隆，获悉福田寺大兴土木，欣然接受盛情邀请，写下此篇。本文以写泖塔所见景为先，继而说泖谷陷落的传闻，引出陆谷相循的天地变迁，进而生发出要超然看待的思想感情。据明代的《青浦县志》记载，本文中间有一段对佛法义理的探究，后面还有一段交代创寺及写记缘由的文字。

就本文而言，“夫是之谓超然”对初高中学生来说比较难理解。这里的“是”就是前面所说的“天地一游尘也。陆谷相循，从古有之，究而言之，沧海一浮沫也”。作者认为这一念头是登泖塔所生发的，是机缘巧合。本文的写景擅长把写实和想象结合起来，比如，描绘彩虹、塔影、寺庙交相辉映、震人心魄，渲染的天光波影、云气翠色，净化灵魂。这样的写作手法值得我们学习。后面引传说，抒理趣、感悟，顺畅自然，是本文的两个亮点。

智慧碰撞

作者在文中说，陆谷相循、天地变迁也不过是沧海一粟、天地一游尘，读过是不是觉得我们自身渺小不堪？我们又怎样做到超然物外呢？

的确，人类最不能面对的往往是自己的脆弱和渺小。目前看来，我们在大自然面前，在整个宇宙中是独一无二的存在。我们随地球漂泊在茫茫宇宙中，孤独而不知去向何方。各种地质、气候变化，使我们时时刻刻都要应对不期而至的灾难、变故以及面对人类自身的生老病死。虽然我们人类的生存实属不易，但我们记录所思所想，我们能寻找朋友、亲人、同学共同面对问题，分享彼此的快乐，我们可以在此时此刻不忘记孤独，享受人类的社会组织带来的幸福、充实。

我们可以团结起来，共同迎接挑战，这些都能让我们认识到我们可以拥有改变处境的力量，拥有创造更美好未来的决心和勇气。所以，我们固然会在某些时候因为无助而绝望，但更多的时候，我们会因为自身的存在价值、意义，以及信念付诸努力并感到充实。我们应该有这样的“超然”：每一天，我们清醒地认识到自己的能力有限，但可以尽力而为。世界变化无限，但在力所能及的范围内，我们可以为自己也为别人，甚至为人类家园做出贡献。只有尽力而为，失败之后才能超然看待——天地游尘也，有时候还可以从头再来。

一句话说来，我们渺小，但是我们存在，所以，我们有每个个体的有限价值和意义。我们珍惜这种可以给各自赋予价值和意义的机会。那么，我们就不会因为自己的渺小而失落，因为超然，应当是用入世之心，尽力而为之。

君子之交淡如水

——《雪竹轩记》解读

（宁英娟　撰）

推荐理由

“君子之交淡如水”，归有光与冯山人的交往恰好印证了这一点。冯山人并不是什么有着不世功业的大人物，只是作者乡间生活里偶有交集的一位老人。因着一份“写记”的承诺和精神的投契联系在一起。作者虽答应“写记”，却诸般忙碌，一再推延，终于被老人的风雅和执着所感动，决定履行承诺，为老人写下《雪竹轩记》。然而此时老人已是风烛残年。作者在日常生活中捕捉印象深切的感受，娓娓道来，平淡的语言中寄托着对岁月流逝、故人老去的感慨和深情。我们从《青浦县志》中选出这篇散文，一来因为它记述了青浦这片热土上曾经发生的文人故事，让我们从中学习交友之道；二来我们可以从中学习归有光散文的特点，即“以极淡之笔”“抒极挚之情”，学习通过琐碎小事来表现人物特点的写法。

沧海拾贝

雪竹轩记

［明］归有光

冯山人为予言：吾甚爱雪竹，故人以雪竹呼吾，因以名吾轩，请子记之。

冯山人：冯淮，字会东，号雪竹，昆山（今属江苏）人。山人，古时对隐居不仕的读书人的称呼，也常作为学者士人的雅号。 雪竹：一种干节上有白粉的竹子。 故：所以。 以名吾轩："以之名吾轩"的省略形式。以，介词，用。被省略的之，代指雪竹。名，名词用作动词，命名。轩，有窗的长廊或小屋。 记："记"是一种古代文体，可以通过记人、记事、记物、记景来抒发作者的感情和主张。这里名词用作动词，写"记"之。

冯山人对我说："我非常喜欢雪竹，所以人们用雪竹称呼我，于是我用雪竹来命名我的小屋子，请您为我写一篇记文。

予不暇以为，而山人求之数岁，或以诗，或以书，日月一至。

暇：空闲。 为：写。 或：有时。

我没有时间来写这篇"记"，然而山人多年来（一直）请求这件事，有时以诗的形式，有时以书信的形式，每月写一次。

予以山人所以得于雪竹者，山人自知之，岂有假于予之言？是以旷岁而不答也。

以：认为。 所以：……的原因。 得：满意，得意。 假：借。 旷岁：多年。旷，久历时日。

我认为山人满意雪竹轩这个名字的原因，他自然是知道的，怎么需要借助于我的言辞（来表达）呢？因此多年没有答复（他）。

山人少喜为诗，诗出而上海陆文裕公亟称之。

少：年轻。 上海：明代上海地区有松江府及所属华亭、上海、青浦三县。

冯山人年轻时喜欢写诗，诗作一出现就马上得到上海县陆文裕先生的称赞。

先是，山人居昆山之安亭，及予来安亭，则山人已迁上海界中，与安亭隔一江。

昆山之安亭：昆山县安亭镇，明时隶属苏州府。 及：等到……时。 迁：迁移。

一开始，山人住在昆山县安亭镇，等到我来安亭时，山人已经搬到上海县里了，与安亭镇一江之隔。

予尝过永怀寺，爱其古桂，坐久之，问寺中所往来者，僧曰：地僻，绝无人，惟有冯山人时时过江来，独吟桂树之下。

过：过访，拜访。 永怀寺：今尚存，在今昆山陆家镇。

我曾经过访永怀寺，喜欢那里古老的桂树，（在下面）坐了很长时间。我问寺中都有些什么人来往，僧人说："地处偏僻，几乎没人来。只有冯山人时不时地渡江过来，独自在桂树之下吟咏。”

予后数见之于张通参之座，通参与湖州刘尚书为社会，二公皆称山人为笃实君子。

数（shuò）：屡次，多次。　张通参：张寰，昆山人，官至通政使司右参议。“通参”疑是“通政使司右参议”的简称。　湖州：地名，今浙江省湖州市。　刘尚书：刘麟，官至工部尚书。　社会：旧时由志趣相同者结合而成的组织或团体。　笃实：忠厚朴实。君子：品德高尚的人。

我后来多次在张通参那里见到他。张通参和湖州的刘尚书（当时在）结社，两人都称赞冯山人是忠厚朴实的君子。

去年山人年老矣，与通参游匡庐、武夷，还而示予《纪游诗》一编，予戏曰：冯先生之雪竹，必求之匡庐、武夷间耶？

匡庐：今江西庐山。　还：返回。

去年，山人年纪大了，和张通参去庐山、武夷山游玩，回来后就给我看了一册《纪游诗》，我开玩笑说：“冯先生的雪竹，定是从庐山、武夷山间求得的吧？”

今年予买田青浦之崧塘，山人与予书曰：吾近卜筑盘龙，与嵩塘近，子来观我雪竹。

青浦之崧塘：地名，与后文“盘龙”同属松江府青浦县。　卜筑：卜是占卜，筑是建房子。古人讲风水，建房子之前要占卜问卦。

今年，我在青浦的崧塘买了田亩。冯山人写信给我说：“我最近在盘龙择地建了房子，跟崧塘很近，您（可以）来看看我的雪竹。”

予性懒，不能谒青浦令，为其所怒，所买田几为夺去，予亦削迹兹土矣。

为：介词，被。　几：几乎，差点儿。　削迹：隐藏起来，销声匿迹。　兹土：这块土地，此指青浦。兹，这，这个。

我生性疏懒，没有（前去）拜访青浦县令，他被我（的态度）激怒了，我所购置的田亩差点儿被夺走，我也不到青浦去了。

山人复遣其子来，曰：“吾前告子雪竹轩，复移蟠龙也。吾今老于此，子许我记，几年不能得，今吾旦暮死，惟欲得子一言，是吾心也。

蟠龙：即前文“盘龙”，今在上海青浦区徐泾蟠龙镇。　旦暮：早晨和傍晚，比喻短暂的时间。　言：说的话，此指写的文章。　是：这。

山人又派他的儿子过来，说："我先前告诉您的雪竹轩，又搬到蟠龙了。我如今在此终老。您答应给我写的记，几年都没收到。如今我很快就要离世了，只想得到您的一篇文章，这是我（最后）的心愿了。"

予问山人起居，其子曰："去年与通参行郡中，老人目不能了了。"

起居：指日常生活作息。 了了：清清楚楚。

我询问山人的生活起居。他的儿子说："去年和张通参一起在郡中散步，老人眼睛看不清了。

道间有古井无石栏，不觉越过之，几坠。自此不复出，每自叹曰："匡庐、武夷，不可复至矣，雪竹则何所无之？"

觉：发觉，察觉。 坠：落，掉下。

道路中间有口古井，（周围）没有石栏围着，没有察觉到，跨了过去，差点掉下去。从此以后不再出门。常常自己感叹说："'庐山、武夷山不能再去了；雪竹什么地方没有呢？'"

其子去，又数数书来。会予方北上，思欲一造山人之竹所而不能矣。

数数（shuò shuò）：屡次、常常。 会：恰逢，正赶上。 方：正。 造：前往，到。 竹所：有竹的居所。此指雪竹轩。

他的儿子离开后，他又常常写信来。恰逢我正要去北方，想着要前往拜访山人的雪竹轩又不能去了。

因书之以告别，且使揭之楣间，为《雪竹轩记》云。

揭之楣间：揭，张贴、悬挂。楣，门楣。门楣上常有匾额，匾额上有题字落款。

于是我写了这封信来告别，并且也（可以）让它展示在门楣上，文章就叫《雪竹轩记》吧。

（选自《上海府县旧志丛书：青浦县卷》2014，1659页）

作者简介

归有光（1507—1571），字熙甫，号项脊生，世称"震川先生"，昆山人。明代散文家，著名古文家。著有《项脊轩志》《先妣事略》等名篇，有《震川先生集》。

归有光少有才名，二十岁左右时，以第一名补苏州府学生员。四应乡试，三十五岁时以南都第二的名次中举。九应进士试，六十岁得中进士。他的大半生时间是在讲学授徒的生活中度过的，晚年中进士后先后做过长兴县令、顺德通判等小官，六十五岁去世，时任太仆寺承甫一年，故人称“归太仆”。

归有光崇尚唐宋古文，其散文风格朴实，感情真挚，是明代“唐宋派”代表作家，被称为“今之欧阳修”，后人称赞其散文为“明文第一”。与唐顺之、王慎中并称为“嘉靖三大家”。

指点迷津

用现代文学的眼光来看，这是一篇回忆性散文。归有光回忆了同乡冯山人喜爱雪竹，以此将自己的屋舍命名“雪竹轩”，并多次希望作者为它写一篇“记”。归有光没有空闲，又认为自己并不了解冯山人命名的缘由，所以一直没有去写。后来老人远游庐山、武夷山回来后，在作者家不远处建屋，邀请作者做客并题记。当作者听到老人年纪太大，双目失明，差点掉落古井中。追思过往，心有戚戚，写了这篇记。作者并没有落入俗套，大写“雪竹轩”命名缘由，而是用来追怀过往，为冯山人作传。

首先，从“山人”这一名号中我们可窥见这位冯先生的隐逸之风。从他对“雪竹”的喜爱中我们又可以猜想这位冯山人定是重节重信的君子，因为在中国传统文化中“竹者重节，节者为信！”这样的猜想在后文张通参与刘尚书的评价中得到印证：“二人皆称山人为笃实君子。”

其次，冯山人颇有诗才，行事风雅。“山人少喜为诗，诗出而上海陆文裕公亟称之。”通过陆文裕的称赞侧面表现冯山人诗作水平之高。后来，山人与友游山后又赠作者一册诗，正面写其有诗才。另外，山人与“我”同爱永怀寺之“古桂”，尽管“地僻，绝无人”，山人却能“时时过江来，独吟桂树之下”，都可以表现其颇有诗才，行事风雅。

最后，也是最鲜明的一点，山人性格执着。与“我”交往不甚密，唯执着于求一记。先是“或以诗，或以书，日月一至”；后来“卜筑盘龙”，写信邀“我”做客；再派儿子前来求记；后又反复写信讨要记文。所求不是金银财宝，而是作者的一篇记文。想来，山人对归有光是十分仰慕并且信赖的，十分看重归有光对自己“雪竹轩”的看法。或许君子之交，正如此二人，表面散淡而内里执着。

整篇文章，就追怀岁月与两人的交往琐事，写得散淡飘逸，山人的风雅、执着鲜明可见，作者深藏于散淡文字背后的对岁月流逝、故人老去的无可奈何和深切怀念却感人至深。尤其文章结尾写到山人年老视弱，险些坠入井中，“自此不复出”，而“我”又诸般忙碌，不得一见，只能“书之以告别”，令人泪目。以“极淡之笔”抒“极挚之情”，归有光之风也。

智慧碰撞

阅读本文后，您认为冯山人是一个怎样的人呢？本文在塑造人物上有什么特别之处？

在文学作品中我们似乎读过不少惊天动地、轰轰烈烈的人和事，然而真实的生活却总是细流脉脉：母亲的抚摸，父亲的叮咛，老师的鼓励，朋友的微笑……这些片段，虽然细微，爱却深藏其中，用心品来，亦令人感动。明代的归有光早已深谙此道，他总是用极平淡的语言叙述一些生活琐事，表现一些平凡人物，然而我们总能从中发现细微而真挚的情感。细究其写法，大致有以下三点。

一是注重选材。本文追忆二人过往，娓娓道来：冯山人写信求记、冯山人擅写诗、冯山人迁居上海、冯山人吟诗桂下、张刘二人赞山人、冯山人游山赠诗、冯山人迁居盘龙邀我做客、冯山人几坠古井不复出、冯山人临老再求记、冯山人数求记、我写记告别。这些琐事在作者的叙述中并不显得繁杂，反而有一种打动人心的真实感。其实，仔细看来，虽都是琐事，却未必没有精挑细选。作者与冯山人过往事情未必就此几件，但作者用心拣择出这几件能反映山人风雅、执着性格的事情来，细笔写来，感人至深。

二是设置情境。有时候琐事细节也不足以打动人心，因为细节是中性的，它披上什么样的感情色彩，要看它被置于什么样的情境之中。上面所举事例之所以打动人心，还因为它们被放在了特别的情境之中。我们对山人风雅精神的感受多是源于他擅写诗。然而，细读文本，我们发现作者对其风雅精神的展现不仅提及其善写诗，还将其放置于特定情境之下。比如写他常常过江去地处偏僻的永怀寺古桂之下吟诗，年老游山后还能写诗赠“我”。这种在特定情境下的写诗行为更让人觉得他就是一个风雅的人！再如，其执着精神不仅体现在早先一月一信来催我写记上，更体现在其年老体弱，无法出门后的情境下。他差点坠入古井已令人唏嘘，却还记挂着我的记文，更显其执着。我对山人的欣赏和怀念在文中并不直接体现，最后因事不得见山人，只能“书之以告别”的情境的设置将这种情感展露出来。故人老去，不得相见，无奈、悲凉、怀念种种复杂情感皆浮现出来。

三是侧面烘托。归有光擅长用曲笔写人记事。文中并没有许多直接描写冯山人性格品质的文字，多是借事来写。再有就是借周边人的评价来侧面烘托。比如借“陆文裕公亟称之”表现冯山人诗才之高，再如借张刘二人“皆称山人为笃实君子”来赞美冯山人品德高尚。

归有光在政治上不得意，一生过的多是平常的生活。或许正是这种生活给了他创作的灵感，使他善于在平凡琐屑的日常生活中塑造充满个性的人物，表达感人至深的情感。这种手法其实是十分适合我们借鉴来进行日常写作的。

丹青难写是精神

——《古斋记》解读

（张青玮　撰）

推荐理由

收藏古董，保护文物，蔚然成风。以古为荣，囤积居奇，层出不穷。我们究竟该如何看待文物？《青浦县志》艺文编中收录的《古斋记》，作者黄溍以曹贞素修缮保护古斋一事与自命博古之徒的巧取豪夺之举进行对比，生动地阐释了继承保护文物的要义所在。

沧海拾贝

古斋记

［元］黄溍

古斋者，云间曹君贞素之所游息也。曹君之先为永嘉大族，其于云间有为宋季名进士者，君之伯父也。

云间：松江府的别称。　游息：游玩与休憩。　永嘉：今位于浙江温州。

古斋，是云间曹贞素游玩与休憩的地方。曹君的祖上是永嘉的大家族，在云间这个地方，其家族在宋代末期出了一位有名的进士，是曹君的伯父。

家益充，所居益侈大，尺椽寸瓦皆非先庐之旧，独此斋之屋，犹为六世故物。

侈：大，广。

随着家庭逐渐繁盛，所居住的地方渐渐扩大，一椽一瓦都不是先前房子上的旧物。只有这古斋，仍然是经历六代的旧房子。

自君之曾大父宫使府君徙置今所，号为西斋，于是又八十有六年矣。

曾大父（zēng dà fù）：即曾祖父。宫使：某宫的主管之官。府君：旧时对已故者的敬称。

自从曹君的先曾祖父任某宫主管时搬迁安置到现在的居所，将这里取号为“西斋”，到今天又有八十六年了。

君复缮治藻饰，环以佳花美木，池台水月之胜，萧然如在穹林邃谷间。

缮治：整理、修补。　藻饰：修饰、装饰。　萧然：空寂。　穹林：幽深的树林。

曹君又修缮装饰，围绕四周种植美好的花木，营建池苑楼台、清水映月的美景，空寂清幽，好像在幽深的山林深谷之中。

更号之曰古斋，而以书来，征文为记。盖将使后之人使无忘也。

征：索取，求取。

把斋号换成了“古斋”，写信而来，求取文章作为记。大概是要让后人不要忘记吧。

夫所贵乎古者，岂不以先世气泽之所存乎。

看重古物的原因，难道不是因为先人的气息恩泽存于其中吗？

彼沾沾焉慕为荣古而陋今者，曾不足以知此，

沾沾：自矜的样子，自得的样子。　陋：轻视。　曾：却，竟。

那些沾沾自得，追慕推崇古物而轻视今物的人，却不能真正懂得这个道理，

方且巧取豪夺乎人之缺壶破斧，枯竹败素，遗弃无所可用之物，摩挲把玩，而以博古自命。

方且：尚且，还要。　巧取豪夺：用欺骗和强夺手段侵占他人财物。巧取，欺骗；豪夺，强抢。　枯竹：指残旧的竹筒或指干枯的竹子。　素：布帛。　博古：通晓古物。

还要运用各种手段谋取别人的破壶烂斧，残竹旧布，丢弃无用的东西，抚摩把玩，自认为通晓古物。

至于其先人之庐，一椽之折，一瓦之隳，易而去之，惟恐不亟。视君之为，亦可少愧矣。

隳（huī）：毁坏。　亟：通“及”。

至于对他们先人的房子，一椽一瓦悉数拆毁，更换丢弃，只担心来不及。看到曹君的举动，也应当稍稍感到惭愧了吧。

商人之诗曰：自古在昔，先民有作。

自古在昔，先民有作：《诗经·商颂·那》中的诗句，大意为在那遥远的古代，先民行止有法度。

商代有诗写道：“自古在昔，先民有作。”

夫谓之先民，而又谓之昔，谓之古，其辞之繁而不杀者，非以致意于居处物器之细而已。

杀：收束，减省。　致意：关注，集中心思。

所谓的“先民”，又说“昔”，又说“古”，言辞繁复而不减省的原因，不过是因为关注居住所用的具体器物罢了。

引而勿替，必有事焉。因书而归之，俾刻石陷诸壁间，庶几后之览者，复以今为古，而弥谨其存也。

引：引用，使用。　事：事情，想法。　俾（bǐ）：使。　庶几：希望。　弥：更加。

重复使用同义的词而不更替，一定有特别的用意在其中。于是写下这篇记给他，让人刻于石上，嵌在墙壁上，希望以后观览的人，恢复把现在的东西当作古物来对待的（态度）并且更加谨慎地保存好它。

（选自《上海府县旧志丛书：青浦县卷》2014，1657页）

作者简介

黄溍（1277—1357），字晋卿，一字文潜，婺州路义乌（今浙江义乌）人，元代著名史官、文学家、书法家、画家。他文思敏捷、才华横溢、史识丰厚。一生著作颇丰，诗、词、文、赋及书法、绘画无所不精，与浦江的柳贯、临川的虞集、豫章的揭傒斯，被称为元代“儒林四杰”。他的门人宋濂、王祎、金涓、傅藻等皆有名于世。

指点迷津

继承先辈遗物，以传承先人精神风骨为要，非固守遗物，更非以古为荣，附庸风雅。首先，文章交代曹氏为名门大族，强调古斋为历经六世的故物。接着，一叙一议，叙述曹贞素精心修缮保护六世老屋，且为之改号“古斋”，又请人作记，以此来告诫后人不要忘记此斋，不要忘记先人之恩泽一事；批评自认为精通古物之徒费尽心机搜罗他人的废弃之物却轻易毁弃祖宗遗物的行径。再次，举《诗经》之例，证明珍视古物的意义在于感念古物所代表的先人精神与恩泽，而非器物本身的观点。最后，交代作记的缘由，希望后人以今为古，真正继承好先人遗物。

本文因事说理，虽是一篇应人之约的斋记，但作者借此阐发了如何看待古物的道理。叙议结合，主要采用对比的手法说理，一是曹贞素精心修缮保护祖屋，并改号作记，以使后人铭记，二是自认为精通古物的人急匆匆拆毁祖屋，巧取豪夺别人的废弃之物，以古为荣，附庸风雅，一叙一议，一褒一贬，形成鲜明对比，作者的观点尽在其中。

智慧碰撞

崇古之好，自古有之。阅读本文之后，你认为作为今人，该如何看待古物，古物对于今人的价值何在？本文的写作亮点在哪儿？

无论历史古迹，还是先人遗物，我们或精心保护，或细心深藏，或千里寻访。殷勤如此，究竟为何？为了猎奇览胜？抑或附庸风雅，甚至囤积居奇？应该更多的是意与古会，传承先人精神与文化。古物只是象征，而其所昭示的精神，所蕴藏的文化才是根本，且不可舍本逐末！

本文因事说理，借保护先人故物一事阐发珍视祖宗恩泽之理，行文流畅；把曹君与自命博古者两相对比，一褒一贬，其义不言而喻，实乃精彩之笔！

上善若水　厚德载物

——《厚堂记》解读

（张青玮　撰）

推荐理由

“君子以厚德载物。”厚德载物，即容养万物的胸怀，海纳百川的气度。这是君子人格的重要构件，是历代士人自我修养的目标。曹知白，元代江南名士，退隐山水，雅量容人，超然物外，时人争相追慕。《青浦县志》艺文编中收录的《厚堂记》，就是时人虞集写其斋的一篇小记，借物写人，感事抒怀，表达对其君子风度的赞赏。

沧海拾贝

厚堂记

[元] 虞集

吴会云间，有君子曰曹君贞素者，名其堂曰厚。美哉，厚之为言也。

吴会：唐以后，俗亦称平江府（今江苏苏州）为吴会。　云间：松江府的别称。现在上海松江一带。因西晋文学家陆云（字士龙，家在松江府治所在地华亭）对客自称云间陆士龙而得名。　贞素：曹知白，元代画家。字又玄，贞素，号云西，人称贞素先生，华亭（今上海松江）人。曾任昆山教谕，后辞官隐居，读经书，好道教。　堂：古代宫室，前为堂后为室，堂为正厅。

在吴会云间，有一位叫曹贞素的贤达之士，把自己的厅堂命名为“厚堂”。“厚”作为一个词，很美好啊！

风不厚不足以举羽，水不厚不足以胜舟，云不厚不足以致雨，土不厚不足以生物。

风不大不能托起一支羽毛，水不深不能承载一只小船，云不多不能形成雨水，土不肥不能生长万物。

是故坤道以至顺配天无疆者，亦以其厚而已。

坤道：大地的属性。坤为八卦之一，象征大地，柔顺伸展。

因此大地的属性是用它极致的柔顺匹配天宇的无穷无尽，也是因为它的深厚罢了。

《易》象有之，凡六书之卦，积之于上，而极则过矣。

《易》：经书之一，曹曾隐居读之。　六书之卦：重卦，将三书之八卦复之而为六书之六十四卦。　极：最高的位置。

《周易》的卦象里有“坤”，总共六十四卦，都积聚在它上面，如果处在最高处就错了。

独敦临之吉，则坤之体也。敦复之吉，则土之物也。

敦临：语出《周易·临》：“上六，敦临，吉，无咎。”敦，厚也。　体：体现，表现。　敦复：语出《周易·复》：“六五。敦复，无悔。”　物：选择，标记。

唯独敦厚接近的吉利，是“坤”的表现；敦厚恢复的吉利，是土的标记。

是故人之为道也，愈积愈厚，而不败者，惟君子之德为然。曹君之名堂，其知此矣。

因此，人提升道德修养，越积累越深厚。而不至于败坏的，只有君子的德行是这样。曹先生命名“厚堂”，应该是知道这个道理。

予闻曹氏故咸淳名进士家，其谱则永嘉大族之分支也。

咸淳：宋度宗赵禥的年号。　永嘉：今位于浙江温州。

我听说曹氏是以前宋咸淳年间有名的进士人家，他们的家谱属于永嘉大家族的一个分支。

至贞素，益能事琴书，尚气义，友道德，乐闲退，绝迹权要之门。

闲退：安闲退居。曹曾屡受举荐而不就，隐居松江，与无锡倪瓒、昆山顾瑛合为江南称世的三大名士。

到了贞素更加擅长琴瑟书画，崇尚气节道义，以道德操守为朋友，以安闲退居为快乐，远离权贵之门。

又能辟池馆，艺松菊，弄翰戏墨，吟咏乎猿鹤之群。

弄、戏：赏玩。 猿鹤：猿与鹤，也借指隐逸之士。

又开辟池苑馆舍，种植松菊，赏玩书画，吟诵于山水之间。

其居三泖九峰间，故自号曰云西。

三泖（mǎo）：泖，水面平静的小湖。三泖位于小昆山与青浦交接处。自古以来，既是太湖流域的重要水道，又是旅游胜地，历史上三泖与九峰齐名，其二今已不存。 九峰：位于松江北部，由西向东蜿蜒数里，依次为佘山、天马山、横山、小昆山、凤凰山、厍公山、辰山、薛山和机山等九座山峰。据县志所载，每峰均有"八景""十景"等，共一百余景。这些地方多与陆机、陆云、陶宗仪、杨维桢、陈继儒等著名历史人物有关，因之增色。

他居住在三泖九峰之间，因此自己取号"云西"。

隆阳牟公成甫曰：其人志向清素，有司马子长之风。

牟公成甫：牟应龙，云南人，元代学者、书法家。 司马子长：司马迁，字子长。

隆阳的牟成甫说：他崇尚清静素雅，有司马子长的风度。

浦城杨公仲宏曰：曹君伟然如燕赵剑客，轻财赴义，又如先宋韩吕二家子弟，无鄙夫豪侈之习。

杨公仲宏：杨载，字仲弘，浦城（今福建浦城县）人，元代著名诗人，与虞集、范椁、揭傒斯齐名，并称为"元诗四大家"。 燕赵剑客：古燕赵之地多慷慨侠义之士。 韩吕二家：韩琦、吕公著，宋代重臣，皆以贤达闻于世。

蒲城的杨仲宏说："曹君就像燕赵剑客，轻财重义，又像宋代韩吕两家的子弟，没有鄙陋浅薄之人豪华奢侈的习气。"

则居是堂也，真知所以自厚者矣。

真知：正确而深刻的认识。

他居住在这"厚堂"，是因为真正懂得"厚"的道理而以此为自我追求啊。

又闻其子亦善学好文，仲宏氏尝记其斋居以勖之，安知非其厚之所发耶。虽然，益培之，勿以轻扬也，庶其可远大矣。

勖（xù）：勉励。 发：引发，开启。 扬：传布，称颂。 庶：希望。

又听说他儿子也善于学习喜好文章，杨仲宏曾为他的住所作记来勉励他，怎么知道不是受"厚"的道理所影响的呢？即使这样，要更加注重培养，不要轻易夸赞，希望他能够有更远大的发展。

（选自《上海府县旧志丛书：青浦县卷》2014，1657 页）

作者简介

虞集（1272—1348），字伯生，号道园，世称邵庵先生。祖籍成都仁寿（今四川省眉山市仁寿县）。元代著名学者、诗人，南宋左丞相虞允文五世孙。

少受家学，尝从吴澄游。成宗大德初，以荐授大都路儒学教授，历国子助教、博士。仁宗时，迁集贤修撰，除翰林待制。文宗即位，累除奎章阁侍书学士。卒赠江西行中书省参知政事、护军、仁寿郡公，谥号“文靖”。曾领修《经世大典》，著有《道园学古录》《道园遗稿》。虞集素负文名，与揭傒斯、柳贯、黄溍并称“元儒四家”；诗与揭傒斯、范梈、杨载齐名，人称“元诗四家”。

指点迷津

厚德载物，放浪山水，闲雅淡泊，曹贞素成为一代名士，受时人追慕。文章从“厚堂”的命名起笔，接着以风、水、云、土铺排，言“厚”之重要，继而引《周易》坤卦之理，推演大地以其厚而化育万物之道，由此得出君子厚德不败的观点。接着，直写曹贞素高蹈于世的行止，并佐以当世名家的赞誉，及其厚德惠及其子的影响，塑造了清静素雅又豪放义气，与世相谐又隐没山水的一代名士形象，至此，作者对他的赞赏之情便昭然若揭。

本文借物写人，因事明理。作者借写厚堂之命名，阐释对于厚之义理的理解，抒写对厚堂主人曹贞素之高尚品德的赏识，理明而情切。引用《周易》之理极为巧妙，一者，“坤”即“土”，“土”因其厚而能载育万象，犹人因厚德而闲雅安适、气度开阔，二者，曹贞素喜读《周易》，以其好解其心，可谓知之矣。引用时之名家的赞誉，更强化了曹贞素翩翩名士之风度，又借他人之口抒写自己之情怀，可谓一石二鸟也。

智慧碰撞

阅读本文后，你怎么理解“美哉，厚之为言也”？本文的写作思路和方法有何值得借鉴之处？

《周易》曰：“地势坤，君子以厚德载物”，《国语》云“唯厚德者能受多福，无德而服者众，必自伤也”，清华大学校训“自强不息，厚德载物”。地因其厚而载育万物，人因德厚而安然自处，今天的人们，不一定名士风流，也不一定遁迹山水，但以厚德修身，虚怀若谷，养君子之气，正行于世，实属大道。

本文借物写人，因事明理，理明而情切；引用经典，以经典释义理，入理而深辟；引用名家之辞，借他人之口抒自我情怀，意雅而致深。

行到水穷处　坐看云起时

——《三味轩记》解读

（张青玮　撰）

推荐理由

身处江湖之远，淡泊自足，恬然自处，不仅是幽人微士的处世之道，也是高人奇士的精神追求。这篇《三味轩记》，为轩作记，更为人立传。作者通过轩主人之口，介绍了“三味轩”之名的缘由，更借此赞颂了张麒隐迹山水、恬然自处的君子之风。隐逸文化源远流长，借此文，我们可以对隐逸文化再做思考。

沧海拾贝

三味轩记

［元］杨维桢

松江之集贤乡，有隐者张氏，曰麒，字国祥，号静鉴。自幼清修谦谨，长称鞠躬君子。

清修：操行洁美。　鞠躬：恭敬谨慎貌。

在松江的集贤乡，有一个姓张的隐士，名麒，字国祥，号静鉴。从小操行洁美、谦和谨慎，经常被称为鞠躬君子。

时丁兵燹，晦迹祥泽，日与古渔老樵为山水伴。人劝之仕，则曰：“余世力农，素非肉食人也。且藩服尚武，又非吾仕之时。子独不闻吾步兵之仕乎？”

丁：当；遭逢。　兵燹：指的是因战乱而遭受焚烧破坏的灾祸。燹（xiǎn），指兵火、战火。　晦迹：谓隐居匿迹。　力农：致力于农事。　藩服：最远的地区叫藩服，此指元朝

廷。　步兵：张翰，西晋文学家，字季鹰。吴郡吴县（今江苏苏州）人。性格放纵不拘，时人比之为阮籍，号“江东步兵”。齐王司马冏执政，召授为大司马东曹掾。当时王室争权，张翰托言见秋风起而思吴中菰菜、莼羹、鲈鱼脍，弃官还乡。不久，齐王冏败，张翰因得免于难。

当时遭逢战乱，他就隐居在祥泽，每天与渔夫樵夫在一起，和山水作伴。有人劝他出来做官，他就回答说：“我家世代尽力务农，向来不是做官的人。而且朝廷崇尚武力，这不是我做官的时候。你难道没听说张季鹰做官的事吗？”

出赴辟，秋风改衣，径决去，捷如脱兔，不顷刻留。

辟：征辟。

接受齐王冏的征辟，到了秋天，径直弃官而去，迅捷如逃脱的兔子，不作片刻停留。

而甘豢者，乃故乡菰饭、莼羹、鲈脍三味而已耳。

甘豢：酣豢，沉醉之义。　菰（gū）：生在浅水里，嫩茎称“茭白”，可做蔬菜，果实称“菰米”，可煮食。

而所沉醉的东西，就是家乡的菰饭、莼菜羹、鲈鱼罢了。

余幸不违亲于异乡千里外，田有菰米无歉年，水有莼菜鲈鱼无馑岁，日以三味为吾菽水之奉，而馀以覃吾宾友其乐充然也，奚以仕为。

违亲：不侍奉父母。　歉年：农作物减产的年份。　菽水：豆和水，指普通饮食。　覃（tán）：蔓延，延伸，广施。

我幸好在父母身边，没有去千里之外的异乡，地里产足够的菰米，没有歉收的年景，水里有充足莼菜和鲈鱼，没有饥馑的岁月，每天以这三种食物来奉养父母，而且用多余的来招待我的宾客朋友，很是满足了，我为什么还要做官呢？

故颜予轩曰“三味”。虽大贵人方丈食前、五鼎九牢不以易也。

颜：门上的匾额，命名。　方丈食前：即食前方丈，吃饭时面前一丈见方的地方摆满了食物。　五鼎九牢：五鼎，古代行祭礼时，大夫用五个鼎；九牢，牛、羊、豕各九，为大礼所用。此处代指富贵荣华。

因此把我的轩命名为“三味”。即使达官显贵们的豪华盛宴也不交换。

东维叟舟过通波塘，麒不远水陆程延致，于三味所治酒食、张桐弄竹，为叟欢。

东维：泛指东方。　通波塘：北起淀浦河，流经洞泾镇塘桥，至人民河接大涨泾。　延致：招来，邀请。　桐、竹：泛指管弦乐器。

有东维叟乘舟经过通波塘，张麒不嫌水陆路途遥远而邀请，在三味轩置备酒席，演奏丝竹，让东维叟高兴。

叟兴酣，为弹《鹤南飞操》以高之。辞曰：骥北逝兮鹤南旋，松之庐兮八世其延。鲈有湖兮菰有田，羹我莼豉兮酿我泽泉。诵有书兮歌有弦，归与归与，乌知金罍之瘁白兮玉羜哽咽。

操：古琴曲的一种。　金罍：金质或金饰的贮器。　瘁白：毁坏的酒杯。　玉：美。　羜（zhù）：出生五个月的小羊。　哽咽：指食物堵塞喉咙不能咽下。

东维叟兴致高涨，弹奏一曲《鹤南飞操》来赞美他。歌词道：骏马向北啊鹤南归，松木居室啊延续八代。湖有鲈鱼啊地有茭白，莼菜、豆豉做羹啊甘泉酿酒，有诗书诵读啊有琴伴奏歌唱，回去吧回去吧，哪知道金杯毁坏啊美味难食。

（选自《上海府县旧志丛书：青浦县卷》2014，701页）

指点迷津

身处江湖之远，淡泊自足，恬然自处，不仅是幽人微士的处世之道，也是高人奇士的精神追求。这篇文章为轩作记，更为人立传。作者通过轩主人之口，介绍了“三味轩”之名的缘由，即张麒以菰饭、莼羹、鲈脍这三种家乡食物奉养父母、招待宾友而怡然自得，因此名其轩为“三味”。不止如此，作者更是借此赞颂张麒隐迹山水、恬然自处的君子之风。

文章先介绍张麒谦谦君子、遁迹江湖的隐者行迹，寥寥几笔。接着以张麒之口详述“三味轩”起名缘由，实乃自述情怀。一是以张季鹰自比，以示无道则隐的态度，二是以家乡三味为甘，表达怡然自处的满足，三是以“方丈食前、五鼎九牢”不易家乡三味，彰显自己安居江湖的决绝。最后，以张麒与东维叟酬唱作结，赞颂隐士们高蹈于世，安然自处的林泉高致。

智慧碰撞

阅读本文后，你对古人的隐居之举作何评价？本文在表达方式和表现手法上有何特点？

隐士文化源远流长，许由巢父、伯夷叔齐、列子庄周、嵇康刘伶、王维、陶渊明，他们或贫穷或富有，或张狂或乖逆，或主动或被动，或居庙堂或处林泉，各具情态，异彩纷呈，一步步把隐逸文化推向高峰，同时也创造了中国独特的审美意趣。隐逸是一种态度，隐逸是一种智慧，隐逸更是一种哲学，“有道则见，无道则隐”“大隐隐于市，小隐隐于野”，庄子的涸辙之鲋、苏子的清风明月，高洁、全身、丧我、放达，不仅隐者，就连普通士人的灵魂深处，也有显与隐的纠结，进与退的抗争。有人视之为消极悲观，甚至无能之举，实乃功利熏心、不可一世之见，当然，也不能奉若圭臬，唯其无他。

本文以轩主人自述的第一人称口吻写作，感情真实而充沛，借典故抒情，情深而慷慨。

读雨听风问自然

——《野亭记》解读

（张青玮　撰）

推荐理由

人生不只是家国天下，还有清风明月，生命的真实，生活的真诚，人生的自在。《野亭记》是杨维桢所作的一篇受人之托的小记，作者借与亭主人的对话，赞颂了亭主人追求野趣，追求闲适自在、放达任情的情怀。在平常的行文思路中巧妙地插入作者与主人的对话，突出了文章的要义，可谓平中见奇。

沧海拾贝

野亭记

［元］杨维桢

云间沈铉氏，世家在郊关之外，其聚为谿之上，皆圹埌之野。

云间：旧时松江府的别称。　郊关：古代城邑四郊起拱卫防御作用的关门。　谿：同溪，或为山沟、山谷。　圹埌（kuàng làng）：是指原野空荡辽阔的样子。

云间的沈铉，世世代代家在郊野，他们聚居在溪流边上，都是空阔的原野。

于先庐东界，披蓁葳，莳花竹，筑亭四楹，中置文竹榻、白木几笔床茶灶，棋枰书庋，杂聚其次。

庐：屋舍。　披：打开，劈开。　蓁（zhēn）：丛生的草木或荆棘。　葳（wēi）："葳蕤"草木茂盛的样子。　莳（shì）：移植，栽种。　楹：堂屋前部的柱子；量词，古代计算房屋的单位，一说一列为一楹，一说一间为一楹。　榻：狭长而较矮的床形坐具。　床：安放器物的平板或架子。 枰（píng）：棋盘。 庋（guǐ）：放器物的架子。

在祖屋的东边，劈开杂草，栽种花竹，修筑大亭子，里边放置文竹榻、白木小桌，笔墨茶具，棋盘书架，器具杂而多，摆放却有序。

时与一二同志友觞咏其中，颜其亭曰“野”。集贤赵公雍为作篆书之，又介吾友陈柏谒余七友（者）寮求记。

觞咏：饮酒咏诗。 颜：命名。 集贤：集贤乡，属松江府。 介：传宾主之言的人，介绍。 谒：拜见。 七者寮：杨维祯斋号。

时常和几个志同道合的朋友在亭子里喝酒诵诗，把他的亭子命名为“野”。集贤的赵雍用篆书为他题写匾额，又通过我的朋友陈柏介绍到我的七者寮请求写一篇记文。

予谓野，非直郊外名也，圣人尝以比仲由而又欲从先进之野。

直：只是。 仲由：字子路，又字季路，孔子弟子，孔子曾批评他“野哉由也”，此处野为粗鲁不文雅。 欲从先进之野：出自《论语》“先进于礼乐，野人也；后进于礼乐，君子也。如用之，则吾从先进。”此处“野”为地位低的百姓。

我认为野，不只是郊外的名称，圣人孔子曾用野来批评子路粗野，又用野指代那些在选择做官前先学礼乐的普通百姓。

盖野而畔教，圣人所嫌；野而胜华，圣人所取。铉之野，何居？

畔：通“叛”，违背、背离。

粗野而违背教化，是圣人所厌恶的；地位低微但德行胜过贵族的人，是圣人所选择的。沈铉所说的野，是什么意思呢？

铉曰：某之野，郊外之名耳，焉知圣人之去取哉？虽然，圣人论野为质，铉将论野之趣乎，非乐处于圹埌者能知乎？

沈铉说：“我说的野，就是郊外的名称罢了，我哪里懂得圣人的取舍呢？即使这样，圣人认为野是质朴，我将要说的是野的乐趣，不是喜欢生活在空旷原野的人怎能懂得呢？

唐丞相裴公尝堂于午桥而名“野”矣，是厌政于朝，思野于野，岂真知野之趣哉？

裴公：唐丞相裴度，于午桥创别墅，名曰绿野堂。

唐朝丞相裴度在午桥建别墅而用“野”来命名，是厌倦了朝政，想要离开朝廷过民间生活，哪里是真的知道郊野的乐趣呢？

知野之趣，莫孟贞曜氏、魏仲先氏若也。铉不敏，将尚友于孟魏氏云。

孟贞曜：唐代诗人孟郊，字东野，张籍私谥其为贞曜先生。　魏仲先：北宋诗人魏野，字仲先，号草堂居士。

懂得郊野的乐趣的，没有能比得上孟贞曜和魏仲先的。我虽然不聪敏但一定会仰慕追随孟魏二人。"

予韪其言，又重柏之请，录诸亭为记，系之诗，曰：孟郊得野趣，野有贞曜庐。魏先得野趣，野有野堂居。

韪（wěi）：意动用法，认为……是对的。

我认为他（沈铉）的说法是对的，又看重朋友陈柏的请托，于是给他的亭子作了一篇记。并附上一首诗：云间孟郊懂得郊野的乐趣，建有贞曜庐，魏野懂得郊野的乐趣，建有野堂居。

云间沈东氏，草衣为野夫。东屯田可种，西瀼水可渔。门无索租吏，家有种树书。

云间的沈铉，隐居在这儿。村子东边的地可以种庄稼，西边的水可打鱼。门口没有征税的官吏，家里有关于种植的书。

野亭开草树，野具集朋徒。试问尘市宅，传舍不须臾。始知野亭野，野趣有谁如。

传舍：古时供行人休息住宿的处所。　须臾：这里指迁延从容、自得。

野亭周围长满花草树木，野具汇集志同道合的朋友。请问城市的房子，就像旅馆一样不自在。这才知道野亭野的含义，这野趣又有谁比得上呢！

（选自《上海府县旧志丛书：青浦县卷》2014）

指点迷津

本文是一篇受人请托而写的杂记，为亭作记，采用常见思路，先写亭的修筑及布局，再写亭的命名，进而彰显主人的志趣，赞颂主人的雅致。本文的巧妙之处在于对"野"的议论，通过作者与主人的对话，阐发主人对"野"的理解，这正是“野亭”之“野”的真正含义，从而表彰了亭主人的志趣所在。

“野”有多种含义，作者从孔子两则典故出发，询问主人的“野亭”之“野”所谓何意。主人首先表明自己所谓的“野”是郊野之野，而非圣人粗鲁卑下之野，也非裴度疏离朝政之野，接着表明自己以孟郊魏先为榜样，追求的是郊野之野趣。一问一答之中，题意尽显。

智慧碰撞

阅读这篇小记，你对“野”作何理解？你如何评价亭主人追求野之趣的这种行为？

野，其本义是郊外，指远离城市的地方，后来不断丰富，比如孔子的“野哉由也”，“先进于礼乐，野人也；后进于礼乐，君子也。如用之，则吾从先进”。但文中的沈铉把自己的亭子命名为“野亭”，是表达一种志趣和追求，他所谓的野，应该是野的本义，是远离城市喧嚣的地方，他所追求的野趣应该是一种闲适自在的状态，是一种放达任情的情怀。

野趣可以视作自然之一种。中国传统文化中有“道法自然”“天人合一”的思想，既是一种生存状态，又是一种哲学思维，也是一种精神追求，既可以安然自处，亦可以审视万类，怡养性情。因此，自然之哲思、自然之文采、自然之情怀生生不息，焕然于中华历史之长河。

乘天地之正　御六气之辩

——《普光王寺记》解读

（陈燕　撰）

推荐理由

名山胜景处必有灵异，所谓人杰地灵者也。一方水土养育一方人，一方人护佑一方水土。一处名胜必有名文、名人，才能彰显于世，二者相得益彰。《普光王寺记》展现了人与自然之间这种相得益彰，互为庇佑的关系。文中所记之人乃降圣夫人，相传是秦始皇时期的人物，自小就有异于常人的神奇之处，谨遵佛教戒律，长大后守护家乡淀湖，在此修建寺庙。昔日，淀湖波浪滔天，往来之人无不胆战心惊，自从建寺之后，滔天波浪变成了澄净湖水，令人胆战心惊的天堑变成了旖旎景色。是心理作用，还是确有神力呢？也许大自然就是这么奇妙，请读者进入文本，去领略大自然的神秘，徜徉于家乡的湖光山色，感受先祖给我们的庇佑吧。

沧海拾贝

普光王寺记

［宋］何松年

嘉兴郡之艮隅湖以淀名，中有山屹立，人以淀称。淀之山，其势峨然；淀之湖，其光渺然。

艮隅（gèn yú）：东北方；东北角。　峨然：高耸的样子。　渺然：微小，去向不清，难

以看见，或指无影无踪。

嘉兴的东北角有一个湖，叫淀湖，湖中屹立着一座山，人们称它为淀山。淀山巍峨耸立，淀湖波光荡漾，广阔无边。

凭高速望，使人心开目明，倚山而寺曰普光，护普光之伽蓝，以主是湖山者，曰降圣夫人。

速：此处疑为“逺”，即远。 倚：靠。 伽蓝（qié lán）：寺院的护法神。 主：宰也，守也，宗也。

站在山顶向远处眺望，使人心旷神怡，视野开阔。靠山而建的寺庙叫普光寺，普光寺的护法神，管理这一代的湖山，叫降圣夫人。

予尝求诸传记，则自嬴秦来夫人始降世，实始皇时人，邢其姓，家淀湖东地，曰柘溪。

尝：曾经。 求：探求。 诸：“之于”或“之乎”的合音。 始：才。 邢其姓：姓邢。

我曾经在一本传记中探求降圣夫人的来历。那是自从秦朝时，夫人才出世，实际是秦始皇时候的人。本姓邢，家住淀湖的东面，一个叫柘溪的地方。

初，邢生三女，俱有神异。夫人尤恪守戒行，顿悟精微，与二女兄咸受夙命，处一时名山胜境，而分主焉。

俱：都。 恪守：谨慎而恭顺地遵守。 戒行：佛教用语。指随顺戒体，在身、语、意三方面都能遵守戒律的行为。 精微：精深微妙，也指精微之处。 二女兄：两位姐姐。 咸：都。

当初，邢氏夫妇生了三个女儿，都有神奇异于常人之处。降圣夫人尤其谨慎地遵守戒律，在修行方面感悟精到微妙之处，和两位姐姐都领受命运的安排，到一处名山美景而分别管理此处。

长云罽夫人主沅湖，次月华夫人主柘湖。今降圣夫人，其季也，幼奉普光王之戒，遂莅淀湖。

柘（zhè）：一种灌木或小乔木，也是姓，此处为地名。 季：古代用伯、仲、叔、季表示排行次序，季为最小的。 奉：信仰，信奉。 莅：到。

老大云罽夫人管理沅湖，老二月华夫人管理柘湖。现在的降圣夫人是老三，从小信奉普光王的戒律，于是到淀湖。

今寺额盖奉敕，取夫人之所受戒者名之。自夫人建祠于此，莫知几春秋矣。

寺额：寺庙的匾额。　奉敕（chì）：奉皇帝的命令或指奉师长之命。　名：命名。　祠：供奉鬼神、祖先或先贤的庙堂。　春秋：年。

现在的普光王寺的匾额上的名称，大概是奉皇帝的命令，取夫人所受戒的菩萨来命名的。自从夫人的寺庙在此建立，不知道过去了多少年。

昔之济是湖者，惧夫巨浪滔天，惊涛沃日。今则蘋藻滋蔓，波澄水潆，往来安坐而适。

济：渡，过河。　蘋（pín）：一种多年生水生蕨类植物。　潆（yíng）：水回旋。　适：舒服。

从前人们渡过这湖的时候，怕那惊涛骇浪，隐天蔽日。现在就只有浮萍绿藻蔓延，水波澄澈回旋，来来往往时安稳地坐船，非常舒服。

里社之民，春秋祭祀，祈求水旱，响应尤捷。皇宋开国，河伯效灵，倏然一峰，拥出于波光浩渺中。

尤：更加，格外。　捷：快，迅速。　效：显示，呈现。　倏然：突然、很快的。

乡里的百姓，春秋两季都来祭祀，求雨求旱，响应迅速，尤其灵验。宋朝开国的时候，河伯显灵，突然出现了一座山峰，高耸于浩渺波光中。

其形如龟山，因以名寺，僧相与创亭于山巅。山西北有龙洞，其深莫测，时有神物出没。

相与：表示同时同地做某件事，可译为“共同”。

这山峰的形状像龟山，于是用它来命名寺庙，取名龟山寺。寺里的僧人共同在山顶建了一个亭子。山的西北方有一个龙洞，深不可测，常常有神奇的东西出没。

枢密临川罗公以王事驱驰祠下，形诸吟咏，有“龙洞渊渊灵铄剑，龟山隐隐驾成图”之句。

枢密：枢密使的简称。　王事：国家的政事。　驱驰：奔走效力。

枢密使临川人罗公因为国家政事奔走效力，来到普光寺前。游览一番后，有感而发，写下诗句“龙洞渊渊灵铄剑，龟山隐隐驾成图”。

淳熙甲辰，一日风涛汹涌，二龙交战于湖中，殿宇飞扬。

淳熙：淳熙（1174—1189年）是南宋孝宗赵昚的第三个也是最后一个年号。　飞扬：飞舞，飘扬。

淳熙甲辰年，一天，波涛汹涌，风云变色，两条龙在湖中交战，普光王寺的大殿和屋宇都快被震飞了。

嘉定甲子夏旱，有司遍祈未雨，乃诣祠致祷于灵湫，奉勺水以归。甫及县，雨随车至。其神迹之显，有如是者。

嘉定：嘉定（1208—1224年）是南宋皇帝宋宁宗的最后一个年号，共计17年。 **有司**：指官吏。古代设官分职，各有专司，故称。 **遍**：全面，到处。 **诣**：到，特指到尊长那里去。 **湫**（qiū）：水池。 **奉**：同"捧"。 **以**：连词，而。 **甫**：刚刚，才。 **及**：达到。 **是**：这样。

嘉定甲子年的夏天，大旱，官吏们到处求雨不得，于是到普光寺这里来祷告求雨，在这灵湖里捧了一勺水回去。刚刚到县里，雨就随着官员坐的车到了。它的神奇迹象的显现，就像这样。

（选自《上海府县旧志丛书：青浦县卷》2014，377页）

作者简介

何松年：宋朝人，其他资料无考。

指点迷津

此文介绍普光王寺，并不从寺写起，而是先宕开一笔，由湖而山，由山而寺，再由寺及人。寥寥数语，来龙去脉一清二楚。

文章以时间为顺序，依次介绍普光王寺的由来，主神降圣夫人的生平及志向，有此寺后湖上风光怡人，百姓安居。后重笔写宋朝开国后，此处又显现神迹，有山突然隆起，状如龟，更为文章增添了几分神秘感。增加文章的可读性和趣味性。

降圣夫人护佑一方百姓的神迹有二，一是有此寺后，此湖风平浪静，百姓得以安居；二是遍求不雨，来此方得，百姓得以乐业。文章虽没有渲染降圣夫人的神力多么伟大，但淡淡数语无不显示着百姓对此神的仰仗依赖。

此文用语简洁，条理清楚，有概述有详写，粗笔工笔结合，点染成画。如写降圣夫人来此建寺，庇佑百姓是概述，是粗笔。“昔之济是湖者，惧夫巨浪滔天，惊涛沃日。今则蘋藻滋蔓，波澄水潆，往来安坐而适。”“昔”“今”对比，句式整齐，一句写出得神庇佑的变化。后此地灵异尽显，一是水中隆起一山，二是嘉定甲子求雨显灵。这两处，用工笔详写，刻画细致入微，叙事栩栩如生，如在目前。

古人讲究“天人合一”，这一哲学思想可谓渗透在方方面面。作者曾和儿子渡湖省亲，回家途中遇狂风暴雨，坠于湖中，后得以生还。作者认为这是因为神灵庇佑，对这一方水土更生敬畏。于是作此文，彰显降圣夫人的神异，赞美此处风景的优美。读完这个故事，你是不是会想起精卫填海呢？这两个故事所显示出来的人力在大自然面前的态度有什么不同？你认为人与环境的关系应该是怎样的，我们应该如何对待我们生活的这片土地？

五、智慧碰撞

（1）“降圣夫人”三姐妹都肩负着护佑一方水土的责任，你从中得到什么启示？

（2）你怎样看待文中出现的几处神异事件？

（3）作者写作此文颂扬的是什么？

（4）在写作方面，文章有哪些地方值得借鉴？

古来青史谁不见　今见功名胜古人

——《南轩记并铭》解读

（杜虹　撰）

推荐理由

读乾隆重修《青浦县志》卷三十“人物六”，看到康熙丁卯举人王原，看到他这样一个地方官员，贤良方正，劝课农桑，兴办教育，体察下情，敢于直谏，令人钦佩。《荀子·富国》云：“贤者不可得而进也，不肖者不可得而退也，则能不能不可得而官也。”王先谦曰：“上言贤不肖，则此‘能不能’就一人所短长言之。《解蔽篇》云：‘材官万物’，注：‘官，谓不失其任。’”王原为官做到了尽职尽责。故推荐阅读其文《南轩记并铭》，希望学生从文章中看到王原的品行追求，理解古代儒生“布德济世，主善藩身”的志向。

沧海拾贝

南轩记并铭

［清］王原

任子于其所居之南，为轩三楹。素椽板扉，不事雕饰，颜曰“南轩”，以为其子居业之所，择一二同志之友，为之师。

任先生在其所居南边，建了一个三间的屋子。椽子、门扇皆是本色，不加雕饰，命名为“南轩”，把这儿作为儿子学习之所，请一两个志同道合的朋友担任老师。

董子、瞿子尝拥皋比讲学于此，虽余之弇陋，亦继二子居轩中。学徒来至者，任子又广其左厢以居之。

皋比（gāo pī）：铺设有虎皮的座位。古代将帅军帐、儒师讲堂、文人书斋中每用之。后因称任教为坐拥皋比。

董先生、瞿先生都曾在此讲学，就连我这样的浅陋之人，也随董、瞿二人之后来此。学生逐渐增多，任先生又扩建东厢房作为教室。

轩之制，中为堂，宏敞虚明，可以习揖让；左右为室，雅洁密深，可以安诵读；室之后沿左面西二室尤邃，可以燕居息。

屋子的布局是：中间是堂，宽敞明亮，可以用来学习礼仪；左右作为教室，雅致整洁，可以用来读书思考；屋后坐东朝西的两间尤其深邃，可以用于居住。

辟疏寮以来清虚，周短垣以远尘雄。

疏寮：即疏寥。

开辟荒地以等待清士，砌低矮的围墙来邀请人杰。

轩之中，棐几木榻，酒铛茗碗，笔砚书策，待用之物毕具。

屋子之中，桌几橱榻，酒器茶具，笔砚书策，用具齐全。

轩之外，春梅秋桂山矾木兰之树，荼蘼芍药芳兰牡丹之花，凤尾之竹，书带之草，错植而环列，隐以密屏，映以殊帘，垒以画石，甃以文砖，凡可以养目而怡心者，罔不备致。

屋子之外，有春梅、秋桂、山矾、木兰等树木，荼蘼、芍药、芳兰、牡丹等各种花草，凤尾竹、书带草交错环绕，用隐秘的屏风遮挡着，被各色的帘子映照着，斑斓的石头层叠着，纹饰的砖凳陈放着，凡可以养目怡心的，没有不准备齐全的。

其往来于轩中者，非谈道讲艺、直谅多闻之友，则骚情雅思、高洁散逸之俦。

那些往来于南轩的人，不是谈道讲艺、正直、诚信、学识渊博的朋友，就是颇有诗才、高洁散逸的人物。

轩冕之迹罕至，理乱之故不闻，流俗械巧滑稽之习、卑鄙谬悠之说，不以杂乎其间。

权贵的足迹罕至，悖理的言谈不听，世俗、圆滑、荒唐的习俗，卑鄙、荒诞的学说，都不夹杂在其中。

一日任子谓予曰：是轩宜有记，子其有以教余乎？余承任子之意，推名轩之旨，作为铭诗，揭于壁间，以勖其二子亦因以自勉。其诗曰：

一天，任子问我："这个院子应当有记吧，您可以帮我写吗？"我接受了写记的任务，并按照为轩命名的宗旨，写下"铭诗"，公布在墙上，以勉励他的两个儿子，也因以自勉。其诗如下：

周子言几，是分善恶。善必开明，恶实幽漠。南为阳位，离照中天。昭昭之象，君子则焉。董生言元，乃别德刑。肃杀刑义，蕃长德名。南为大夏，万象昭苏。是曰王道，与霸殊科。布德济世，主善蕃身。动以慎行，静以防心。勉之又勉，欲去理存。譬彼树木，有暴勿寒。萌甲而干，栋隆之观。譬彼操弦，解愠阜财。否极斯泰，小往大来。敢告我徒，敬守是训。学无中立，匪退则进。仰思俯慨，庶几致慎。

周子：周敦颐。言几：出自《周易》中的动察知微的思想。几，可指事物发展的内部规律。　阳位：一般是指正南的方位。古代统治者的治国之道，称为"南面之术"。"人主南面，以阳为位。"所以"阳位"在这里，可理解为人主所在的地方。　董生：董仲舒。　元：古代哲学概念，指天地万物的本原，《周易》中的"乾元"即是。董认为元是万物之本，包括人也在其中，所以应该用仁德教化而不是用刑法治理，后文"肃杀刑义，蕃长德名"就体现了这种观点。　德刑：董仲舒的思想主张，即以德代刑。　大夏：大意为"阳气充盛、滋养万物的季节"，与大冬相对。《汉书》云："王者欲有所为，宜求其端于天。天道之大者在阴阳，阳为德，阴为刑。刑主杀，而德主生。是故阳常居大夏，而以生育养长为事；阴常居大冬，而积于空虚不用之处。以此见天之任德，不任刑也。"　譬彼操弦，解愠阜财：语出《孔子家语·辩乐解》："昔者舜弹五弦之琴，造《南风》之诗，其诗曰：'南风之薰兮，可以解吾民之愠兮！南风之时兮，可以阜吾民之财兮！'"后因以"阜财解愠"为民安物阜，天下大治之典。何启胡礼垣《新政论议》："公平布则郅治可期，有阜财解愠之风，无敢怒难言之隐也。"　否极斯泰，小往大来：据《辞源》"否泰"条解释，天地交谓之泰。天地不交谓之否。故以言运数之穷通。亦曰否泰。今之解释，即"泰"就是顺利；"否"就是失利。意思是事物发展到了极点，就会发生变化，转化到这个事物的对立面。

（"铭"由于受骈体的限制，字极精炼，用典较多。只需了解大意即可，不作翻译）

（选自《上海府县旧志丛书：青浦县卷》2014，1667页）

作者简介

王原，康熙丁卯举人，初名深，字仲深，一字令诒，号学庵，晚号西亭，居启圣里。父九徽，顺治十七年成贡生，以学行为陈子龙所知。原年十二三，窃为诗古文，父得之喜其不凡。年二十四为县学生，康熙二十七年成进士，未及用，从刑部尚书徐干学修《一统志》于包山。三十三年选广东茂名县。广东征粮，旧责之里长，而里长私派于民，粮一石派至二三十两，民弃田而逃。原令里书编造业户实名，而里长之弊，革其业户弃田遗粮，摊诸邻户，逃者归则并数年之所摊而责之，故逃者卒不敢复。原代为捐输，遗粮不得摊派邻户，而逃户之归者日多。南桥有人市，父鬻其子，夫鬻其妻，严禁除之。其余设义学、禁巫觋、锄强梁、雪冤滞，颁婚葬之式，颂声大作。移署信化，三十五年以解犯脱逃，解任。未几弋获，复官。三十八年补贵州铜仁县，县故苗地，原建学以训子弟，教治葛以为布，焙茶、榨油以为用，溪水湍急，教之造舟以兴贩，又设保正、保副，训练乡勇，以御苗患，设苗寨长二，以约束群苗，铜仁大治。四十一年取试，授工科给事中。时平阳府知府马思赞，请以天下钱粮加一火耗，作为正供，圣祖问州县之为科道者，原奏言其不可，上是之，议遂革。寻以劾文选司郎中陈妆弼奸贪污牵连，降级以归。原壮而力学，老而不倦，初出乾学及新城王士正门下，已从平湖陆其、睢阳汤斌问学，一以濂洛为宗。年至八十四卒。生平著作繁富，诗有《短檠》《北乡》《寒竽》《过岭》《潘州》《惠阳》《岫云》《铜江》《沧江》《南窗》诸集；经学有《学庸正讹》《论孟释义》《春秋偲闻》《周易偲闻》；史志有《历代宗庙圆考》《明食货志谱》；录有《深庐札记》《深庐集》《训终制杂说》《鸡柘集》，年谱、古文若干卷。

（出自《康熙青浦县志重修》）

指点迷津

“记”，是古代的一种文体，主要是记载事物，并通过记事、记物，写景、记人来抒发作者的感情或见解，寄景抒情，托物言志。一般分为：①碑记，古代一种刻在石碑上记叙人物生平事迹的文体；②游记，一种描写旅行见闻的散文体裁；③杂记，古代因事见义，杂写所见所闻不多加议论的散文体裁；④记事，古代记载人物生平事迹的文体。概览古代文献，人们发现，原本是据实载录的实用文的文体，后来变成了文学作品——散文。“记”从实用文章的体裁演变为文学作品的体裁，始于唐，成于宋，与“古文运动”密切相关。散句结体的形式一直没有变，但是文章的内容不同了。让“录言载事”的“记”成为古代散文第一体裁并名重一时的是唐宋八大家，他们创作了大量用“记”命名的散文，以“我”的眼界观物、察景、看事、论人，让“我”笔下的事、景、物皆“着我之色彩”，“登山则情满于山，观海则意溢于海”。建筑、景物与事件，从远古“记”体文章的主体变成了承担记游记事者之目光、情感或思考的载体。正是古文运动让“记”从“录言载事”的实用文体进化为抒我心迹、遣我情怀而“记游记事”的文艺文体，演变为有一定的描述对象、有一定的表达方式、有一定的文体格局与风范的散文。这样的散文，可以记人和事，可以记山川名胜，可以记器物建筑，故又称“杂记”。在中学语文教材中，著名的记体文章有《五人墓碑记》《游褒禅山记》《石钟山记》《登泰山记》《病梅馆记》等。这些文章在写法上大多以记述为主而兼有议论、抒情成分。

此文为“南轩”作记，却也同样记载、彰显了南轩主人和作者的情志，类似于教材中的《项脊轩志》。宏敞虚明的南轩，可以习揖让，可以安诵读，可以燕居息，可以养目而怡心，可以书骚情雅思，可以在“谈笑有鸿儒，往来无白丁”的清雅之处谈散逸之志，这是南轩主人的追求，也是作者王原的追求。作者用最朴素的语言表达了智者、隐退者的清高恬淡，在叙述南轩的布局、景致，以及南轩宜做之事的字里行间，真切可见。此文也体现了中国传统的修身之教，以及对家风传承的重视。结尾以“铭”表达对南轩主人的勉励，也表达了自己的志愿，独特醒目，耐人寻味。表达了对善恶分明，明德教化的追慕。这种形式的结尾，虽字极精炼，用典较多，有些阅读障碍，但却把一篇普通的“记”提高到一个哲学层面，让读者可以根据自己的需求，从文本的各个层面各取所需。

智慧碰撞

为什么古代文人无论是“居庙堂之高”，还是“处江湖之远”，都始终不放弃关注自己的内心修为，重视子女的德行教化？即使是在官场伤痕累累，也依然坚信对“仁义礼智信”的渴求，这种道德坚守背后有什么深刻的意义？

别裁伪体亲风雅　转益多思是汝师

——《栖云楼记》解读

（简振雷　撰）

推荐理由

生活本身就是艺术。如果一个人艺术地去生活，生命中的哲理几乎无处不在。关键在于他是否有一双发现和欣赏美的眼睛。所谓的批判性思维，实际上就是不走寻常路，从不同的方向去思考问题，给人一种豁然开朗的感觉。历代版本的《青浦县志》都在艺文编中收录了《栖云楼记》，本文是杨维桢的重要作品，通过对云、楼与人的关系不同的解读，表现出了人作为一个独立的个体，与世间万物的关系是可以从多侧面、多角度认知的，这种碰撞无疑会加深读者对生命的理解。

沧海拾贝

栖云楼记

［元］杨维桢

铁龙道人游五茸江回，登小重山，坐半云屋。山之浮屠曰宁者作茗供，请登所居楼。

铁龙道人：作者自称。　五茸江：已不可考，疑为当时松江境内的泖河。五茸，春秋时吴王的猎场，在松江市区西。　小重山：具体位置已不可考，疑为当年作者隐居的钟贾山。　半云屋：具体位置不可考，疑为静初和尚的庙舍。　浮屠：和尚的别称。

我游览完五茸江后回来，登上小重山，坐在半云屋里。山中的和尚法号为宁，为我沏了一杯茶，请我登上他所居住的小楼。

楼外九峰叠如曲屏，云气上下磅礴，若雪漫海沸，出没其坐榻，因颜其楼为“栖云”。

颜：本意为面容、脸色、脸面，文中为命名。

（只见）楼外九座山峰重重叠叠，就像弯弯曲曲的屏障，云气上下沉浮，气势磅礴。就像漫天飘飞的大雪，又像沸腾的大海，在他的坐榻下出出进进。于是他自己为居住的小楼取名字叫“栖云”。

征记于道人。道人曰：“朝云而暮雨，云之栖阳台者也；成五色而从赤龙，云之栖芒砀者也；子之云何云，栖何栖？”

征：招请、寻求。　阳台：古地名，指男女幽会之所，相传在巫山。　芒砀：即芒砀山，古称砀山，因汉高祖刘邦斩蛇起义而闻名于世。

（宁和尚）向我索要一篇记文。我说：早上化为云彩，晚上化为雨水，这是栖息在巫山阳台上的云彩。云呈现出五种颜色，最后随赤龙而去，这是栖息在芒砀山上的云彩。你的“云”是什么云，“栖”是什么栖呢？

宁曰：“吾见云油然起，坦然舒，悠然逝者，皆吾之山中四时朝暮也。”

宁和尚说：“我看见云彩自然而然地升起，平直广阔地舒展开来，悠闲地逝去，这些都是我在山中的四时朝暮的景象啊。”

道人曰：“云一散而弥六合，鬼神莫测其变；一卷而了无遗迹，造化莫穷其归。云岂楼可量，亦岂楼可栖耶？”

散：分开，由聚合而分离，这里指云气散开。　卷：这里指（云彩）消失。　造化：大自然。

我说：“云彩一散开就会将四方天地弥合在一起，（即使）是鬼神也难以预测它的变化；（云彩）一旦消失就会了无痕迹，上天也不知道它到了哪里，云怎么能够是楼可以测量，又怎么能够是楼可以栖息的呢？”

尔教身毒氏有云名“妙大”，有楼曰“无碍”，其云也生无生，灭无灭，其生也天不能为之先，其灭也尘不能为之后。

身毒（Yuāndú）氏：即身毒国，《山海经·海内经》载：“身毒国，轩辕氏居之”，即天竺国，为古印度。

佛教身毒氏有片云彩的名字叫“妙大”，有一座楼叫“无碍”，这片云彩不知何时生，也不知何时灭，从生的角度看，上天也不能比它早，从灭的角度来看，人世间也不能在它的后面。

是楼也，小无以为之内，大无以为之外，能无所栖亦无所不栖。

这幢楼，从小的方面来看，没有什么能够在它里面的，从大的方面来看，没有什么东西是可以在它外面的，这幢楼能够做到无所栖息，也可以做到无所不栖。

楼不知有云，云不知有楼，云与楼俱入于冥，人不得以色相求矣。子尝究心于是乎？”宁怃然若有得。

冥：本意是幽暗不明，常指人死后进入的世界。　色相：佛教用语，即外在的物质特征，色彩相貌。　怃：怅然若失的样子。

楼从来就不知道有云彩，云彩也不知道有这幢楼，云彩和楼一起归入冥冥宇宙之中。人不能够仅仅以外在的色彩相貌来探究事物，您在这一点上仔细地揣摩过吗？静初和尚怅然若失，仿佛有所领悟。

是为栖云记。道人，会稽杨维桢也。宁者，字静初。

以上的文字就是《栖云楼记》。道人，就是杨维桢。宁和尚，就是静初。

（选自《上海府县旧志丛书：青浦县志》2014，1695页）

指点迷津

万物皆有命名的内涵。因为每一个人对生命的体验和感悟都是不同的，命名的样态也各不相同。静初和尚从“色相”出发，从表面的云楼相依而颜其楼为“栖云”，而作者则反其道而行之，认为世界上的万事万物，每一个个体都是独立的，相互之间没有必然的依存关系，每一个生命体都是一个孤独的存在，要自己完成自我的生命的体验。这一认识对我们建立自我意识，培养独立人格，发挥主观能动性具有重要意义。

本文在形式上，通篇采用了主客问答的形式。在作者与静初和尚的一问一答中，读者对于生命的认识被铺排开来，文章又进一步采用抑客伸主的形式，在相互启发中完成对生命认识的新的跨越。仿若一个高人站在你面前侃侃而谈，他的生命体验令你醍醐灌顶。清代学者林云铭说过："凡小品文字，说到理路，最难透脱。"文本在说理方面就做到了"透脱"。从众人所熟知的不同于静初和尚的视角的特征出发，指出云与楼并非仅仅是相互依存的关系，而且还会有各自独立的关系。这样的论证显然具有较好的说服力。

智慧碰撞

阅读本文后，您认为大千世界，独立的个体与个体以外的所有的事物之间到底是何种关系呢？本文艺术手法的特殊性体现在哪里？

苏轼云："横看成岭侧成峰，远近高低各不同"，这要看我们站在怎样的立场上来回答问题。一般来说应该是诸多立场综合作用的结果，片面地强调任何一个方面就可能有失公允。事物之间的关系可以有千万种，我们应该对林林总总的关系做客观、理性、人性化的考查，因为不同的时间、不同的地点、不同的情形之下，这种关系都有可能面临新的评价。

本文的精彩不在于它告诉了我们怎样的人生哲理，而是在于它揭示生命哲理的方式和方法：有没有静初和尚已经不再重要，而是作者在内心深处与自己的对话。文似看山不喜平，本文在行文中"转"得自然、熨帖，就在静初和尚解释栖云楼的命名原因之后，阐释了自己对"云"与"楼"关系的新的思考，没有丰富的生命积累、深刻的生命思考，怎能做到发他人所未发。行文至此，文学对生命的启迪也就水到渠成。

形骸尽我有　不复为物役

——《笼鸟记》解读

（简振雷　撰）

推荐理由

欧阳修有一首咏物诗叫《画眉鸟》，以鸟喻人，讽刺现实生活中有太多的人为物所役，被眼前的功名利禄所羁绊，裹足不前，不能张扬自己的个性。可以说，鸟儿给我们很多的启示。本文是一篇寓言，作者写一个笼中鸟被逮到笼中，后来逃出笼子，到后来因觅食而又被逮入笼中，再到最后童子在作者的启发下又想要放掉他。这个故事告诉我们这样的一个道理：在现实生活当中，人和鸟是一样的，会被各种各样的外物所控制，自由永远是相对的。寓言的魅力，就在于常常运用一个形象、生动、具体的故事来告诉我们一个抽象的道理。这只笼中鸟就是现实生活中的我们。类似这种寓言体的文章在我们初高中语文教材里都有选入，比方说初中的《黔之驴》《狼》，还有高中的《种树郭橐驼传》，它们都是寓言体的文章。这些文章通过类比的手法，运用事物的相通性告诉我们一些道理，让我们增长智慧，学会怎样去做人，做怎样的人。

沧海拾贝

笼鸟记

［清］王起鹏

丁丑中夏，余寓建昌客馆。时雨初晴，轩窗洞开，见一鸟来集，羽衣蹁跹。

蹁跹：常用以形容轻盈的舞姿。

丁丑年盛夏，我寓居在建昌的旅馆，当时正值雨后初晴，窗户敞开，我看见一只鸟飞来停在窗上，穿着羽毛编织成的衣裳，步态轻盈。

方顾而乐之，疏忽间为童子所捕，闭之笼中。余甚惜鸟之以文采自贼也，使蒙茸无华，则人将厌而弃之。

蒙茸：蓬松；杂乱的样子。

（这只鸟）正四下里左瞧右盼，心里十分快乐。这只鸟在不经意之间被童子抓捕，关进笼子里。我特别惋惜这只鸟因为这身羽毛给自己带来的伤害。如果（这只鸟）的羽毛蓬乱、朴实无华，那么人们将会讨厌它、放弃他。

安在不可飞鸣自得以终其天，顾乃饮啄依人乎？

怎么不能够自由自在地飞翔、鸣叫，以终其天年，却在这里依靠他人饮食呢？

后一日，鸟忽破笼去，童子追之不获，将谓从此翱翔天壤间，山之深树可栖；江之清水可饮。

一天之后，这只鸟忽然撞破了鸟笼飞走了，童子追了它没追到。说它将从此翱翔于天地之间，大山里的高树可以栖息，清澈的江水可以解渴。

文章不自炫，弋人无所用其篡，则又未尝不叹鸟之志能善解脱也。

不炫耀自己的羽毛，捕鸟的人的器具没派到用场。于是（我）又不得不感叹它真是一个善于解脱的鸟。

何意飏去未久，仍往复檐牙屋角间，童子以饵饵之，复为所得，于是奴而缚之，是鸟遂长为笼中物矣。

没有料到，（这只鸟）飞走不长时间，它又飞回到房檐和屋角之上，童子拿诱饵引诱它，（那只鸟）就再一次被童子捕得，于是（这只鸟）被捆绑，这只鸟就永远成为笼子中的玩物了。

嗟夫，鸟忽智而忽愚耶？或者其为食所累也。

唉，是鸟忽然聪明了而又忽然愚蠢了？还是这只鸟被食物所累呢？

然余独怪乎宇宙至大也，稻粱至多也，何不栖息于南山之南，北山之北，而必于童子手中争此屑屑之食哉？

然而我唯独怪宇宙如此之大，稻粱（利益）如此之多，为什么不到南山之南、北山之北去栖息，却一定要在童子的手中来争如此一点点吃食呢？

余终不能为鸟解。或曰："鸟之性翔云饮露，固高洁自负者也。其甘心受豢养者，羽翮轻微，不能如鹰鹯之高举耳。"

我始终想不通这只鸟为何要这样做。有人说：鸟的习性应该是遨游于云端，品饮清露，本来应该是高洁自负的人。那些甘心受豢养的鸟，羽毛纤细，不能像鹰鹞一样遨游天空罢了。

余闻其言，始而悲，继之以泪，继而思之，犹为斯鸟幸也。

我听了这样的话，开始时很伤心，接着就大哭，再接着就想：这好像也是这只鸟的幸事。

其幸得于童子之手手力不足以致群鸟，使遇王孙公子，珍禽怪羽充牣其门，鸟忘其拘缚之苦，反各效其善鸣，以求媚其主人。

它的幸运就在于童子的手劲还不足以抓到更多的鸟，如果遇到王孙公子，珍贵稀有的禽鸟在他家的门前堆得满满的。鸟忘记了自己的拘束之苦，反而各自表现自己的善于鸣叫，来向主人献谄。

主人以巧拙分爱憎于其间，而饲鸟者且将阴伺主人之意，以上下之口食，则势必奄奄以至于毙，不仅受束缚之苦而已也。

鸟的主人将以灵巧和笨拙在他们中间分出爱憎，同时喂鸟的人会暗地里揣摩主人的意思，以决定给哪一只鸟的粮多一些或少一点，这样（笨拙的鸟）一定会饿得奄奄一息，最终死掉，不仅仅受束缚之苦这一点点而已。

余于是又破涕为笑。时童子在侧，颇解余意，语余曰："且俟他日过茂林丛薄间纵之，以适其性也未晚。"

我于是又破涕为笑。这时童子就在我身边，他很能理解我的意思，告诉我说："等我路过茂密的丛林杂草间的时候，我就把这只鸟放了，让它去适应它的天性，这样做也是不算晚"。

（选自《上海府县旧志丛书：青浦县志》2014，2078 页）

作者简介

王起鹏，生卒年代不详，据《青浦县志》记载，青浦人，举进士，早年在台湾做官，晚年告老还乡，终老青浦，葬于小西门外，原址不可考。

指点迷津

在写法上，本文运用了托物言志，类比象征、铺陈、虚实相生等表现手法。本文运用寓言体的方式来表现作者的思想和情感。就整体结构而言，是先讲故事，先写鸟儿被童子抓到笼子当中去，然后又逃掉，跑掉之后，又因觅食而被逮回来，后又被童子放飞。接下来是作者的议论，由此可见，从结构上来讲是虚实相结合。

在讲这个故事的过程中，实际上是用“转”的办法：先讲这个鸟儿如何漂亮，然后无意之间被童子抓到，之后又跑掉，跑掉之后，再回来，回来之后，再又放掉。“文似看山不喜平”，在这种“转”的过程当中，实际上作者是在以鸟儿命运的变化来暗喻人的命运的变化，人在现实生活当中和鸟儿是相同的命运。“转”的过程，作者运用了铺陈的手法。这只鸟儿为什么会被抓到，又为什么逃出去，之后又为什么回来。到最后暗示它会被放飞。以此来暗喻现实生活当中，太多的人被所处环境条件束缚，有的时候是被名利束缚得不到自由，而到真正有自由的时候，他还会面临着缺乏基本的生活保障，所以他又要回来。在这种“转”的过程当中，暗喻着人的命运的跌跌宕宕，起起伏伏。

后面的议论，和前面的叙事之间实际上是实和虚的关系。前面的记叙和描写与议论抒情的关系是互为表里的。记叙和描写是为后文的议论和抒情服务，而后面的议论与抒情又是从前面的记叙和描写当中牵引出来的。所以就使得这篇文章前后语段连缀成篇，成为有机的整体，显得非常的丰满，给阅读者的印象就特别的深。

本文在写法上还有一个特点就是它的双线结构，一个是鸟儿进进出出的线索，另外一个是作者对鸟儿的感受的线索，这两条线索既有并列，也有交叉，在这种双线结构表述当中，作者作为第三者，对于鸟儿的冷静的观察和深入的思考，实际上给读者自己的生命思考提供了视角。

智慧碰撞

（1）寓言体文章在文章结构和表现对象的选择方面都有非常鲜明的特点，试结合你读过的寓言体文章来谈谈你的认识。

（2）自由和束缚是既相互联系又矛盾对立的一对概念，依照你的生命体验，你准备如何处理两者之间的关系？

（3）本文在语言运用上有自己的特点，试举出文中的两处说说这些特点究竟是什么？

美不自美　因人而彰

——《芗林记》解读

（杜虹　撰）

推荐理由

唐代思想家柳宗元在《邕州柳中丞作马退山茅亭记》中有这样一段表述："夫美不自美，因人而彰。兰亭也，不遭右军，则清湍修竹，芜没于空山矣。"在这里柳宗元提出了一个重要的思想：只有在审美活动中，通过审美主体的意识去发现"景"（清湍修竹），并唤醒它，照亮它，使这种自然之景由实在物变成一个完整的、有意蕴的感性世界即意象时，自然之景才能够成为审美主体的审美对象，才能成为美。

《芗林记》中"栗里五柳以处士香，晋竹林以七贤香，濂溪莲以周茂叔香，罗浮村梅以苏长公香，草木不以物香而以人馨也"，就充分体现了作者杨维桢的思想。而且在作者与老者的对话中，我们可以思考人生的意义到底是什么。

沧海拾贝

芗林记

［元］杨维桢

松之邑，带江枕海，聚为山者，曰筲，曰薛，曰神，曰小昆、小金，地皆平畴大陆，呀渊疏川，突而高，郁而秀，蟠而居之者，则乔木之林、大姓之所宅也。

松江县，居于江海之间，有笥山，薛山，神山，小昆山，小金山这几座山，平缓的田地广阔的陆地，江水密布，这些山显得格外突出，郁郁葱葱，在其近旁的是环绕着树木的大户人家的住宅。

去邑北五十里，其川为蒲汇。汇北反为小莱岸。小莱有古屋百十楹者，九龄徐氏之居也。

距离县城50里的河流是蒲汇。蒲汇的背面是小莱岛，小莱岛上有一百多间房子，徐九龄住在这里。

去居左个一百步，凿池数十里，池上植松柏、栝桧、桂椒、梅橘、桃杏，草则芝兰、菊芷、荃荪、薰苣。钩连汇列，四时之生香，未尝一日断也。

距离这个宅子一百步，凿了一大片池塘，池塘边种植的树木有松树、柏树、栝树、桧树、桂树、椒树、梅树、橘树、桃树、杏树，花草有芝花、兰花、菊花、芷花、荃草、荪草、薰花、苣草。各种草木汇聚陈列，四季中没有一天缺少有香味的草木。

因额池堂曰“芗林”。予过海上，九龄榻予于堂者数夕。

因此池塘边上的堂屋命名为“芗林”。我路过这里，徐九龄在堂屋设榻招待了我几天。

临分，出楮笔曰：“先生海上还，嘻笑怒骂皆成文章。醉墨所及，一草一木有光。于芗林独无言乎？”

将要离别的时候，他拿出楮笔说：“先生您从外面来，嬉笑怒骂都是文章。即使只是一草一木，由您醉后的笔墨提及，都能增光添彩。难道唯独对‘芗林’没有什么可写的吗？”

予曰：草木之香细矣。因人而馨者，大且远矣哉。

我说：草木的香味差别还是小的，真正值得一提的馨香，是由居住其间的人带来的。

栗里五柳以处士香，晋竹林以七贤香，濂溪莲以周茂叔香，罗浮村梅以苏长公香，草木不以物香而以人馨也，信矣！

栗里：是晋代大诗人陶渊明的故乡，坐落于庐山虎爪崖下，是一个山环水绕，景色秀丽的山村。

栗里的柳树因为陶渊明而馨香，晋代的竹林因为七位贤士而馨香，濂溪的莲花因为周敦颐而馨香，罗浮村的梅花因为苏轼而馨香，（这是我相信）草木之香与其说来源于其自身，不如说来源于居于其间的人，的确如此！

不然，虽梓泽平泉，林木之绮交锦错者，不香也。吾爱九龄之人品魁垒，操行高茂。

如果不是这样的话，即使美树遍地、繁花似锦，像石崇的金谷园一般，也没有馨香。我喜欢徐九龄的人品正直，操行高尚。

尝与论今人处曰："今之称豪杰者，弯弧运槊，走戎马间，水出火入，即可苟且取富贵。高者摇颊鼓舌，闳声高议，以惊动所事，自谓陶王铸伯，以邀其所宾，而为士之大庆，不知大忧者在其踵，触罗踏穽，卒自跲踣，而祸及其孥，权（力）不能庇，势不能掖。嘻！若是者懵甚，而悖亦滋甚。予不幸抵艰巇而幸返故庐，与一草一木同华而共实，先人之赐，先生之教也。"

曾经和我一起谈论当今人物时说："如今被称为豪杰的人物，都是弯弓运槊，战场厮杀，出生入死，才可以苟且得到富贵的。居高位者摇头晃脑地高谈阔论，以此来惊动视听，自认为是被尊重的领导者了，借此邀请宾客，一起庆贺，却不知道大的灾难会接踵而至，触碰到了陷阱，最后失败，灾祸殃及妻儿，没有力量可以保护他们，没有势力可以协助他们。啊！到这时候才感觉心乱如麻，冲突也开始滋长。我虽不幸历尽艰险，毕竟最终有幸得以重返故里，和一草一木度过花开花落的时光，这是祖先的赏赐，先生的教诲啊。"

予闻其言，韪之曰："此吾子之德馨也，馨之被于芗林草木者也。"故乐为志芗林，并录其语，为学之懵且悖者告也。

我听了这些话，认同地说："这是您品德高尚，您的高尚品质浸润了芗林的一草一木啊。"所以愿意为芗林写记，并且记录了我们交谈的话，来告诫那些懵懂不清、学入歧途的人。

（选自《上海府县旧志丛书：青浦县卷》2014，1658页）

指点迷津

杨维桢的思想比较复杂，而其中最引人注目的是反叛传统的“异端”倾向。肯定人性的“自然”，是其思想的核心价值范畴。他说：“尧舜与许由虽异，其得于自然一也。”(《自然铭序》)意谓尧舜为圣人，许由做隐士，都出于自己的生活意欲，他们的选择并无高下善恶之分。《赠栉工王辅序》一文表达了同样思想，认为无论是医卜工贾，还是公卿大吏，谋生方式各异，但都有自己的生存意欲，所谓“耕虽不一，其为不耕之耕则一也”。他希望栉工王辅明白，自己和“公卿大吏”一样，大家都是为了吃饭，尽管方式不同，其间没有贵贱的区别。强调“自然”，当然和《庄子》有关系，但在杨维桢这里，已经全然没有避世和委曲求全的意识，而是用相当平淡的态度来看待人们在社会中的不同生活方式，表现出对自由的生活意欲的尊重。

《乡林记》的表情达意之法颇有意思，作者没有在文章中直接表达自己的志向，而是直抒“吾爱九龄之人品魁垒，操行高茂”，通过转述徐九龄的话语，委婉表达自己的观点。强调了对能使草木馨香的高尚之士的赞赏，以及对蝇营狗苟求取者的蔑视，体现其对人生价值清醒的认识。在告诫那些懵懂不清、学入歧途的人的同时，反映了作者对无拘无束的自由生活的尊重和肯定。

智慧碰撞

为什么真正值得一提的那些居住其间为草木增添馨香的人，都是如陶渊明、竹林七贤、苏轼、周敦颐这样在宦海中沉浮，不为世俗所接受的人，难道唯有避开功名利禄，才能滋养高洁之操守吗？

纷乱中的秉持

——《归来堂记》解读

（陈几重　撰）

推荐理由

出仕还是归隐？是古代文人不断面临的抉择。应该秉持怎样的信念来做出这一抉择？“穷则独善其身，达则兼济天下。”这样就把仕与隐的抉择交给了时世与命运。虽然影响仕与隐的外在条件、因素有很多，但我们读书人应该有自己正确的信念，那就是为国为民的责任感。正如范仲淹所说：“居庙堂之高则忧其民，处江湖之远则忧其君。”仕与隐都要忧国忧民，以天下为己任。作者杨维桢生逢元朝，却仍能秉持儒家仁人志士的责任心，在文中对归隐进行极富思辨性的阐述，对我们很有启发意义。

沧海拾贝

归来堂记

［元］杨维桢

予入吴首谒三高祠，以其去国者非忘君，还乡者非怀土，而放迹江湖者，非方外败教之士也。

吴：泛指江苏省南部、浙江省北部、上海市一带。　三高祠：在吴江垂虹桥东，祀越范蠡、晋张翰、唐陆龟蒙，此三人皆功成名就而后退隐。　方外：世俗之外，世外。

我进入吴地，首次拜谒“三高祠”，因为越范蠡、晋张翰、唐陆龟蒙这三个人离开国家但是没有忘记国君，回到故乡并不只是因为怀念故土，虽然在江湖中漂泊，但并不是言行超脱于世俗礼教之外的败坏教化的人。

吴人至今高三人之高，而未知继其高者范张而后为何人也。

高：动词，表示敬仰。

吴地的人至今都敬仰范蠡、张翰、陆龟蒙三个人高尚的品格，但并不知吴地在范蠡、张翰之后还有什么人是品格高尚的。

或曰：上洋有章吉父氏，殆其人也乎。吉父少年以奇才为丞相府舍人，未几乘传遽为宣使者，遂通籍贯，近宦游京师者三十年。

上洋：上海的别名。《正德松江府志·卷之一·沿革》："以地处海之上洋，故名曰上海，亦称为上洋云"。 章吉父：或作章吉甫。 殆：大概。 舍人：官名，类似现在的秘书。 乘传：奉命出使。 通籍贯：进士初及第。

有人说，上海有一个名叫章吉父的人，大概就是这样的高尚之人。章吉父年少的时候因为有出色的才华担任了丞相府里的舍人一职。不久，奉命出使，就担任了宣使官，于是离开原籍，到京城为官近三十年。

出贰尹江浙府，适以内艰去。制阕，镇抚海道，裁数月即皤然归，曰：吾发种种矣，太夫人之年且望耄矣。

贰尹：县令的副职县丞的别称。 内艰：子遭母丧或"承重孙"（封建宗法制度，其人及其父俱系嫡长，而父先死，则祖父母丧亡时，其人称承重孙）遭祖母丧，称内艰。古代官员的父母或祖父母去世，官员必须停职居丧，这种制度叫"丁忧"，也叫"丁艰"，男性长辈去世称"丁外艰"，女性长辈去世称"丁内艰"。"丁忧"的人不准为官。 阕：停止，终了。 裁：通"才"。 种种：头发短少，有老迈衰颓之意。 耄（mào）：古称八十至九十岁的年纪。

后出任江浙府的县丞，因遭逢祖母过世而离职。停职守制结束，章吉父去海道运粮镇抚司任职，只几个月就决然回乡了，他说：我头发短少，已越来越老了，我母亲的年纪也八九十岁了。

城南有桑麻田若干顷，足以代禄养。

家里在城南边有一些桑树和麻树，足够替代我的俸禄来养家了。

士不知体，人为我何，人谓我何。于是作归来堂于室西偏，遂雅志也。

读书人不知道什么规矩，人们不理解我这样做是为什么，人们怎么看我又能怎么样呢？于是，章吉父在房屋西边建造了一间"归来堂"来体现高雅的志向。

余今年来游，过青龙江，吉父之宅在江上，延致于堂中，具声乐酒食为余驩，因得奉觞为太夫人寿。

延：邀请。 具：准备。 驩：同“欢”。 奉觞（shāng）：举杯敬酒。

我今年出游，经过青龙江，章吉父的家在江边，他邀请我到归来堂中，精心准备了宴乐来款待我，于是我能够向他母亲举杯敬酒祝她老人家高寿。

明日，吉父请文记归来堂。吾尝叹晋处士之归来矣，不知者以为耻五斗之折腰，知之者以为典午氏将踣，而不忍二姓之事人也。

处士：古时候称有德才而隐居不愿做官的人为处士，此指东晋陶渊明。 典午氏：典午为隐语，语出《三国志·蜀书·谯周传》“典午忽兮，月酉没兮”。典与司同义，午是与属相马对应的地支，“典午”指代司马氏，这八个字隐指司马昭将不久于人世，朝廷会有大变故。果然，不久晋王司马昭身死，其子司马炎废曹自立，史称西晋。晋代是司马家天下，古人也以典午指代晋朝。 踣（bó）：破灭。 二姓之事人：二姓，两个封建王朝。句意指陶渊明不愿一身事二朝，体现出了他高尚的气节。

第二天，章吉父请求我写一篇文章来记录归来堂一事。我曾经感叹晋代的隐士陶渊明归乡，不知道的人还以为他是对为微薄的俸禄而对上级卑躬屈膝而感到羞耻，知道的人都认为他是因为晋朝将要灭亡，不愿意在晋朝为官后再去做新朝的官员。

今吉父生于盛时，遭逢圣君贤相之明用其才也，而吉父且以才选登要路，年未及致事而即退然以归，则以母故，而爱日之诚有不能已者。

致事：辞官。 爱日之诚有不能已者：语出朱熹《论语集注·里仁第四》“常知父母之年，则既喜其寿，又惧其衰，而于爱日之诚，自有不能已者”，意思为知道父母的年岁，在喜其高寿幸享时，又为他们日渐衰老而忧虑，而能享受子女尽孝心、献爱心之日渐短了！

如今章吉父生活在繁荣的时代，遇到了圣明的君主、贤明的宰相来任用他，使他的才华得以施展，并且章吉父将要因为自己的才能而获得显要的地位，但还没有到应该辞官的年纪就退隐回乡，这是因为母亲的原因，觉得能对母亲尽孝心的日子越来越少了。

处士之归，其归以义，吉父之归，其归以孝。

陶渊明归隐，是因为他的忠义，章吉父的归隐，是因为他的孝心。

孝义一道也。归以义非世道之幸，归以孝实风教之荣。归来名堂，又岂诡处士之迹以自高，而求振夫鸱夷子、张季鹰之后者耶。

鸱（chī）夷子：即鸱夷子皮，范蠡之号。范蠡是越国的上卿，因献西施于吴王夫差，就中取事，破了吴国。后见越王义薄，扁舟遨游五湖，自号“鸱夷子”。 张季鹰：西晋文学家张翰，字季鹰，吴郡吴县人。官至大司马东曹掾。后因不愿卷入晋室八王之乱，借口秋风起，思念家乡的菰菜（茭白）、莼羹、鲈鱼，辞官回乡。

孝心和忠义都是一样的高尚。但是因为忠义归隐是世道的不幸，因为孝心归隐却实在是社会风化教育的荣耀。用“归来”给这间房子取名，怎么会是借陶渊明的事迹来抬高自己，而想发扬范蠡、张翰风范的后来者呢?

虽然，吉父年未老，神爽峻而才识茂，进贤者未肯辄遗于吉父也。

即使这样，章吉父年纪还没有老迈，精神爽并且才识高，推荐贤能的人不愿意（肯）就把章吉父忘了。

求忠臣不于孝门则已，如以孝门，则吉父其得率志于归来乎。

如果选择忠臣不找有孝心的人就算了，如果要选择有孝心的人，那么章吉父还能在归来堂中尽自己的归隐之志吗?

请以复吉父命，书诸堂为记。

我用这篇文章来回复章吉父的嘱托，在归来堂里写下这篇文章。

（选自《上海府县旧志丛书：青浦县卷》2013 年版）

指点迷津

作者开篇先借青浦附近的三高祠来揭示隐与仕的辩证关系：真正的隐士高人即使归隐江湖也不忘国家朝廷，不为一己之私。这样做合儒家之道，得百姓爱戴。接着赞美归来堂主人继承了这样的高尚品德，同时这种赞美也是一种勉励。然后先简洁地叙述了章吉父出仕的人生经历，再生动地描述主人一朝归隐的随性和洒脱。却对建造归来堂一笔带过，较详细地记叙自己与堂主的交往过程和作《归来堂记》的经由。从“归来”之名的源头——陶渊明入手，分析了堂主归隐的原因，排除了心念旧朝、世道黑暗的原因。指出堂主为尽孝而归隐，合乎孝义之道、儒家之道，这种归隐合乎朝廷选拔人才的道德标准，并推测堂主将会被朝廷擢用。

文章以记游为明线，先记叙游三高祠，为游青龙江边的归来堂作铺垫。以探究归隐的缘由为暗线，表达对堂主为尽孝而归隐的赞美和肯定。结构上，开篇借谈古以论今，借吴江三贤的古迹引出归来堂主人的归隐。用这三位隐士高人的事迹来论证自己对归隐的正确态度的看法，较有说服力。又较详细地描述了归来堂主人归隐时的语言，用语生动有趣，写出了主人的率性，同时也紧扣了尽孝这一辞官的缘由。篇中又引用陶渊明的辞官归隐，一方面暗示堂名的由来，另一方面更是为了说明与当今堂主归隐时势的不同。这为下文论述堂主归隐的正当性作了铺垫。随后夹叙夹议，语言辩证地揭示归隐缘由与世道变化的关系，依据朝廷选拔人才的标准，顺理成章地推测堂主还会经世济用。

智慧碰撞

阅读本文后，你是否赞同作者对陶渊明归隐原因的论断？你怎样看待古人归隐与出仕的关系？堂主的归隐有没有为出仕做准备的打算？

陶渊明归去来兮，由仕而隐，世人都以为他归隐是不为五斗米而折腰，这也是陶渊明自述辞官的原因。然而这是不是黑暗时代为求自保，因而自编的托词，我们不得而知。但不愿折腰向乡里小儿，这是为私怨，因此而归隐有小家子气。作者认为归隐的真正原因是陶渊明忠于即将灭亡的东晋，这样就有家国之悲的大节，也更符合魏晋文人的风骨。这种理解也与他“靖节先生”的谥号更切合。当然，陶渊明归隐无论出于以上哪种原因，其心一也，都是高洁的。

隐与仕，是中国古代文人的两种人生选择。大多限于时势，乱世则隐，治世则仕。由仕而隐，有的功成身退，如范蠡；有的出尘脱俗，如陶潜。由隐而仕，有的建功立业，如匡扶蜀汉的诸葛亮；也有的不得其志，如提出先尽孝后尽忠的李密。还有的归隐是为出仕，如唐朝盛行的终南捷径。归来堂堂主的归隐原因比较复杂，从文中看，有一点急流勇退的成分，还有侍亲尽孝的因素，也未尝没有为出仕做准备的打算。隐与仕，也不必一定要分高下，苏轼说：“欲仕则仕，不以求之为嫌；欲隐则隐，不以去之为高。”

教化比雨露　名法方风霜

——《重修学记》解读

（彭艳萍　撰）

推荐理由

《礼记·学记》曰："建国君民，教育为先。"我国历来重视教育，古往今来都把教育视为关系国家和民族兴衰的大事。在《青浦县志》中，清代王原的《重修学记》一文，既让我们了解到青浦地区当时的办学情况和教育理念，又让我们懂得，教育从来就不是一蹴而就的事。百年大计，教育为本，教育需要我们一代代人的不懈努力。

沧海拾贝

重修学记

［清］王原

自青浦建学后，三十一年始建尊经阁，年久就废。

三十一年：康熙三十一年。　尊经阁：为藏书之所，用以贮藏儒家重要经典及百家诸子之书，以供学宫生员博览经籍，阅读研求。

自青浦创办学校后，（到）康熙三十一年才开始建造尊经阁，（中途又因）时间太长而废止。

康熙二十七年，惠来张侯庚至，始议大修殿庑，移启圣祠于仪门之左，设射圃于圣殿之右，而功之最巨者莫如经阁。

庑：《说文解字》："庑，堂下周屋也。"庑，原是指高堂下四周的走廊，即廊屋。后来，正

房对面和两侧的小屋子都称庑。 启圣祠：祭祀孔子及部分先贤先儒的庙宇，属于孔庙祭祀的重要组成部分。即古时各地文庙（孔庙）的属庑。 仪门：官署大门之内的门，既取“有仪可象”之意，又表示立仪欢迎。 射圃：习射之场。

康熙二十七年，惠来张庚来到这里，开始商议大修殿庑，把启圣祠移到仪门的东边，在圣殿的西边建立射圃，但工程最大的都不如尊经阁。

侯仍其旧址，廓以新模，为室五楹，为阁三层。延袤六丈，高称之。

延袤：长度和广度，引申指面积。

张庚仍沿用其旧址，扩大了规模，室有五间，阁楼三层。面积有六丈见方，高高耸立，以和其他建筑相称。

曹生淳独输金三千两，而诸绅士又醵金一千七百两襄之。役未就，张侯以劾去。

输：捐献。 金：银两。 绅士：退职居家，在地方上有声望的人。 醵（jù）：聚集，泛指凑钱，集资。 襄：帮助。

曹生淳独自捐献银两三千两，而诸多士绅又凑了一千七百两银两来帮助他。任期未满，张庚就因为被弹劾而离开。

踰十年，为康熙辛巳，苏州通判许侯钰摄邑篆，阁始讫工，又重建明伦堂。

踰：同“逾”。 摄邑篆：即代理本县政事。摄邑篆：指代理县邑官职，掌其印信。因印信刻以篆文，故名。 讫工：完工、竣事。

过了十年，即康熙辛巳年（康熙四十年），苏州通判许钰代理本县政事。尊经阁才完工。又重建明伦堂。

于是张侯未竟之绪赖以不坠。嗣是邑人士举同文会，朔望集学宫，量输储用，次第恢复。

绪：前人未完成的事业、功业。 嗣：接着，随后。 朔望：农历每月的初一和十五，即朔日和望日。

于是张庚没有完成的事业能够继续。随后，本县的士人举办了同文会，农历每月初一和十五聚集在学宫，（商议办学经费如何）量入为出，依次恢复。

阁下基址之占敚于民间者，阁之后周遭临水，垒石为岸，筑垣为卫，浚深崇高，阁始孔固且安。又改射堂为敬一亭，供奉朱子石像。

敚：强取，后作“夺”。 射堂：古时练习射箭的地方，前有标靶，在一定的距离内拿箭射中靶心。

尊经阁的基础是（占用了）民间地基，尊经阁的后面四周临水，岸边是垒起来的石头，建筑矮墙作为防卫，水深山高，尊经阁（才变得）非常坚固又安全。又改射堂为敬一亭，供奉朱熹石像。

文昌阁、崇德门、儒学门之颓敝者，亦具修葺，费皆取诸同文会，不烦令长董。

令长：县令。　董：监督管理。

文昌阁、崇德门、儒学门等破败的地方，也都得到修理。费用都取之于同文会，不劳烦县令监督管理。

夫学校之设，所以养育人才，为国家之用也。

创办学校，是用来培养教育人才的，为国家（将来）任用（做准备）。

圣人之教，莫备于经，故乐正崇四术，立四教，顺先王诗书礼乐以造士。

备：完备、齐全。　乐正：职官名。乐官之长，掌管国子之教。《周礼》大司乐，掌大学，为大乐正；乐师掌小学，为小乐正。　崇：重视、崇尚。　四术：诗、书、礼、乐四种经术。　四教：旧时的四项教育科目。具体所指因教育对象而异。孔子以文、行、忠、信为教人的四要目。　造：培养、造就

圣人的教育，没有比经书更完备的。所以乐正特别重视诗、书、礼、乐四门经术，立下了四种教育内容，沿用先王传下来的《诗》《书》《礼》《乐》四种典籍来培养人才。

大乐正论造士之秀者，以告于王而升诸司马，辨论官材，论定然后官之。

辨论官材：把对人进行考查后所作的鉴定加以认真分析。《礼记·王制》："司马辨论官材，论进士之贤者以告于王，而定其论。"郑玄注："辨其论，官其材，观其所长。"孔颖达疏："大乐正论造士之秀者以告以王，王必以乐正所论之状授与司马，司马得此所论之状乃更论辨之，观其材能高下，知其堪任何官。"宋欧阳修《国学试策》之一："已诏公卿之流，博选贤良之士；而又申《周官》辨论之法，以考于贤能。"

大乐正考察评定优秀的儒生，汇报给天子并荐举给司马，（司马）再逐个考察每个人的才能，经讨论确定然后给他委派官职（试用）。

盖古之学校、选举出于一途，是以士有定志，而学无他歧。

选举：选取任用贤才。

大概古代的学校教育、选取任用贤才都出自一条路，因此，学子有坚定的志

向，从而学习没有其他岔路。

朱子《举贡议》云：古者大学之教，以格物致知为先。而其考校之法，又以九年知类通达、强立不反为大成。

大学：朱熹把学校教育划分为小学和大学两个阶段，并根据不同年龄的学生的心理特点提出不同的课程内容及安排。“小学”是指8~15的幼童入学后，“教之以洒扫、应对、进退之节、礼乐、射御、书数之文”。而“大学”则是孩童成长到15岁之后，“教之以穷理、正心、修己、治人之道”。穷理主要是学习儒家经典，修己就是坚守三纲五常，治人就是掌握为政、事君、安民、治国、平天下的实际本领。 格物致知：探究事物原理，从而获得知识。格，推究；致，求得。 考校：考试。

朱熹在《举贡议》中说：古代大学教育的管理办法，以探究事物原理而获得知识为先。而对于考试的方法，到第九年他们应达到，对知识闻一知十，触类旁通、推理事物有独立见解，处世处事有行为准则，坚定不移，不失师诲，这就可称之为大有成就。

学者若合所当，读之书而分之以年，使之各以三年而分试之。

学习的人如果合乎正当，分几年来研读这些书，（再）让他们用三年时间分别测试各科。

治经者必守家法，答义者必通贯经文，条举众说，而断以己意。如是则士无不通之经，无不通之史，而皆可用于世矣。

治经：研究《易》《诗》《书》《礼记》《春秋》等儒家经典。 答义：解释经义。 条：次序、系统。 断：判定、判断。

研究儒家经典的人一定要守家法，解释经义的人一定要通晓经文，（先）系统地列出大家的看法，再根据自己看法作出判定，像这样学习，则士人没有不通之经，没有不通之史，而都能任用于世。

今之科举虽未悉依其法，而亦略本乎此。使学者依今之制，本古之法，如是而为世用也，岂非有本有文之士欤。

有本有文：忠信，礼之本也；义理，礼之文也。

当今的科举考试虽然没有全部依照这一规则，但也大致是根据这个来的。让学习的人依照现在的制度，根据古代的法则，像这样为世人所用，难道不是有根基有文采的忠信义理之士吗？

是故为治必先学校，而学校尤必尊经。凡我乡人子弟游于校者，其可勿念之哉。

是故：因此，所以。　为治：成就治世，使国家太平社会安定。　其：启。　念：诵读

因此使国家太平社会安定一定要先创办学校，而学校尤其要尊崇经典。凡是我们乡里在学校学习的人，开导教诲（他们）难道可以不诵读它吗？

（选自《上海府县旧志丛书：青浦县卷》2014，1254 页）

指点迷津

百年大计，教育为本，一个国家、民族的核心竞争力归根结底靠人。教育是培养人的事业，而人的成长又离不开学校的教育和培养，因而创办学校的意义可以说不言而喻。其实，并非现代社会我们才有这样的认识，古往今来，多少仁人志士为之长期奔走呼号。

文中作者先叙述尊经阁的修建从最初的筹备到最后的完工历经十余年时间，经过几任官员和热心人士的不懈努力，它才得以次第恢复。到后面发出“学校之设，所以养育人才，为国家之用也”的感慨，到最后得出“是故为治必先学校”的结论，凡此种种，都可以看出先贤们对创办学校、对教育之重视。透过文本，我们也可以看出，创办学校之后，应该教什么，怎么教，如何评定，作者引经据典，发表自己的看法，可以看出作者对此的思考。

智慧碰撞

从大的方面而言，我们都知道办学的作用或意义，文中也提到“夫学校之设，所以养育人才，为国家之用也……是故为治必先学校”。那么学校建立之后，应该怎么做，对此你又有怎样的思考？

学校相关硬件设施完备之后，接下来教育教学该如何具体实施，作者对此有较为成熟的思考，首先，教育目标的确定，学校的作用主要是培育人才，为国家将来任用人才做准备。其次，教育内容的确定，教什么？文中指出，“圣人之教，莫备于经”，作者强调要把儒家经典作为重要教学内容。再则，教育内容确定之后，怎么教，如何学？作者引用朱子《举贡议》里的内容，以“格物致知为先”，分年限完成相关内容。解决了怎么教，如何学之后，怎样测评？文中提到，到一定的阶段，他们对知识能够触类旁通，对事物有独立见解，处世处事有行为准则，就可称之为大有成就。并且对研究经书的和解答经义的人提出特殊要求，他们一定要熟读经典，对问题要有自己的判定和看法，只有这样，才算合乎要求。

学校建立之后，应该怎么做？从作者较为详尽的观点阐述中，我们可以看到古代仁人志士做教育并不是空喊口号。同时，在作者所处的那个时代，我们可以看出其对儒家经典是十分重视的，这对当今的社会的我们又有何借鉴意义？我认为身处现代社会的人们要取其精华，去其糟粕。鲁迅先生的《拿来主义》或许已经给出答案了。

先生之风　山高水长

——《雪竹轩记》解读

（程涵悦　撰）

推荐理由

明清时代，文人雅士汇聚江南，交游、创作、研讨，留下无数佳话。从留存于《青浦县志》的文章中，我们能够想见当时名士的气度、风骨与雅好，亦能够复现彼时江南诗书传家、百家争鸣的文化盛况，甚至可以推敲出文字间或隐或现的知识分子们的幽微心迹。

作为明代散文大家的归有光，因与冯山人和雪竹的一段往事，与青浦土地有了渊源，从《雪竹轩记》中我们不但可以领略到冯山人的风雅、清高之风，更能体悟作者归有光对于有相投之处的故人的惜念之情，以及淡泊声名、漠视世俗的清高、雅逸。

沧海拾贝

雪竹轩记

［明］归有光

冯山人为予言：吾甚爱雪竹，故人以雪竹呼吾，因以名吾轩，请子记之。

冯山人：冯淮，字会东，号雪竹，昆山（今属江苏）人。山人，古时对隐居不仕的读书人的称呼，也常作为学者士人的雅号。　雪竹：一种干节上有白粉的竹子。　故：所以。　以名吾轩："以之名吾轩"的省略形式。以，介词，用。被省略的之，代指雪竹。名，名词用作动词，命名。轩，有窗的长廊或小屋。　记："记"是一种古代文体，可以通过记人、记事、记物、记景来抒发作者的感情和主张。这里名词用作动词，写“记”之。

冯山人对我说：“我非常喜欢雪竹，所以人们用雪竹称呼我，于是我用雪竹来命名我的小屋子，请您为我写一篇记文。

予不暇以为，而山人求之数岁，或以诗，或以书，日月一至。

暇：空闲。　为：写。　或：有时。

我没有时间来写这篇“记”，然而山人多年来（一直）请求这件事，有时以诗的形式，有时以书信的形式，每月写一次。

予以山人所以得于雪竹者，山人自知之，岂有假于予之言？是以旷岁而不答也。

以：认为。　所以：……的原因。　得：满意，得意。　假：借。　旷岁：多年。旷，久历时日。

我认为山人满意雪竹轩这个名字的原因，他自然是知道的，怎么需要借助于我的言辞（来表达）呢？因此多年没有答复（他）。

山人少喜为诗，诗出而上海陆文裕公亟称之。

少：年轻。　上海：明代上海地区有松江府及所属华亭、上海、青浦三县。

冯山人年轻时喜欢写诗，诗作一出现就马上得到上海县陆文裕先生的称赞。

先是，山人居昆山之安亭，及予来安亭，则山人已迁上海界中，与安亭隔一江。

昆山之安亭：昆山县安亭镇，明时隶属苏州府。　及：等到……时。　迁：迁移。

一开始，山人住在昆山县安亭镇，等到我来安亭时，山人已经搬到上海县里了，与安亭镇一江之隔。

予尝过永怀寺，爱其古桂，坐久之，问寺中所往来者，僧曰：地僻，绝无人，惟有冯山人时时过江来，独吟桂树之下。

过：过访，拜访。　永怀寺：今尚存，在今昆山陆家镇。

我曾经过访永怀寺，喜欢那里古老的桂树，（在下面）坐了很长时间。我问寺中都有些什么人来往，僧人说：“地处偏僻，几乎没人来。只有冯山人时不时地渡江过来，独自在桂树之下吟咏。”

予后数见之于张通参之座，通参与湖州刘尚书为社会，二公皆称山人为笃实君子。

数（shuò）：屡次，多次。 张通参：张寰，昆山人，官至通政使司右参议。“通参”疑是“通政使司右参议”的简称。 湖州：地名，今浙江省湖州市。 刘尚书：刘麟，官至工部尚书。 社会：旧时由志趣相同者结合而成的组织或团体。 笃实：忠厚朴实。君子：品德高尚的人。

我后来多次在张通参那里见到他。张通参和湖州的刘尚书（当时在）结社，两人都称赞冯山人是忠厚朴实的君子。

去年山人年老矣，与通参游匡庐、武夷，还而示予《纪游诗》一编，予戏曰：冯先生之雪竹，必求之匡庐、武夷间耶？

匡庐：今江西庐山。 还：返回。

去年，山人年纪大了，和张通参去庐山、武夷山游玩，回来后就给我看了一册《纪游诗》，我开玩笑说：“冯先生的雪竹，定是从庐山、武夷山间求得的吧？”

今年予买田青浦之崧塘，山人与予书曰：吾近卜筑盘龙，与嵩塘近，子来观我雪竹。

青浦之崧塘：地名，与后文“盘龙”同属松江府青浦县。 卜筑：卜是占卜，筑是建房子。古人讲风水，建房子之前要占卜问卦。

今年，我在青浦的崧塘买了田亩。冯山人写信给我说：“我最近在盘龙择地建了房子，跟崧塘很近，您（可以）来看看我的雪竹。”

予性懒，不能谒青浦令，为其所怒，所买田几为夺去，予亦削迹兹土矣。

为：介词，被。 几：几乎，差点儿。 削迹：隐藏起来，销声匿迹。 兹土：这块土地，此指青浦。兹，这，这个。

我生性疏懒，没有（前去）拜访青浦县令，他被我（的态度）激怒了，我所购置的田亩差点儿被夺走，我也不到青浦去了。

山人复遣其子来，曰：“吾前告子雪竹轩，复移蟠龙也。吾今老于此，子许我记，几年不能得，今吾旦暮死，惟欲得子一言，是吾心也。

蟠龙：即前文“盘龙”，今在上海青浦区徐泾蟠龙镇。 旦暮：早晨和傍晚，比喻短暂的时间。 言：说的话，此指写的文章。 是：这。

山人又派他的儿子过来，说：“我先前告诉您的雪竹轩，又搬到蟠龙了。我如今在此终老。您答应给我写的记，几年都没收到。如今我很快就要离世了，只想得到您的一篇文章，这是我（最后）的心愿了。”

予问山人起居，其子曰："去年与通参行郡中，老人目不能了了。"

起居：指日常生活作息。　了了：清清楚楚。

我询问山人的生活起居。他的儿子说："去年和张通参一起在郡中散步，老人眼睛看不清了。

道间有古井无石栏，不觉越过之，几坠。自此不复出，每自叹曰："匡庐、武夷，不可复至矣，雪竹则何所无之？"

觉：发觉，察觉。　坠：落，掉下。

道路中间有口古井，（周围）没有石栏围着，没有察觉到，跨了过去，差点掉下去。从此以后不再出门。常常自己感叹说："'庐山、武夷山不能再去了；雪竹什么地方没有呢？'"

其子去，又数数书来。会予方北上，思欲一造山人之竹所而不能矣。

数数（shuò shuò）：屡次、常常。　会：恰逢，正赶上。　方：正。　造：前往，到。　竹所：有竹的居所。此指雪竹轩。

他的儿子离开后，他又常常写信来。恰逢我正要去北方，想着要前往拜访山人的雪竹轩又不能去了。

因书之以告别，且使揭之楣间，为《雪竹轩记》云。

揭之楣间：揭，张贴、悬挂。楣，门楣。门楣上常有匾额，匾额上有题字落款。

于是我写了这封信来告别，并且也（可以）让它展示在门楣上，文章就叫《雪竹轩记》吧。

（选自《上海府县旧志丛书：青浦县卷》2014，1659页）

指点迷津

《雪竹轩记》文章开篇即以冯山人多年来请归有光为自己作"雪竹轩记"一事，刻画了以"雪竹"为意趣所钟的冯山人，以及其对于清幽、高远的人生境界的追求，而其对于归有光的文笔与人格的仰慕亦是其格调、品味、追求的一种显现。

而归有光对于写"记"的一再拖延与推辞并非对冯山人的怠慢，而是希望文章是纯粹的自我人生主张的表达，而不要无谓地沾染上应酬的浮泛与索然。而后文归有光因不愿拜谒青浦县令而平静坦然地离开青浦，虽有所遗憾于无法与冯山人往来，但是此中也有他不卑不亢、随遇而安的处世之道。

其后，作者从他人评价的角度叙写冯山人的人品、文采和格调。从侧面来写不但显出评价的公允，也隐隐有山人在世时过从不多、屡屡错过的遗憾和怅惘。尤其是归有光在永怀寺独赏古桂时，通过僧人之口得知山人也渡江而来，在桂树下吟咏。笔者认为这一段极妙，既有赏桂、渡江、吟咏、遐思、神交的清雅意蕴，又有两人相闻而未相见，此生不再见的幽玄与怅然。

此后，文章多次提及“雪竹”。冯山人在“雪竹”上寄托了自己的人生追求，“雪竹”也激发了其创作灵感。归有光开玩笑说他在他乡游赏写就《纪游诗》，使得其心中钟爱的“雪竹”因被赋予了艺术灵性而有了生命。而在其老病卧榻之际，犹想着归有光“雪竹”之喻，遗憾于无法抵达地理的“远方”，却执着于精神的高远之境。

文末，冯山人老病，其子代为再三恳求，归有光郑重为之作“记”，以记述冯山人与自己相类的“雪竹”风骨，以及其对世事苍茫的慨叹，文尽而意无穷。

行文以两条线索贯穿，一条是冯山人以雪竹自诩、渡江赏桂、建宅种竹、老病求“记”等事，其清雅追求映于纸上。

而另一条线索则为冯山人与归有光的交往过程，即归有光知其所求而多年未应、知其爱桂而未相遇、得其邀约而未能成行、终而领会其“雪竹”之蕴并于其老病之时为其作记。这一线索贯穿行文之中，归有光对冯山人的赏识和惜念自然流露，而两人无缘多会、匆忙别离的遗憾也多有显现，更重要的是，作者在细节中也流露了自己的“雪竹”之格。

智慧碰撞

阅读本文后，可以思考冯山人为何要以“雪竹”自比？其为人行事中又体现了“雪竹”的何种风骨？作者的为人行事之中是否也有“雪竹”之格？思考这些问题，可以帮助我们梳理行文线索，也可以让我们体悟“雪竹”的精神内涵。

另外，这篇文章并非仅仅是“托”“雪竹”以“言”冯山人之“志”，文章中，作者通过记述自己与冯山人的交往经过，不但点出其对于冯山人的相惜、相敬，也点出隐含其间的自己的“雪竹”之格。比如作者一开始为什么迟迟没有动笔为冯山人写“记”？作者为何钟爱寺庙中的古桂但又没有与同样爱桂的冯山人相约？为何不愿去拜谒青浦县令以致未去拜访冯山人？这些看似淡漠不羁的言行并非对于冯山人的怠慢，而是揭示了作者与冯山人“君子之交淡如水”的交往，以及两人同样追求“雪竹”之格而神交已久的更深层次的情谊。

此外，这篇文章饱含着蕴藉隽永的深情，有慨叹，有向往，有遗憾，也有淡然，用心的读者可以再仔细品读一番，定会有更深一层的独到体悟。

青浦课堂再现

安于雅、乐于书、做君子

——《安雅斋记》原文、教学设计、课堂实录

（东湖中学　陈几重）

安雅斋记①

［元］柯九思②

江左③故家，克世先业，不易其心而流于俗者，予得一人焉，曰华亭④曹君继善⑤。继善尝名其读书之斋为“安雅”，盖取诸荀卿⑥氏之说。先是，予与侍书学士⑦虞公⑧同朝，见其大书安雅之扁以遗君，予故异之。及来吴中⑨，知君为宋文恭公东亩先生⑩裔孙⑪，君之祖父著声太学⑫，登仕版⑬显于时。及君之身，读书自乐，不汲汲于进取，求合乎古人之正，其当于措注⑭而笃于守道者欤！君之居也，挹⑮九峰⑯而俯三泖⑰，实占吴淞⑱之胜。居之西偏构为是斋，内则左图右书，笔床⑲琴几，而文绮⑳之饰不置焉。外则凿池贮泉，环以梅竹秀挺孤松，而桃李之艳不植焉。其冲淡㉑盖出天性，真安于雅而名实相须㉒者哉！故为之记。

注：①安雅斋：在今青浦区小蒸镇。　②柯九思（1290—1343），字敬仲，号丹丘，元朝艺术家。有“诗、书、画”三绝之称。　③江左：江东，长江下游南岸地区。　④华亭：松江府古称。　⑤曹君继善：曹庆孙，字继善，曾任吴县县学教谕。与虞集、柯九思为文友。　⑥荀卿：荀子，名况，字卿。《荀子·荣辱》：“君子安雅”。　⑦侍书学士：官名。⑧虞公：虞集，元代著名学者、诗人，善书法。　⑨吴中：泛指吴地。　⑩东亩先生：曹豳（bīn），字西士，号东亩，谥号文恭，南宋诗人。为官清廉，直谏著称。　⑪裔（yì）孙：指远代子孙。　⑫太学：古代最高学府，即国学。　⑬仕版：借指仕途，官场。　⑭措注：安排处置。　⑮挹（yì）：引；牵引。　⑯九峰：松江西北佘山等九座小山丘。　⑰三泖（mǎo）：指松江、青浦、金山至平湖间相连的大湖荡。　⑱吴淞：上海北部，长江口（即吴淞口）西侧，古属淞北地区。　⑲笔床：卧置毛笔的器具。　⑳文绮：华丽的丝织物。　㉑冲淡：平和淡泊。　㉒相须：亦作“相需”。互相依存；互相配合。

一、教学设计

1. 教学目标

（1）积累文言词语，了解本文出现的词类活用等文言现象。

（2）理解“安雅”的含义，学习作者记斋写人使用的衬托、叙议结合的手法。

（3）领悟作者对斋主安雅乐书的精神追求的赞美。

2. 教学重难点

（1）重点：理解“安雅”的含义，学习作者记斋写人使用的衬托、叙议结合的手法。

（2）难点：领悟作者对斋主安雅乐书的精神追求的赞美。

3. 教学设想

为了解学情，课前预习给学生设计了学习单。从反馈来看，学生普遍的质疑都基于对文章内容和写作意义的理解。所以教学设计中的问题引导也偏向这些方面。语言文字是文化的载体，所以设计了圈画疑难词句的预习作业和课上正音以及随堂疏通字词的教学环节。语言文字又是文化的重要组成部分。高一第一学期教学的侧重点是学习品味语言和整体感悟。品味语言上准备了说文解字“雅”字的材料，同时设计了较多的诵读活动。整体感知方面，从作者总结性的评价“真安于雅而名实相须者哉”入手，来整体理解。希望通过“雅”字把品味语言和整体感知初步结合起来。要深入理解并继承文中安雅乐书的精神，就要深入探究并解决自己的疑惑。比如文章前面写到斋主官宦世家的出身、题匾作记之人的官员身份，这些会不会太俗？所以依托《青浦县志》选取了克世先业、写作背景等补充材料。而斋主“安于修身、读书自乐”的隐世态度是作者所盛赞的，可以通过文章开头、中间、结尾的三个议论句体会作者的情感态度，为了锻炼学生的思维，所以设计了辩证看待作者的处世之道的教学环节。

语文学科核心素养之一是文化传承与理解。我的这节课的教学目标也主要基于这一点。希望学生在学习中，能理解、借鉴、继承一点我们青浦的优秀传统文化。所以设计了读后感的教学环节和构建命名自己的书斋的回家作业来检验这一教学目标。

4. 课时建议

1 课时。

二、教学过程

1. 课前预习

（1）课前布置初读本文，圈划出难以理解的字词和句子。

（2）请学生根据文章内容提出质疑。

2. 导入新课

古代文人雅士大都有自己的书房，而且会给它取个很有意义的名字，唐代刘禹锡给自己的书房取名“陋室”，清代蒲松龄给自己的书房取名“聊斋”，今天我们要学习一篇记“安雅斋”的文章，看看它又有什么意义？

3. 预习反馈

（1）学生代表朗读本文，师生正音，师生一起疏通文中难以理解的字词和句子。

（2）教师用 PPT 展示学生的质疑。

4. 整体感知

（1）齐读本文，思考作者在文章结尾评价说“真安于雅而名实相须者哉”，这是评价什么的？这样的评价是否恰当？为什么？

学生活动预设：评价书斋和斋主，从斋之雅和人之雅两方面结合文章具体内容来看，二者与“雅”这一评价名副其实。

（2）再读本文，思考作者以“雅”总写人与斋，两者间的主次关系是？这样写有什么好处？

学生活动预设：以人为主，记斋为记人，借物写人，借书斋来表现主人的高雅不俗，达到物我相融的表达效果。

5. 深入探究

（1）三读本文，思考除斋主外，作者还写到其他人，写这些人又分别有什么作用？

学生活动预设：这些人或反衬，或陪衬，从侧面突出斋主的高雅不俗。

（2）为何要写先祖、祖父仕途上的名声和成就？这与斋主“不汲汲于进取”的行为是否矛盾？

学生活动预设：为人处世上，先祖、祖父“兼济天下”，斋主“独善其身”。世易时移，人生处置自然不同，但都合乎君子之道，所以不矛盾。

（3）思维碰撞：你是否完全赞同书斋主人“不汲汲于进取”的处世之道？

学生活动预设：辩证看待，言之成理即可。

6. 总结

（1）本文表现了怎样的处世态度？

学生活动预设：安于修身、读书自乐的隐世态度。

（2）四读课文，思考学习本文后，你认为书斋于家于己有哪些意义？

学生活动预设：可从克世先业、读书自乐、展示个性等方面来谈。

7. 作业

完成学习单上的课后巩固部分。

三、课堂实录

执教者：陈几重

执教班级：复旦附中青浦分校 2019 届（2）班

执教日期：2018 年 1 月 3 日

1. 导入课文

师：上课。

生：老师好！

师：同学们好！请坐！古代文人雅士大都有自己的书房，而且会给它取个很有意义的名字，唐代刘禹锡给自己的书房取名叫……

生：陋室。

师：清代蒲松龄给自己的书房取名叫……

生：聊斋。

师：今天我们要学习一篇记“安雅斋”的文章，看看它的名字又有什么意义？

2. 初读课文、反馈预习、疏通文本

师：下面请语文课代表给大家朗读一遍本文，请大家听完后点评一下。

（课代表朗读全文，学生鼓掌）

师：朗读声音清晰响亮，挺好！有没有什么问题？

生：“见其大书安雅之扁以遗君”的“遗”应该念“wèi”。还有的地方停顿得不太恰当。例如：“环以梅竹秀挺孤松”应该在“梅竹”后面停顿，“秀挺孤松”不用停顿。

师：对，“遗”在这里作动词，有“赠送”的意思。还有“其当于措注而笃于守道者欤！”的“当”有“得当”的意思，应该念“dàng”。希望我们深入学习文章内容后可以读得更准确，更抑扬顿挫。

师：课前给大家布置了预习，我们一起来看看。PPT 上蓝色的词句就是大家圈划出的难以理解的字词和句子。说说你对这些词句的理解，如果有同学觉得难也可以和同桌讨论一下再与大家交流。

生 1：“诸”是兼词，“之于”的意思。“大书”是“用大笔写”的意思。“扁”通“匾”，指匾额。“异”是“对……感到惊奇”的意思，有意动用法。

“几”是“桌案”。“盖”是“大概”的意思，表推测。

师：古汉语中“克”字一般怎么理解？在本文中是什么意思呢？古有成语，如“克勤克俭”；有名言“善始者实繁，克终者盖寡”。开头做得好的人实在很多，能够保持到底的大概很少。“克”是“能够”的意思。

师：“世”在这里应该是什么词性，什么意思？怎么理解这句话比较好？

生 2：“世”在这里应该是动词，可以翻译为“世袭”，世袭祖先的基业。

师：请大家看看 PPT 上曹继善祖孙六代人的史实资料，再来理解一下这句话。

生 3：曹家可以说是书香门第，祖辈大多从事教育事业。能够世代传承祖先的读书育人的事业。

师：下一句呢，“其心”是什么心？那些“流于俗”者是怎么样的人？

生 4：“其心”是从小传承的读书育人的初心，“流于俗”的人应该是追名逐利的俗人。

师：“显于时”是什么句式，怎么理解？

生 1：介词结构后置句。从前文“著声”来看，应理解为“在当时名声显著”。

师：有没有不同意见？

生 2：从后文“及君之身，……不汲汲于进取”来看，似乎有转折的意思，所以我认为可以翻译为“在当时显达”。

师：翻译时能瞻前顾后，且言之成理，都很好！我们再来看看后面的词句，谁来翻译试试？

生：等到曹君本人，却以读书为乐，不急切于追求功名，只求符合于古人读书的正道？后面的句子我不知道是什么意思。

师：知之为知之，不知为不知，是知也。后面这一句化用了诸子散文中的词句，我们一起来看看相关的 PPT。老师给你们翻译一下：“资质、天性、智慧、能力，君子和小人本来是一样的；君子（对自己的资质、天性、智慧、能力）安放处置得当，但小人安放处置不当。君子安放在高雅的地方。用在仁义道德品行上，是正常安放的办法，君子取那正常的道路，但小人取那怪异的道路。”你怎么理解“当于措注”？

生：作者是说曹君将自己的资质、天性、智慧、能力安放在读书上，是安放处置得当的行为，称赞他是个君子。

师：我们再来看看后半句，“笃”是什么意思？复旦大学的校训是“博学而笃志，切问而近思。”“笃”是专心、忠实的意思，语出《墨子·修身》。我们一起来看看PPT上的原文，“意志不坚强的，智慧一定不高；说话不讲信用的，行动一定不果敢；拥有财富而不肯分给人的，不值得和他交友；守道不坚定，阅历事物不广博，辨别是非不清楚的，不值得和他交游。”作者化用“笃于守道”有何用意？

生1：作者化用《墨子》中的词句来说曹君，他在坚守读书自乐的正道上很专心。

师：还有吗？《墨子》原文中的语境有没有什么暗示呢？

生2：可能还暗示曹君是值得一交的好朋友。

师：“笃于守道”的评价和前文有没有什么关系？

生3：先前作者说曹君从事教育事业，不流于俗，读书自乐，这一句是对上文一个总体评价。

师：很好！“其……欤”，可以表感叹，“真是……啊”。作者的赞美之词溢于言表。最后一句呢，怎么理解？谁来翻译一下。

生：其中平和淡泊的气质大概出自天性，这真是安心于正道且名副其实啊！

师：有没有不同意见？

生：“安于雅”可能还有安居于安雅斋的意思。

师：“冲淡”一词古已有之，从魏晋时期起，文人濯足清流，不染尘俗，有同封建权贵不合作的精神，和对安静、美好的理想境界的憧憬，因此形成冲淡的风格。请大家看看PPT，说说这些历史上被称“冲淡”的人和作者笔下的曹君有哪些相似点？

生1：他们都清心寡欲，淡泊名利。

生2：都志趣高雅，不与世俗同流合污。

3. 再读课文，整体感知，深入探究

师：文中难以理解的字词和句子我们都一起疏通了一遍。预习时大家对文章的内容提出了很多很有意义的质疑，老师把它们整理出来放在PPT上了，请大家带着质疑，齐读本文，思考一下作者在文章结尾评价说“真安于雅而名实相须者哉”，这是评价什么的？这样的评价是否恰当？为什么？

师：《荀子》注：“正而有美德者谓之雅。”大家看看PPT上“雅”字的说文解字，含义更加丰富，请大家结合文中含义来理解，大胆直抒己见，积极辩论。

生1：我认为这是评价曹君的，这个评价名副其实。曹君不流于世俗名利，不汲汲于富贵，以读书为乐，是个高雅的人。

师：人之雅，不慕富贵，读书自乐，好！还有吗？

生2：我觉得这句话是评价安雅斋的，雅有美好的意思。安雅斋挹九峰而俯三泖，实占吴淞之胜。地处山水名胜，周围环境很美。

师：斋之雅，环境优美。《青浦县志》中记载安雅斋位于我们青浦区小蒸镇，现在那里还有一个曹家村，可惜安雅斋已经找不到了。作者说那里古时候能够目接九峰，俯视多个大湖，坐拥吴淞地区的风景名胜。很让我向往。还有吗？

生3：书斋内部布置还很清雅，只有图书琴笔，很素雅。

师：斋之雅，布置素雅。还有补充的吗？

生4：书斋周围种植着梅竹松，不种美艳的桃李，这样布置也是追求清新高雅的。

师：斋之雅，内设素雅，外求清雅。还有吗？

生5：我不同意，专门种植梅松竹，有点故作清高的嫌疑，应该顺其自然才好。

师：之前我统计出还有不少同学有此质疑，我觉得我们应该思考一下：高雅的追求是不是应该有所取舍？曹君取岁寒三友，去掉桃李，我尊重他的选择，也赞赏你的率性自然的追求。曹君还在书斋外凿池贮泉，有没有什么讲究？这样做有没有让你想起朱熹的哪首诗？

生：朱熹的《观书有感》：“半亩方塘一鉴开，天光云影共徘徊，问渠那得清如许，为有源头活水来。”

师：曹君应该是在向朱熹学习，布置书斋。书斋，是学习的地方，书本中的知识是我们思想的源泉，曹君凿池贮泉可能是希望自己的文思犹如泉涌，还可以在池边临水自鉴，见心明性。这也是高雅追求的表现。

师：作者以“雅”字总写人与斋，相得益彰，安斋求雅，县志记载，时人也称斋主为“安雅先生”，可谓名副其实。我们再读一遍本文，思考一下：除斋主外，作者写到不少其他人，各有什么作用？

生1：作者开头写江左世家子弟，是与斋主形成对比，突出斋主不流于俗，与众不同。用来反衬斋主高雅的志向。

生2：还写了侍书学士虞公，揭示了安雅斋的匾额的由来。还记叙了作者自己，说明了写作本文的缘由。

生3：还写了曹君的祖先文恭公和祖父，说明斋主出身名门，是官宦子弟。

师：作者写这些只是为了赞美曹君的门楣吗？

生：写他祖父在太学名声显著，可能是为了赞美曹家时代爱好读书。说他祖父做官名声显达，应该是为了和斋主做比较，从侧面突出曹君不慕富贵。

师：曹君的祖先是宋朝的文恭公，他号东亩先生，我有些好奇这个名号的出处，PPT上有我搜集到的资料，请同学们看看“尽东其亩”是什么意思？

生：“尽东其亩”是通过使田垄变成东西向来使道路变成东西向，是为了军事需要便利交通。

师：从宋朝的地理位置来看，宋文恭公起这个号，可能有什么寓意？

生：宋朝处在南边，北方长期受到外敌入侵的威胁，可能想截断南北交通，抵御外敌。

师：好，课前有同学质疑：虞公送匾是否因人情世故？予为何“异之”？老师课前整理了一些二人的资料，我们可以结合起来看看，想象一下和斋主结识的情景？

生：从PPT上来看，这二人都有才华却在朝中不得志，离官归隐，来到江南，遇到斋主这样的隐士，和他们以文会友，志同道合，在一起很开心！

师：柯九思有“诗、书、画”三绝之称。虞集为元代“儒林四杰”之一，元代中期文坛盟主，元诗四大家之首。二人可谓“鸿儒”，书匾写记之时，都已致仕归隐。文中用“大书”，“异之”来写二人的所作所为，你读出了怎样的心理和感情？

生：虞公大书匾额，可能有赞许羡慕的心情。作者“异之”是说起先心中惊异不解，后来又说“知君”，有很多赞美，对曹君的了解越来越多，友情越来越深。

师：同为隐士，出身书香门第，以文会友，以文人雅士为友，可谓“交雅友”。“往来无白丁”，也能衬托斋主之雅。作者写自己，先异后知，欲扬先抑，抑客伸主。也是突出斋主的“安于雅”之实。

师：还有同学质疑曹君为什么“不汲汲于进取”？大家能不能结合时代背景和虞集、柯九思的人生际遇说说原因。

生：书斋主人身处元朝中后期，腐朽没落，官场黑暗，元朝不久就灭亡了。虞集、柯九思都归隐了，斋主此时选择“独善其身”也是明智之举，与他祖先踏上仕途“兼济天下”的选择，是因为客观条件的不同。

师：那身处当代的你是否完全赞同书斋主人“不汲汲于进取”的处世之道？

生：我们生活的时代不同，身逢盛世，共筑强国梦，自然不应偏安一室。应该积极进取，努力实现自己最大的人生价值。

生：斋主读书自乐，不求功名，不为世俗所累，轻松惬意，是我羡慕的生活。

师：人各有志，时间关系不能请大家各述己志了，但希望大家都能实现自己高雅的志向。最后，我们以一个问题作结：作者写此记表达了怎样的思想感情？

生：赞美斋主读书自乐、志趣高雅，表达和斋主一样安于雅的隐世思想。

师：作者借记安雅斋言己志，曹君建斋、名斋以表己志，如果有机会，你将怎样构建和命名你的书斋？并试为之作记。下课！

四、专家点评

这节课真正体现了“以学生为中心”的教学理念。用心设计、利用学习单，充分了解学生。重视学生的基础，注重学生文言基础知识的积累。从学情出发，以解决学生的质疑和困惑为教学重难点来贯穿整节课，授课重点突出。教师上课的声音响亮悦耳，上课流程很得体，能迅速吸引学生的注意力，让学生快速沉浸到课堂的教学氛围当中。授课形象生动，注重师生互动，学生注意力集中，思维活跃，活动面广，教学效果良好。这篇《青浦县志》中的选文长短、难易得当，比较适合高一的学生，也比较适合一节课的教学容量。这篇文章在外面几乎没有什么参考资料，但教师古文功底很好，对文章内容的理解和把握准确到位。备课很充分，既做到了对文本字字落实，又对书斋进行了实地考察。对斋主几代先贤的相关梳理尤其有价值，可以激发学生对家乡的热爱和对先贤的倾慕，能增强我们青浦学生的自豪感。老师钻研课文花了大力气，给学生补充了不少与文本相关的知识、典故、出处，如君子安雅、当于措注、笃于守道、东亩、冲淡等，丰富了文章的文化内涵，让在座的师生都受益匪浅。教师上课教态很自在，虽时间紧促却忙而不乱。教师的黑板字和板书设计也都很好。

文言词句的疏通所占内容比例和时间有点偏多，可以有所取舍，精选几个典型的词句来让学生深入思考探究。其他的词句老师可以直接拿给学生。给学生说文解字引导时可以更形象，例如“克”这个字，它的象形字，就像一个人在屋下爬墙一样，很认真、很努力。让学生想象这样的场景，就能更好地理解文言词语。古文可以更加突出诵读，进行不同形式、不同侧重点的诵读。用诵读暴露问题，用诵读品读文本，用诵读体会感情。教学设计还可以更有层次：第一做好文字疏通，第二要抓住人、事、物的特点，第三要领会感情，悟理得精神。还可以和学生一起去实地考察，亲身去见闻我们青浦的名胜古迹，寻访先贤，探幽发微，这样更能培养学生的兴趣和自豪感。可以更加注重学生的批判思维，对曹继善的所作所为是不是故作高雅？柯九思是不是应酬而作？不论对错，都可以大胆质疑。因为最应该鼓励的就是学生的批判质疑的精神。引导学生继续学习《青浦县志》中记载的同时期的杨维桢，就可以让学生明白什么是真正的高人雅士。

五、教后反思

高中课外文言文教学，不仅要做到脚踏实地，还要不忘仰望星空。我长期在普通高中从事语文教学工作，学生的文言基础比较薄弱，对课外文言文的文意理解能力偏弱，我的教学重难点也往往偏重这方面。之前试教时，普通高中的学生的学习单上的质疑大多集中在对文中具体词句的理解和翻译上。我根据学情进行教学设计，就把教学重难点放在了对文意的理解和对作者、斋主的思想感情的揣摩、学习上。试教课上和学生一起疏通文言字词和文意，我也是遵循“以学生为主体，老师为引导”的教学原则，结果疏通文义就花了差不多一节课的时间。师生都只想着领悟和学习作者对斋主安雅乐书的精神追求的赞美。我们基本上都是被动地接受文本的思想内容，只是教文本，不是用文本。囿于文本而不能超出文本，师生的批判思维都非常贫乏却不自知。

这次在复旦附中青浦分校进行课堂教学，学习单上学生们圈画出来的难以理解的词句就少多了。同时超过三分之一的学生主动在文章旁边的空白处概括出了内容结构提纲或思路示意图，这并不是教师的要求，而是学生的自觉行为。而这些内容结构提纲或思路示意图的正确性已经表明了这些学生对文意的理解程度。而学生的质疑则主要集中在更深更广的问题上，例如：作者写此记的真正（原因、目的、意义、情感）？“安雅”（斋）体现、寄托怎样的（心态、思想、情怀、境界）？文章为什么写曹君的祖先？曹君有没有更多的信息？等等。更可贵的是还有不少同学的批判性问题，例如本文（书斋）的真实性如何？曹君为什么“不汲汲于进取”？既然说“冲淡盖出天性”，为何要凿池植树、布置清雅，是否做作？虞公送匾作者作记是否因人情世故？等等。上课时，疏通文言词句只花了相当于试教时一半的时间，剩下的一半时间都用在了对这些更深、更广、更具批判性的问题的研究探讨中了。学生的思维已经开放，但我却因为思维习惯而放不开，个人觉得这一点是这节课最遗憾的地方。

通过这节课的教学，我既充分认识到青浦传统文化的博大精深，更体会到教学相长的好处。前后两次教学，学生的基础、能力、思维都存在较大差异，前者要求注重基础、思维连贯、小步紧走、常规思维、脚踏实地；后者要求注重提高、思维跳跃、大步流星、批判思维、更高更远。这篇课文的教学，促使我打破思维定式，反思自己长久以来存在的一个教学问题：必须充分尊重学生之间的差异，并享用学生之间的这种差异，来不断改进自己的教学方法。总之，教学相长。

追先人足迹　慕君子之交

——《雪竹轩记》原文、教学设计、课堂实录

（青浦实验中学　宁英娟）

雪竹轩记

［明］归有光

冯山人[1]为予言：吾甚爱雪竹[2]，故人以雪竹呼吾，因以名吾轩[3]，请子记[4]之。予不暇以为[5]，而山人求之数岁，或[6]以诗，或以书[7]，日月一至。予以[8]山人所以[9]得[10]于雪竹者，山人自知之，岂有假[11]于予之言，是以旷岁[12]而不答也。

山人少喜为诗，诗出而上海[13]陆文裕称之。先是，山人居昆山之安亭[14]，及予来安亭，则山人已迁上海界中，与安亭隔一江。予尝过[15]永怀寺[16]，爱其古桂，坐久之，问寺中所往来者，僧曰：地僻，绝无人[17]，惟有冯山人时时过江来，独吟桂树之下。予后数[18]见之于张通参[19]之座，通参与湖州刘尚书[20]为社会[21]，二人皆称山人为笃实[22]君子[23]。

去年山人年老矣，与通参游匡庐[24]、武夷，还[25]而示予纪游诗一编，予戏曰：冯先生之雪竹，必求之匡庐、武夷间耶？

今年予买田青浦之崧塘[26]，山人与予书曰：吾近卜筑[27]盘龙，与嵩塘近，子来观我雪竹。予性懒，不能谒[28]青浦令，为[29]其所怒，所买田几[30]为夺去，予亦削迹[31]兹土[32]矣。

山人复遣其子来曰：吾前告子雪竹轩复移蟠龙[33]也。吾今老于此，子许我记几年不能得，今吾旦暮[34]死，惟欲得子一言[35]，是[36]吾心也。予问山人起居[37]，其子曰：去年与通参行郡中，老人目不能了了[38]。道间有古井无石栏，不觉[39]越过之，几坠[40]。自此不复出，每自叹曰：匡庐武夷不可复至矣，雪竹则何所无之。其子去，又数数[41]书来。会[42]予方[43]北上，思欲一造[44]山人之竹所[45]而不能矣。因书

之以告别，且使揭之楣间[46]，为《雪竹轩记》云。

①冯山人：冯淮，字会东，号雪竹，昆山（今属江苏）人。山人，古时对隐居不仕的读书人的称呼，也常作为学者士人的雅号。 ②雪竹：一种干节上有白粉的竹子。竹在传统文化中是“四君子”之一，赋予其正直、坚韧、有气节等精神内涵。 ③以名吾轩：”以之名吾轩“的省略形式。以，介词，用。之，代词，代指雪竹。名，名词用作动词，命名。轩，有窗的长廊或小屋。 ④记：一种古代文体，可以通过记人、记事、记物、记景来抒发作者感情和主张。这里名词用作动词，写记之义。 ⑤不暇以为：没时间写。暇，空闲。为，写。 ⑥或：有时。 ⑦书：书信。 ⑧以：认为。 ⑨所以：……的原因。 ⑩得：满意，得意。 ⑪假（jiǎ）：借。 ⑫旷岁：多年。旷，久历时日。 ⑬上海：明代上海地区有松江府及所属华亭、上海、青浦三县。 ⑭昆山之安亭：昆山县安亭镇，明时隶属苏州府。 ⑮过：过访，拜访。 ⑯永怀寺：今尚存，在今昆山陆家镇。 ⑰绝无人：几乎没有人。 ⑱数（shuò）：屡次，多次。 ⑲张通参：张寰，昆山人，官至通政使司右参议。“通参”疑是“通政使司右参议”的简称。 ⑳湖州刘尚书：湖州的刘尚书。湖州，地名，今浙江省湖州市。刘尚书为刘麟，官至工部尚书。㉑ 社会：旧时由志趣相同者结合而成的组织或团体。 ㉒ 笃（dǔ）实：忠厚朴实。 ㉓ 君子：品德高尚的人。 ㉔ 匡庐：今江西庐山。 ㉕ 还：返回。 ㉖ 青浦之崧塘：地名，与后文“盘龙”同属松江府青浦县。 ㉗ 卜筑：卜是占卜，筑是建房子。古人建房子讲风水，建房子之前要占卜问卦。 ㉘谒（yè）：拜见，拜访。 ㉙为：介词，被。 ㉚几（jī）：几乎，差点儿。 ㉛削迹：隐藏起来，销声匿迹。 ㉜兹土：这块土地，此指青浦。兹，这，这个。 ㉝蟠（pán）龙：即前文“盘龙”，今在上海青浦区徐泾蟠龙镇。 ㉞旦暮：早晨和傍晚，比喻短暂的时间。 ㉟言：说的话，此处指写的文章。 ㊱是：这。 ㊲起居：指日常生活作息。 ㊳了了：清清楚楚。 ㊴觉：发觉，察觉。 ㊵坠：落，掉下。 ㊶数数（shuò shuò）：屡次，常常。 ㊷会：恰逢，正赶上。 ㊸方：正。 ㊹造：前往，到。 ㊺竹所：有竹的居所。此指雪竹轩。 ㊻揭之楣间：揭，张贴、悬挂。楣，门楣。门楣上常有匾额，匾额上有题字落款。

一、教学设计

1. 教学目标

通过圈画品读关键词句，把握冯山人淡泊、风雅、执着的“君子”品质，体会作者深藏于散淡文字背后的对岁月流逝、友人老去的感慨和深情，学习二人的交友之道。

2. 教学重难点

教学重点：通过圈画品读关键词句，把握冯山人淡泊、风雅、执着的“君子”品质。

教学难点：体会作者深藏于散淡文字背后的对岁月流逝、友人老去的感慨和深情，学习二人的交友之道。

3. 教学设想

本文选自《青浦县志》。归有光（1507—1571），字熙甫，号项脊生，世称“震川先生”，昆山人。明代散文家，著名古文家。著有《项脊轩志》《先妣事略》等名篇，有《震川先生集》。归有光崇尚唐宋古文，其散文风格朴实，感情真挚。

这是一篇回忆性散文，归有光回忆了与冯山人“淡如水”的“君子之交”。冯山人并不是什么有着不世功业的大人物，只是作者乡间生活里偶有交集的一位老人。因着一份“写记”的承诺和精神的投契联系在一起。作者虽答应“写记”，却诸般忙碌，一再推延，终于被老人的风雅和执着所感动，决定履行承诺，为老人写下《雪竹轩记》。然而此时老人已是风烛残年。作者在日常生活中捕捉印象深切的感受，娓娓道来，平淡的语言中寄托着对岁月流逝、故人老去的感慨和深情。

八年级学生借助工具书梳通这样一篇课外文言文还算容易，基本可以读懂文章内容，了解冯山人的精神品质也并非难事，但从中体会出作者深藏于文字背后的思想情感则有些困难，至于学习古人的“君子之交”，就要更上一层楼。对于这样的“浅文”，阅读起来很容易，但没有教师的引导，学生容易一眼看过，流于表面，并没有沉浸到文本中去。本堂课旨在通过本堂课的学习能使学生欣赏冯山人的风雅、执着的精神情怀，体会作者的内心情感，在此基础上引发学生慕古之情，效仿先人交友之道。

要达成这目标，首先，要对文本进行“三个层次”的深入解读；其次，教学设计使用“目标贯通”的方法；最后，重视课堂生成，关注学情。

二、教学过程

1. 交流预学，引“交友”之道

预设：结合学习单交流古代君子“交友”的故事或名言。

说明：交流古代君子“交友”故事或名言，为后面难点的突破作铺垫。

2. 整体感知，说“山人”之事

问题：本文记述了冯山人的哪些事？

预设：诗书求“记”、桂下吟诗、游山赠诗、邀我观竹、复请作“记”。

说明：梳理文中所叙事件，理清思路，落实重点。

3. 重点品读，析“君子”之行

问题：结合具体语句说说冯山人是一位怎样的人？

预设：冯山人是一位淡泊、风雅、执着的“君子”。

说明：通过圈画品读，分析人物品质，把握冯山人淡泊、风雅、执着的“君子”品质，把握重点。

4. 深入探究，思“君子”之交

问题：这样一位“君子”为何苦苦追求“我”的一篇“记”？“我”为何最后才答应写“记”？

预设：“我”写记原因：①志趣相投（结合人物生平及文本内容）；②最后一节：故人老去，我将北上，不复再见。用“记”来怀念这段交情。

说明：分析的重点由冯山人转移到他与作者的交往上，感受二人“君子之交淡如水”的真情，体会作者深藏于散淡文字背后的对岁月流逝、故人老去的无可奈何和深切怀念，突破难点。

5. 拓展练习，慕“君子”之风

你的生命中有没有出现过这样值得珍藏的朋友？请写几句话送给他 / 她。

预设：练笔，交流。

小结：高山流水，知音难觅，君子之交，贵在精神的契合。希望同学们在今后的人生路上，能以“君子”的交友标准去选择自己的朋友，“就有道而正焉”。

说明：本环节旨在通过练笔，感知“君子”的交友之道，引发慕古之情，巩固难点。

二、板书设计

雪竹轩记

［明］归有光

风雅

冯	有才	君子	归
山	执着	之交	有
人	淡泊		光

三、课堂实录

时间：2018 年 5 月 17 日

地点：复旦附中青浦分校

班级：复旦五浦汇实验学校 2020 届（3）班

师：同学们好。

生：老师好。

师：请坐。很高兴认识大家，我来自青浦重固中学，是一名乡村老师，今天有幸在这里跟大家共同合作，上这一课。

我听说咱们复旦五浦汇特别重视传统文化的学习，那我想问问大家：在儒家传统文化中对于一个非常有才学，品德很高尚的人，我们往往称他为什么？

生齐：君子。

师：非常正确，就是君子！在修炼成为君子的道路上，有一门很重要的功课就是要学会交友之道。古人云："择善人而交，择君子而处。"说的就是这个道理。请同学们说说看，你还知道哪些关于君子交友的名言或者故事？

生 1：君子和而不同。

师：好的，请坐！这位同学请说。

生 2：君子以同道为朋。

师：好的，请坐，我听清楚了，她认为君子会选择"同道"的人为朋友。非常好。后面这位男生，第三位。

生 3：三人行，必有我师，择其善者而从之，其不善者而改之。

师：非常好，跟老师的这句话"择善人而交，择君子而处"有异曲同工之妙。其实都是要选择跟自己志同道合的人做朋友。在我们青浦这片热土上其实曾经也有一段君子相交的故事，我们今天就走进"雪竹轩"，来听一听。齐读课题和作者。

众生：《雪竹轩记》，明，归有光。

师：请五位志愿者来分别读这五段文字，然后其他同学思考一下：这五段文字讲述了归有光的朋友冯山人的哪些事呢？有没有读得比较好的？大家推荐一下或者自愿的。

（五位学生先后站起来）

师：我们按照刚才站起来的顺序读，其他同学边听边思考：文章讲了冯山人的哪些事？

生 1：冯山人为予言：吾甚爱雪竹，故人以雪竹呼吾，因以名吾轩，请子记之。予不暇以为，而山人求之数岁，或以诗，或以书，日月一至。予以山人所以得于雪竹者，山人自知之，岂有假于予之言，是以旷岁而不答也。

师：第一段讲了一件什么事呢？

生 1：冯山人很爱雪竹，所以他经常用雪竹来称自己。

师：注意，不是自己称自己雪竹。

生 1：哦，是别人称他。他想让作者给他写一篇记来称赞他。

师：他用什么样的形式？

生 1：或以诗，或以书，日月一至。诗和信的形式。

师：第一段我们可以用四个字来概括：诗书——

生 1：诗书求记。

师：你表现很好，请坐。第二位同学，接着。

生 2：山人少喜为诗，诗出而上海陆文裕称之。先是，山人居昆山之安亭，及予来安亭，则山人已迁上海界中，与安亭隔一江。予尝过永怀寺，爱其古桂，坐久之，问寺中所往来者，僧曰：地僻，绝无人，惟有冯山人时时过江来，独吟桂树之下。予后数见之于张通参座，通参与湖州刘尚书为社会，二人皆称山人为笃实君子。

师：有一个字的读音要纠正一下，你们听出来了吗？

众生：余后数（shuò）见之。

师：对，数的意思是什么？

生齐：屡次，多次。

师：好的，你也来说说。

生 2：冯山人很喜欢写诗，被陆文裕称赞。山人一开始住在昆山安亭，后来我去找他的时候，他已经搬到上海界中，跟我隔了一江。我曾经路过永怀寺，非常喜欢那里的古桂，然后寺中的僧说只有冯山人一直在桂下吟诗。

师：所以老师在学习单上用四个字概括？

众生：桂下吟诗。

师：非常好，请坐。接着第三位同学。

生 3：去年山人年老矣，与通参游匡庐、武夷，还而示予纪游诗一编，予戏曰：冯先生之雪竹，必求之匡庐、武夷间耶？

师：这节讲什么？

生 3：冯山人去游匡庐、武夷，以及我赠诗给他。

师：是我赠诗给山人吗？

生 3：啊！他赠诗给我！

师：你说了两件事，他游山，再赠诗给我，再精简一点，用四个字！

生 3：这个……

师：你同桌好像知道，来说说。

生 3 同桌：赠诗。

师：赠诗前面呢？

生 3 同桌：游山。

师：对！游山赠诗！请坐，接着，第四位同学。

生 4：今年予买田青浦之崧塘，山人与予书曰：吾近卜筑盘龙，与嵩塘近，子来观我雪竹。予性懒，不能谒青浦令，为其所怒，所买田几为夺去，予亦削迹兹土矣。

师：注意这个字的读音是"予"，不是"子"，读作"予亦削迹兹土矣"。你说说看。

生 4：这段话说的应该是"邀予观竹"！

师：非常棒，概括很准确！请坐。最后一位同学，期待你精彩的表现！

生 5：山人复遣其子来曰：吾前告子雪竹轩复移蟠龙也。吾今老于此，子许我记几年不能得，今吾旦暮死，惟欲得子一言，是吾心也。予问山人起居，其子曰：去年与通参行郡中，老人目不能了了。道间有古井无石栏，不觉越过之，几坠。自此不复出，每自叹曰：匡庐武夷不可复至矣，雪竹则何所无之。其子去，又数数书来。会予方北上，思欲一造山人之竹所而不能矣。因书之以告别，且使揭之楣间，为《雪竹轩记》云。

师：读得不错。

生 5：我觉得应该是"老不忘记"。冯山人最后老了，都走不动了，还是不忘记作者答应他写的那篇记。

师：对，再三请求"我"给他的雪竹轩作记。请坐。我们刚才梳理了一下这篇文章，作者零零碎碎写了很多的事。在这些事情当中，你可以看出冯山人是一个怎样的人呢？请结合具体的语句来分析。小组讨论两分钟，一会派代表来交流。

（生讨论，师巡视指导）

师：时间到，我还是希望大家能更主动地来举手。

生 1：在第 2 节，"冯山人时时过江来，独吟桂树之下"可以看出山人的风雅。

师：怎么看出来？

生1：首先，他有一种很高雅的感觉，又很有风骨。

师：你抓住了他的一个行为，在桂树下吟诗，像一种行为艺术。不错，请坐。（指一女生），你来说说看？

生2：还是那句“独吟桂树之下”，从“独”字感觉这个冯山人特别有隐逸之风，他不是一个追求仕途功名的人。“独吟桂树之下”说明他很有才气。还有“以雪竹呼吾”可以看出他是一个坚忍不拔的君子。

师：你一下说了好几点。尤其是抓住了“独”字。大家圈画一下。除了“独”，还有哪个字？

生2：“惟有”的“惟”。

师：还有吗？

生2：“绝无人”的“绝”。

师：从这些词语当中看出他的“风雅”。你刚才还说了一个词，我不太明白。别人都不这样，只有他这样。

生2：一个人在没有人烟的地方，有他自己的乐趣，然后就特别地有“隐逸之风”。

师：好，我明白了。我们找到这两位女同学刚才读的这句话，一起来读一下，请重读刚才圈画的那些词语。体会一下冯山人的风雅、才情他与其他士族不同的隐逸之风。地僻，绝无人——预备，起！

众生：地僻，绝无人，惟有冯山人时时过江来，独吟桂树之下。

师：再找个男同学来说。

生3：我想到冯山人“甚爱雪竹”。“爱雪竹”使得冯山人更显清高和淡泊。可见得冯山人是一个清高、淡泊的君子。

师：很好。

生3：子曰：“可使食无肉，不可居无竹。无肉使人瘦，无竹使人俗。”

师：他从冯山人的名号“雪竹”中解读出一种精神——清高、淡泊。除了这个名号，冯山人还有一个别的名号吗？

生3：默然。

师：他的原名叫冯淮，字会东，又号雪竹，别人又叫他——

生3：山人。

师：对。山人是不是也可以看出这一点？

生3：对。

师：你还有补充的吗？

生3：摇头。

师：请坐。是个很善于发现的孩子。再来一个。

生4：我觉得——“故人以雪竹呼吾，因以名吾轩。”别人都叫冯山人为雪竹嘛。他自己喜欢雪竹，别人也叫他雪竹。说明别人在与他相处时，觉得他有君子之风。

师：你还是接着前一位同学的观点，有所扩充。好，请坐。再来。

生5：我觉得他到死都还想着作者为他写一篇“记”，算是一种执着吧。

师：那他一开始“求记”的表现是什么？找找看。

生5：或以诗，或以书，日月一至。

师：形式多样：“或以诗，或以书”；频率很高：日月一至。还看出什么？

生5：坚持不懈。

师：还有什么？你读这句话前面。

生5：求之数岁。

师：“数岁”是什么意？

众生：许多年。

师：许多年来，以各种形式，频率很高地向我求记。是不是能更好地体现他执着的精神？请坐。我们一起把这句话读一读，余不暇以为——预备，起！

众生：予不暇以为，而山人求之数岁，或以诗，或以书，日月一至。

师：再结合他刚才说的最后一节，临老还要来求记。描写这段的是哪些句子？你们一起读出来。

众生：吾今老于此，子许我记几年不能得，今吾旦暮死，惟欲得子一言，是吾心也。

师：这句话说得非常诚恳，尤其是哪些词语？

生1：“是吾心”。

师：什么意思？

生1：就是我的心。

师：什么意思？

生2：这是我的心愿。

师：正确。从年轻时一直坚持到现在的最后的心愿。再往前看，还有哪些词？

生3：惟。

师：非常好。他临死前，只想得到作者的一篇记。这是怎样一种执着的精神呀！这时候归有光答应了吗？

众生：没有。

师：他又怎么办？

众生：又数数书来。

师：“数数”什么意思？

众生：屡次，很多次。

师：这些都能体现他求记之执着。刚才有同学说，冯山人“有才”，主要体现在他会写诗上面，这是正面描写，还从哪里看出他很有才？

生1：第二节最后一句，“二人皆称山人为笃实君子”。

师：这是对他总体的评价，老师现在问的是他的诗才。

生1：“独吟桂树之下。”

师：你先坐。这是正面描写，老师问的是侧面，别人对他的侧面评价。

生2：“山人少喜为诗，诗出而上海陆文裕称之。”

师：对，非常好，全班把这句话也读一下。

众生：“山人少喜为诗，诗出而上海陆文裕称之。”

师：“称”是什么意思？

众生：称赞。

师：从别人的侧面评价中可以看出冯山人确实是有诗才的人。前面那个女生说到一句话:"二人皆称山人为笃实君子"。我们把这句话也读一下。

众生:"二人皆称山人为笃实君子。"

师:这是别人对冯山人一个总体的评价,"笃实君子",什么是"笃实"?

众生:忠厚朴实。

师:忠厚朴实的什么?

众生:君子。

师:这是他们对他总体的评价。可见这位冯山人在别人眼中就是这样一位风雅、有才、执着、淡泊的君子。(梳理板书)然而这位"君子"穷其一生都在追求我的一篇"记",这是为什么?这里有一句话或许可以解答我们的疑惑。

众生:君子食无求饱,居无求安,敏于事而慎于言,就有道而正焉。

师:大家读过这句话吗?什么意思呢?

生1:君子对吃的东西没有什么要求,对住的地方也没有过高的要求,对自己说的话十分谨慎,对做的事十分擅长,这样就可以走上正道了。

师:前面说得非常正确,后面还值得商议。你先请坐。"就有道而正焉"是什么意思?

生2:用道德来匡正自己的行为。

师:接近了。"就"是靠近的意思。他接近他些有道德的人来匡正自己的行为。所以我想,冯山人这样一位君子,他想接近归有光,也许在他眼中,归有光就是那个"有道"之人。请大家从文中寻找蛛丝马迹,也可以联系归有光生平,看看归有光身上究竟有什么吸引冯山人的地方?

(生寻找圈画,小组交流,师巡视)

师:可以给大家提供点材料。(出示PPT)

归有光

1岁　生于江苏昆山

35岁　会试不中,回乡开馆授徒

60岁　方中进士,为官不顺

66岁　去世

冯山人

一生隐居不仕，“性潇洒，耻干谒（指为某种目的而求见）。”

“地僻，绝无人。”

“予后数见之于张通参之座。”

生1：第四段中归有光说，“予性懒，不能谒青浦令。”青浦县令邀请他去，他没有去攀附权贵，可见很清高，不畏权贵，淡泊名利。

师：嗯，跟冯山人一样淡泊。还有吗？

生1：归有光文章写得很好，是“唐宋派”代表人物。

师：嗯，跟冯山人一样“有才”！可能冯山人仰慕他的文章。很好，有自己的思考，还查阅了一些资料。

生2：我觉得第二段中“予尝过永怀寺，爱其古桂，坐久之，问寺中所往来者，僧曰：地僻，绝无人，惟有冯山人时时过江来，独吟桂树之下。”代表冯山人很喜爱桂树，作者也很喜欢这种环境。说明他们的性格是有相同之处的，所以冯山人对他可能有一种“知己”的感觉。

师：说得好。“地僻，绝无人。”别人都不来，只有他们两个喜爱，两人“志趣相投”！请坐。还有一个地方也可以印证他俩“志趣相投”。

众生：予后数见之于张通参之座，通参与湖州刘尚书为社会。

师：请问，“社会”是什么？

众生：旧时由志趣相同者结合而成的组织或团体。

师：我们四个人经常在同一社会团体碰面，说明我们——

众生：志趣相投！

师：同时，他们二人生平遭遇也较为相似。一个是隐居不仕，一个是大部分时间在乡间当老师，直到60多岁时才当官，但也是为官不顺。所以他们二人“遭遇相似，志趣相投！”但是归有光一开始没有答应写记，后来也许经过岁月的沉淀，他发现冯山人是一个值得相交的君子，可是当他发现这一点的时候，冯山人已然老矣。我们把最后一节来读一下。

众生：山人复遣其子来曰：吾前告子雪竹轩复移蟠龙也。吾今老于此，子许我记几年不能得，今吾旦暮死，惟欲得子一言，是吾心也。予问山人起居，其子曰：去年与通参行郡中，老人目不能了了。道间有古井无石栏，不觉越过之，几坠。自此不复出，每自叹曰：匡庐武夷不可复至矣，雪竹则何所无之。其子去，又数数书来。会予方北上，思欲一造山人之竹所而不能矣。因书之以告别，且使揭之楣间，为《雪竹轩记》云。

师：为什么一开始不答应，最后一刻反而答应了？

众生：予方北上。

师：那我还可以再回来看他呀！

众生：他“旦暮死”。

师：人往往如此，平时感觉关系也很平淡，不值得写文章来纪念，但有一天发现，这位老朋友他已经垂垂老矣，将不久于人世，我们将失去这段友谊的时候，我们回想过往，才发现它无比珍贵。有人说“小人以利为友，君子以道为友。”冯山人与归有光的这段交往也算得上一段“君子之交”。在你的生命中有没有这样一位值得相交，情趣相投的朋友？关于友谊，你有些什么感悟？我带来了一些小卡片，请大家把感想记录下来。

（生写感悟，老师巡视）

师：有个学生才思敏捷，已经写好了。我来为大家读一下：“钟子期死，伯牙破琴绝弦，终身不复鼓琴，以为世无足复为鼓琴者。志同道合者。”她心目中的友谊是高山流水一般的。我们时间不是很充足，其他人写好之后，交给老师，我回去拜读一下你们的大作。关于友谊，我也有一些感悟：

对渊博之友，如读奇书异志；

对风雅之友，如读名人诗文；

对幽默之友，如读传奇小说；

对谨慎之友，如读圣贤经传。

在人的一生当中，选择朋友，选择什么样的朋友，如何跟朋友交往，都是一门学问。我希望大家能“就有道而正焉”！下课！

四、专家点评

1. 解读深刻，目标明确

教师对文本的解读十分深入，没有反复纠缠冯山人是一个怎样的人，而是抛给学生一个有思维冲突的问题：冯山人这样一位“君子”为何苦苦追求“我”的一篇“记”？这个问题一针见血，把整篇文章的重难点都串起来了。学生自然会分析到冯山人是一位怎样的人：执着、淡泊的君子之风自然带出。与此同时，学生又不会忽略作者归有光，会好奇归有光是个怎样的人，为何冯山人如此仰慕他的文章。这样“交友之道”这个难点就得提出和探究。设计可谓是精巧的，目标也是一以贯之。

2. 环节清晰，层层深入

一、交流预学，引“交友”之道。

二、整体感知，说“山人”之事。

三、重点品读，析“君子”之行。

四、深入探究，思“君子”之交。

五、拓展练习，慕“君子”之风。

以上环节，老师很明确这堂课要走向哪里，前一个环节总是在为后一个环节作铺垫，而最终还是要引领学生探究思考从古人身上学些什么交友之道。简言之，思考今天我们怎样交朋友？同时又不忘记语文课的根本，通过品析文本而达成。

3. 师生互动，还需灵活

这次是借班上课，难度其实是挺大的。教师和学生之间互不了解，但是教师应该有提前的预设和准备，建立信任是首要的。宁老师显然也明晰这一点，一上课就努力与学生拉近距离，但亲切有余，专业不足。在后续的环节中，学生显然回答问题不是很主动，很多时候都是老师点名起来回答，回答的声音也比较轻，以至于环节推进速度有些缓慢。

总体来说，这堂课从设计到生成，总体是令人欣喜的，些微不足，教师一定会在后续教学中改进。有遗憾的优质课堂也依然是优质课堂！

五、教后反思

我以为，在教学内容的确定上，教什么比怎么教更为重要。一个教师如果止步于文本浅层次的解读，又如何奢望学生能进行深层次的阅读呢？

于漪老师说：“现在教师专业成长更多关注的是技术层面，教学技能技巧的提高。教学技能技巧的提高是需要的，但归根到底是人生的根和魂。”教师确定什么教学目标，某种程度上，的确与教师对文本的解读有关。于是，我运用在“师之蕴”工作室里学习的三层次解读法对文本进行了深入解读。

1. 一层：显性内容

用现代文学的眼光来看，这是一篇回忆性散文。归有光回忆了同乡冯山人喜爱雪竹，以此为自己的屋舍命名“雪竹轩”，并多次希望作者为它写一篇“记”。归有光没有空闲，又认为自己并不了解冯山人命名的缘由，所以一直没有去写。后来老人远游庐山，武夷山回来后，在作者家不远处建屋，邀请作者做客并题记。当作者听到老人年纪太大，双目失明，差点掉落古井中。追思过往，心有戚戚，写了这篇记。

这是学生可一望而知的内容，不难，因此不必花费精力，只需在学习单上给些提示，学生自可完成。

2. 二层：隐性意脉

文本的主人公显然是“冯山人”，这是一位怎样的人呢？

首先，从“山人”这一名号中我们可窥见这位冯先生的隐逸之风。从他对“雪竹”的喜爱中我们又可以猜想这位冯山人定是重节重信的君子，因为在中国传统文化中“竹者重节，节者为信！”这样的猜想在后文张通参与刘尚书的评价中得到印证：“二人皆称山人为笃实君子。”

其次，冯山人颇有诗才，行事风雅。“山人少喜为诗，诗出而上海陆文裕称之。”通过陆文裕的称赞侧面表现冯山人诗作水平之高。后来，山人与友游山后又赠作者一册诗，正面写其有诗才。另外，山人与“我”同爱永怀寺之“古桂”，尽管“地僻，绝无人”，山人却能“时时过江来，独吟桂树之下”，都表现其颇有诗才，行事风雅。

最后，也是最鲜明的一点，山人性格执着。与“我”交往不甚密，唯执着于求一记。先是，“或以诗，或以书，日月一至”；后来“卜筑盘龙”，写信邀“我”做客；再派儿子前来求记；后又反复写信讨要记文。所求不是金银财宝，而是作者的一篇记文。想来，山人对归有光是十分仰慕并且信赖的，十分看重归有光对自己“雪竹轩”的看法。或许君子之交，正如此二人，表面散淡而内里执着。

学生可以分析出这一特点，但是却难以抓住具体词句去体会人物的精神，更遑论与主人公产生共鸣。故而，本堂课的重点应通过圈画品读关键词句，把握冯山人淡泊、风雅、执着的“君子”品质。

3. 三层：深邃主旨

以“极淡之笔”抒“极挚之情”，是归有光的散文风格。整篇文章，就追怀岁月与两人的交往琐事，写得散淡飘逸，山人的风雅、执着鲜明可见，作者深藏于散淡文字背后的对岁月流逝、故人老去的无可奈何和深切怀念却感人至深。尤其文章结尾写到山人年老视弱，差点儿坠入井中，“自此不复出”，而“我”又诸般忙碌，不得一见，只能“书之以告别”，令人泪目。为何冯山人执着于求“记”，二人的交往看似散淡，却感人至深。这种“君子之交淡如水”的交友之道正是我们要学习的地方。

要达到这个层次，有一定难度，加之学生生活体验单薄，正是我们要“深教”的内容。课堂上通过讨论、知人论世、唤醒体验等方式引导学生领悟这一点。

然而在具体实施过程中，处理课堂的生成上，我还不是得心应手，以至于在突破难点的环节上没有及时唤醒学生体验，效果不甚理想。在今后的教学道路上，我将更加关注学情，关注学生的体验，根据课堂生成及时调整自己的教学策略。

诗缘情而绮靡　赋体物而浏亮

——《厚堂记》原文、教学设计、课堂实录

（青浦二中　张青玮）

《厚堂记》

[元] 虞集

吴会云间①，有君子曰曹君贞素②者，名其堂③曰厚。美哉，厚之为言也。风不厚不足以举羽，水不厚不足以胜舟，云不厚不足以致雨，土不厚不足以生物。是故坤道④以至顺配天无疆者，亦以其厚而已。《易》⑤象有之，凡六画之卦⑥，积之于上，而极⑦则过矣。独敦临之吉，则坤之体⑧也。敦复之吉，则土之物⑨也。是故人之为道也，愈积愈厚，而不败者，惟君子之德为然。曹君之名堂，其知此矣。予闻曹氏故咸淳⑩名进士家，其谱则永嘉大族之分支也。至贞素，益能事琴书，尚气义，友道德，乐闲退，绝迹权要之门。又能辟池馆，艺松菊，弄翰戏墨，吟咏乎猿鹤之群。其居三泖九峰⑪间，故自号曰云西。隆阳牟公成甫⑫曰：其人志向清素，有司马子长之风。浦城杨公仲宏⑬曰：曹君伟然如燕赵剑客⑭，轻财赴义，又如先宋韩吕二家⑮子弟，无鄙夫豪侈之习。则居是堂也，真知所以自厚者矣。又闻其子亦善学好文，仲宏氏尝记其斋居以勖⑯之，安知非其厚之所发耶。虽然，益培之，勿以轻扬也，庶⑰其远大矣。

注释：①吴会云间：地名。吴会：唐以后，俗称平江府（今江苏苏州）为吴会。云间，松江府的别称。因西晋文学家陆云（字士龙，家在松江府治所在地华亭）对客自称云间陆士龙而得名。②贞素：曹知白，元代画家。字又玄，贞素，号云西，人称贞素先生，青浦小蒸人。曾任昆山教谕，后辞官隐居，读经书，好道教。③堂：古代宫室，前为堂后为室，堂为正厅。④坤道：大地的属性。坤，八卦之一，象征地，柔顺伸展。⑤《易》：经书之一，曹曾隐居读之。⑥六画之卦：重卦，将三画之八卦复之而为六画之六十四卦。下文之"敦临""敦复"皆卦象名称。"敦"，厚也。⑦极：最高的位置。⑧体：体现，表现。⑨物：选择，标记。⑩咸

淳：宋度宗赵禥的年号。⑪ 三泖九峰：地名。三泖（mǎo），泖，水面平静的小湖。分上、中、下三泖。位于小昆山与青浦交接处。自古以来，既是太湖流域的重要水道，又是旅游胜地之一，历史上三泖与九峰齐名，这两个地方今已不存。九峰，位于松江北部，由西向东蜿蜒数里，依次为佘山、天马山、横山、小昆山、凤凰山、厍公山、辰山、薛山和机山等九座山峰。据县志所载，每峰均有"八景""十景"等，共一百余景。多与陆机、陆云、陶宗仪、杨维桢、陈继儒等著名历史人物有关，因之增色。⑫ 牟公成甫：牟应龙，云南人，元代学者、书法家。⑬ 杨公仲宏：杨载，字仲弘，浦城（今福建浦城县）人，元代著名诗人，与虞集、范梈、揭傒斯齐名，并称为"元诗四大家"。⑭ 燕赵剑客：古燕赵之地多慷慨侠义之士。⑮ 韩吕二家：韩琦、吕公著，宋代重臣，皆以贤达闻于世。⑯ 勖（xù）：勉励。⑰ 庶：希望。

一、教学设计

1. 教学目标

（1）浏览文章，依据文体快速把握大意，领略文章主旨。

（2）通过阅读文章，激发了解本地历史人文的兴趣，探求隐逸文化对"君子养成"的意义。

2. 教学设想

本节课是一堂拓展阅读课，重点在于掌握一种快速阅读文章的方法，而不是积累文言知识，因此，把"依据文体快速把握大意，领略文章主旨"作为这堂课的首要目标，这是一篇记，并且是一篇斋记，依据记"因事说理、借物写人、托物言志"的基本思路，学生可以事先揣测文章可能会写什么内容，然后顺着思路快速阅读文章，以最短的时间掌握文章大意，不要求字斟句酌；同时，这又是一篇关于乡土文化的文章，因此，探讨乡土文化、领略乡土精神、"激发了解本地历史人文的兴趣"成为本节课的又一个重点目标，但是，对于远去的隐逸文化，学生较为陌生，对隐逸文化、名士风流的价值的探讨又成了一个难点，正巧复旦附中青浦分校即将举办第三届"君子养成大会"，因此，可以借助这个话题进一步审视隐逸文化里的君子品格。

二、教学过程

（1）上海或者青浦，有什么引以为傲的文化？

（2）浏览文章，概括大意，探寻主旨。

记（因事说理、借物写人）

释义　行止　他评　家风

君子厚德　清雅、义气、崇德、安闲、超逸

（3）关注这篇文章的出处和几个地名，你有什么想法？

云间　三泖九峰

（4）云间山水一度成为名士风流的荟萃之地。复旦附中一年一度的“君子养成”教导已蔚然可观，那么，什么才是君子呢？曹贞素算不算君子？隐逸文化的价值何在？

名士风流

独立不惧　进退有据　有所不为　风骨　狂狷

（5）课后阅读:《曹贞素墓志铭》。

三、板书设计

厚堂记

命名（释义）　其人　影响

君子：雅致　崇德　义气　淡泊　素静

记：借物写人　因事说理

独立不惧　进退有据　有所不为　风骨　狂狷

四、课堂实录

时间：2018 年 5 月 17 日

地点：复旦附中青浦分校

班级：2019 届（2）班

师：上课，同学们好！

生：老师好！

师：请坐！请教大家一个问题，有谁说说上海或者青浦，有什么值得一谈，让大家骄傲的文化？

生：青浦的崧泽遗址，松江的广富林遗址。

师：嗯，这是一些能代表上海悠久历史的文化符号。那么，在精神、艺术领域有没有能让我们引以为傲、惊叹的文化现象呢？

生：大观园。

师：怎么讲？

生：大观园有《红楼梦》的景观，是艺术文化。

师：大观园我不太了解，它是后建的景点还是历史园林？请坐。

生：水文化，青浦博物馆专门讲水文化，有大量出土文物，是上海悠久历史的见证。

师：嗯，青浦也是上海水的源头。这是属于自然的，大家谈得比较广泛，我今天想跟大家探讨的是人文方面的。我初来上海的时候，时常想，上海有什么文化呢，我比较关注文学艺术、思想精神方面的东西。思来想去，最让我感动的是上海容纳了一个鲁迅，在那样一个纷乱动荡的年代，给了鲁迅一张相对安静的书桌，他的思想才得以传播，他的精神才得以广大。其他能让我印象深刻的就不多了，那时，上海在我心目中就是一个文化的贫瘠之地，有点文化沙漠的意思。有一天，当我翻开《青浦县志》，才发觉自己的孤陋寡闻，原来，就青浦一地，就有这样繁盛的文化，让我一下子想到了江左形胜，会稽风流。

今天我就带来了一篇出自《青浦县志》的文章与大家分享。先请大家快速读一遍文章。

（学生默读）

师：简老师告诉我大家早上已经读了一遍，接下来我们再读一遍，唤醒一下记忆。预备起。

（学生齐读）

师：大家都读了两遍了，我们能不能在20分钟内快速阅读这篇文章？今天就尝试一种阅读方法——依据文体快速阅读。

（板书“文体”）

师：大家看看，这篇文章属于什么文体？

生：记。

师：嗯，“记”大家比较熟悉，以前学过哪些？

生：《醉翁亭记》《岳阳楼记》《登泰山记》。

师：这样的文体有什么特点？

生：叙述一件事，写一写人，抒发一下情感。

师：你说的这类文章属于记的哪一类，比如《小石潭记》《岳阳楼记》？

生：游记。

师：嗯，这是游记，通常通过记叙游览之事，或抒发情感，或表达见解道理。我们在初中还学过一篇《核舟记》，它写物，通过描写核舟这样一件精美的艺术品来抒发对精湛技艺的赞叹，其实，记的种类比较多，它们或记事或写物或写人，或记叙或议论或抒情，大致的可以说“借物写人、因事说理”。（板书）

师：大家看，这篇文章要写什么？看题目。

生：是给一个叫曹贞素的人的堂写的文章，起名叫“厚堂”。

师：古人常会给自己的书斋等起一个堂馆斋号，厚堂就是斋号。这是记事，还是写人，还是写物？

生：写物。

师：嗯，这是一篇斋记。你按文体猜测一下，文章会写什么内容？

师：如果请你给亲戚或朋友的书房写一篇记，你会写些什么内容？

生：可以写书房的布置，桌子上放的东西，还可以写一些我的感受。

师：嗯，可以写它的布局、陈设和给人的感觉，其实，一个书房的布置，和书房的主人有莫大的关系，它可以体现一个人的喜好、性情、素养。

这篇文章写“厚堂”，会写些什么呢？先猜想一下，然后快速看文章，是不是和你的猜测一致。

从整体迅速把握，不必纠结于个别词句。

（学生速读文章）

生：这篇文章是厚堂嘛，为什么取名“厚堂”，有一定的理由，作者就从几个方面举例，说明“厚”是比较重要的，如风不厚水不厚云不厚土不厚。

师：非常好，他首先抓住了这个屋子的名，“厚”这个字来谈命名，谈厚的含义。（板书“命名”）

生：通过这一段议论，然后讲堂的主人，他家是书香门第，有丰厚的家族文化底蕴，很符合厚的意思。然后再讲他在屋子里所干的事情，弹弹琴啊，读读书啊，养一些花草啊，菊啊松啊，弄翰戏墨。

师：嗯，介绍他的家族背景，然后写它的行止，也就是行为举动。（板书“行止”）

生：然后写其他人对他的评价。

师：嗯，其他人的评价，仍然是写这个人。（板书“他评”）

生：接下来就是一个总结，他要求他的孩子也要继续学习。

师：他的孩子怎么样？

生：表现也比较优秀。

师：从中我们也可以看到他的品格对“其子”的影响。（板书“影响”）

生：好，请坐，非常好！

师：这是一篇课外阅读的文章，不需要精读，只需要整体把握，那么，我们怎么样才能迅速把握一篇文章？作为一篇记，我们在读之前，可以依据文体猜想一下可能写什么，然后看文章，就可以比较快的从整体上掌握文章内容，从我们的板书就可以看到，文章的层次分明。这也是一种快速阅读的方法。接下来，在整体把握的基础上，我们稍作探究。第一个问题，“厚”的含义，把相关的文句读一读。

（学生读）

师：作者是怎么解释这个命名的？

生：从反面举了几个例子，然后引用《易经》中的话。

师：这是什么手法？

生：排比和引用。

师：作者通过排比和引用，再三强调“厚”的内涵及其重要性。我们再读一遍这几句话。

（学生读）

师：关于《易经》的几句话，我给了大家几个注释，涉及比较专业的爻卦辞，我们能大致推测它的用意就行，不必细究，当然，感兴趣的同学，可以查查相关资料。第二个问题，第一部分命名，其实是解释“厚”之义（板书“释义”），第二部分是写其人，这个人究竟如何？

生：高尚的人。

师：从何说起？

生：是故人之为道也，愈积愈厚，而不败者，惟君子之德为然。曹君之名堂，其知此矣。

师：曹君命其堂为厚，这还是在讲命名的事。

生：能事琴书，尚气义，友道德，乐闲退，绝迹权要之门。又能辟池馆，艺松菊，弄翰戏墨，吟咏乎猿鹤之群。

师：用自己的话。

生：他既有才学，又有高尚的情操。

师：尚气义。

生：崇尚气节。

师：友道德，以道德为友。

生：注重道德。

师：乐闲退。

生：比较安贫乐道。

师：绝迹权要之门，与权要拉开距离。

生：不慕富贵。

师：比较淡泊。

生：其人志向清素，有司马子长之风。曹君伟然如燕赵剑客，轻财赴义，又如先宋韩吕二家子弟，无鄙夫豪侈之习。

师：司马子长是谁，有什么风范？

生：司马迁。

师：受尽屈辱，著成千古绝唱。燕赵剑客？

生：重情重义。

师：义气、侠义，韩吕二家子弟？

生：还很简朴。

师：素静。

师：现在归纳一下，有才情雅致、崇尚道德、淡泊、素静（板书“雅致、崇德、义气、淡泊、喜静”），这就是他身上体现出来的君子之厚德。

接下来的两句话，“则居是堂也，真知所以自厚者矣。”这是总结，也使得行文层次更加清楚。最后两句，“勖”，勉励，希望他的儿子更加发扬光大。我们今天尝试“从文体入手，快速解读文章”的方法，希望大家以后多用这种方法。接下来，把写人的部分再读读。

（学生齐读）

师：本文通过他的行止以及他人之口来写人，这两人都是当时名流，前者是直写，后者是侧面描写，或者间接描写。

师：接下来，大家看两个注释，“云间”“三泖九峰”，我查了之后大吃一惊，堪比江左形胜、会稽风流。大家都比较熟悉夏完淳《别云间》，看云间怎么来的，看看二陆。三泖九峰，有这么多名流荟萃，可谓云烟激荡，丝毫不亚于江浙文化。希望大家看看《青浦县志》，了解更多家乡的历史文化。

师：过几天，贵校就要举办新一届“君子养成大会”，何为君子？

生：为人正直，淡泊名利。

生：孔子说君子不器，应该是全面发展的人。

师：很好，“器”是什么意思？

生：器具，君子不作器具，道德情操技艺都要发展。

生：应该追求仁义礼智信温良恭俭让，为人温和恭敬等等。

师：我们说的君子一般是讲求儒家道德，以儒学为蓝本，提升个人修养及道德品质，而这篇文章的主人公曹贞素，是一个隐逸之士，他是个君子。在现在人看来隐逸是没出息的表现，也有人说，隐逸思想不适合青年学生，你怎么看？像曹贞素这样的名士，隐没山林，我们怎么评价？

生：我看了一下背景，是元代，有人说君子是在适合的时代才出来做官，可能当时不适合。

师：有道则显，无道则隐。

生：在我看来，一个人道德高尚就是君子，不一定要出来建功立业。

师：在隐逸之士身上能不能汲取一些君子养成的营养？

生：像陶渊明这样身体力行的劳作的隐逸是可取的，但建功立业的话，就只当隐逸是另一种存在的可能。

师：孟子说：穷则独善其身，达则兼济天下。浮瓢许由，洗耳巢父，不食周粟伯夷叔齐，凤兮凤兮楚狂接舆，槁木死灰庄周，竹林绝响嵇康，悠然见南山的陶渊明，与尔同销万古愁的李白，风流才子唐伯虎，落魄丹青徐文长，童心骇世李贽李卓吾，妙笔评述金圣叹，荷戟独彷徨的周树人，他们或隐或显，多多少少都延续隐逸者的风骨，这都不是以自我为中心的自私，不是故作清高的标榜，不是不思进取的托词，是坚持自我的骨气，是进退有据的自如，是卓尔不群的气质，是独立不惧的风骨。我们不效法啸傲山林，但我们要树耿介之气，挺直了脊梁做人！

复旦大学的刘康德教授对隐逸文化研究颇深，也常来你们学校做讲座，希望你们多向他讨教，另外给大家印了《曹贞素墓志铭》，这篇文章对他有一个更全面的介绍，希望大家结合他的生平，对隐逸这一问题再做思考。

下课。

五、专家点评

（1）板书漂亮，课堂内容充实，比较有深度，较好地实现了课堂设计的目标。

（2）时间没掌握好，超时五分钟。对学生的能力估计不足。

（3）有一点赶内容，把准备的东西都要讲完，没有灵活处理。

（4）没有把“惟君子之德为然”重点讲清楚。

（5）要有语文味。虽然是课外材料，但是一定要强调语文味，这是语文老师的根本素养。

（6）目标的设定。虽是课外阅读，但还是为了提升语文能力，基础知识的落实很重要。

六、教后反思

这堂课总体来看，中规中矩，缺少精彩之处。但基本实现了既定的教学目标，让学生体会到了依据文体快速阅读文章的方法的好处，同时也引发了学生对隐逸文化的再思考，从中汲取君子养成的养分。

这堂课的准备并不充分，因为自己学校和上课学校的学生水平存在较大差距，所以没有试讲，也不了解上课学生的实际情况，只是凭空预设，上课只能是跟着感觉走，导致上课过程不够流畅，有些环节有点重复，显得啰唆。上课开始的第一个问题指向不明，花了很多时间，导入的效果并不明显。在介绍文体之前没必要让学生先读，这样才能更好地体现掌握文体的优势，更能体现“速读”二字，也避免了和后面环节的重复。有些问题过于简单，不能引领学生深度思维。

时间控制不好。因为上课时间后推了几分钟，以至于下课时间没把握好。这也和师生之间的生疏有关系。

这堂课学生表现比较好，思维活跃，表达流畅，有一定的思维深度。

在以后的教学中，要注重学情的把握，教学环节的设计要更精心，要注意环节的层次和递进，问题设置要更能体现导向性和启发性，要有深度。

许宏愿薪火相传　事竟成光耀千古

——《重建宣妙讲寺碑记》原文、教学设计、课堂实录

（华新中学　马喜增）

重建宣妙讲寺[1]碑记

［明］钱溥[2]

吴淞[3]南有山曰畲阜[4]，阜西有寺曰宣妙寺，创于宋治平[5]二年。元季兵燹[6]，鞠为遗墟久矣。

而坚公永乐[7]中，自杭来松，主钟贾山[8]之净行院，行业[9]峻茂[10]，有声丛林[11]间。正统[12]六年秋，念宣妙名胜之境，与净行相望三四里外，不可以芜没。即帅其徒宗升亲治荆棘畚瓦砾凿石以拓遗址甃[13]路以正向方坚圆寂升复与徒洪慧殚[14]心毕力哀[15]众集施积至成化[16]五年，重建大雄宝殿。内塑十八罗汉、二十诸天于壁，焕人瞻视。俾[17]向之聋者惊，瞽[18]者明，而昧者觉，是理之妙不独得诸己，又能宣于人矣。

功既讫[19]，升属其徒征文以记颠末[20]。坚名智，号虚白，族姓潘，绍兴余姚人。

【注释】

①宣妙讲寺：本佘山西庵。宋治平二年赐额。明正统六年，僧坚与徒宗升重建。今存山门，僧舍。至抗战前夕，寺已毁，1949年后尚存山门和僧舍“栖碧山房”。寺前原有一石，相传即为康熙手书“兰笋山”碑。1985年，“栖碧山房”被拆除，建天主教神学院。②钱溥：明代目录学家。字原溥，号九峰，别号瀛州遗叟。松江华亭（今属上海）人。正统四年进士，因蔷薇露诗称旨，受检讨（史官名），历任春坊左赞善、侍读学士，曾入内阁整理国家藏书，修《寰宇通志》《大明一统志》。天顺六年，奉使安南（即越南）。后坐内侍王伦事，降广东顺德县知县，后起掌南京翰林院事，进南京吏部尚书，致仕（辞官），卒谥文通。著有《朝鲜杂志》《使交录》等。小楷、行、草俱工。③吴淞：上海市北部，黄浦江注入长江口（即吴淞口）的西侧，历史上属于淞北地区。④畲（shē）阜（fù）：本义土山。⑤治平：为宋英宗赵曙年号。

⑥元季兵燹：元末的战乱。兵燹（bīng xiǎn），指因战乱所造成的焚烧、破坏。⑦永乐：明朝第三个皇帝明成祖朱棣的年号。⑧钟贾山：位于松江镇西北 11 公里，天马山东北。相传钟、贾两姓居此，因而得名，讹名钟家山。⑨行业（xíng）：修行道业，即修养德行，职业工作。⑩峻茂：峻，高大。茂，盛大。⑪ 丛林：众僧聚居念佛修道的处所。后泛称寺院为“丛林”。⑫ 正统：明朝第六个皇帝明英宗朱祁镇登基后的年号。⑬ 甃（zhòu）：用砖砌。⑭ 殚心：尽心。殚，竭尽。⑮ 裒（póu）：聚集。⑯ 成化：是明宪宗朱见深的年号。⑰ 俾（bǐ）：使。⑱ 瞽（gǔ）：瞎。⑲ 讫：完结，终了。⑳ 颠末：始末，本末。

一、教学设计

1. 教学目标

（1）品读重建宣妙讲寺的过程；评价坚公、宗升及洪慧功绩；明白事在人为的道理。

（2）了解碑记的特点以及追本溯源，比较研读的治学方法。

设计说明：本文选自光绪《青浦县志》，文章以时间为序，脉络清晰；叙述、描写、议论相结合；言语简洁，可读性强，但想要读通读透仍要花些气力，需给学生以抓手，所以围绕“重建”做文章，梳理经过，品评人物，体悟道理。考虑新课程标准要求及对语文核心素养的落实，有必要教授学生学习的方法，注重学生思维品质与能力的提升，关注课内所学向课外阅读的拓展延伸。故确定以上教学目标。

2. 教学重难点

重点： 积累文言词语；品读梳理重建宣妙讲寺的过程；评价坚公、宗升及洪慧功绩。

难点： 明白事在人为的道理；了解碑记特点以及追本溯源，比较研读的治学方法。

3. 教学设想

文言文教学历来是语文教学的难点，也是多数学生心有抵触的内容。一来缺乏现实语境，二来文言文基础薄弱，课外阅读积累少，所以往往耗时多却读不懂，于是有了距离感，隔膜感，文言文学习也就多停留在了“知之”的阶段。“好之”，“乐之”自然是难得一见。

那么，如何才能改变这一现状呢？笔者认为文言文学习还是应从读译文本开始，也就是要读懂文章写了什么；随后是识趣知味，于品词赏句中读出怎么写，为什么这么写，即所写人与事承载的意义，文体特点等；最后是触类旁通，于博览古文中渐渐喜欢上文言文，进而把学习阅读文言文当作人生一大乐事，以传承和发扬传统文化为荣。这样也就达到了笔者认为的“学有所得——学有所乐——学而不厌——学有所成”的“四学”境界。

《重建宣妙讲寺碑记》一文以时间为序，脉络清晰；叙述，描写，议论相结合；言语简洁，可读性强……但想要读通读透较难，需给文言文基础尚浅，学习兴趣不浓，课上不愿表达的八年级学生以抓手，所以围绕“重建”做文章，梳理文脉，品评人物，体悟道理。考虑新课程标准要求及对语文核心素养的落实，有必要教授学生学习的方法，注重学生思维品质与能力的提升，关注课内所学向课外阅读的拓展延伸。

二、教学过程

1. 检测激趣，走进文本

（1）查句读标记：第 3 段中两处语句。（参照光绪版标记）

（2）做道数学题：将文中的年号纪年换算成数字纪年。

设计说明：通过检查句读标记，掌握学生预习情况；通过数学换算，为品读文本做铺垫，同时激发学生学习兴趣，自然地走进文本。此环节对应目标 1 和 2。

2. 疏通文义，感知文本

（1）读读译译，讲讲记记。（出声读文，独立译文，合作交流，明确标记）

（2）一句话概括本文的故事。

设计说明：读译文本是品读赏析的前提与基础；概括故事，感知大意，提炼话题，为下一环节的品读做铺垫。此环节对应教学目标 1。

3. 比较阅读，沉浸文本

（1）一所寺庙的兴废，在中国的历史上再平常不过了，有必要征文，刻碑记录此事吗？

①为何要重建宣妙讲寺？（请结合文章内容加以阐述）

②重建宣妙讲寺困难吗，难在哪？（请结合文章内容加以阐述）

③宣妙讲寺成功重建，三个人功不可没，你如何评价？

（2）钱溥特为此事撰文并获选，你觉得这篇碑记写的怎么样？

（3）通过本节课的学习，你有哪些收获体悟？

设计说明：关注学生学习经历，紧紧围绕题目设计问题链，引导学生深入品读赏析，真正地读懂，读透，读出味道。此环节对应教学目标 1 和 2。

4. 拓展迁移，跳出文本

（1）必做题：自主阅读杨维桢的《重修隆福寺记》，与本文比较，整理二者异同点。

（2）选做题：

①小组攻读本文的万历版本及钱溥的《昭庆寺钟楼记》，探究钱溥写作特点。

②小组攻读张溥的《五人墓碑记》，与本文比较，探究二者异同之处。

设计说明：习题布置，关注课内向课外的延伸，让学生在自主、合作、探究学习中，固化习得的知识与方法基础上，进一步深化所学。此环节落实教学目标 2。

三、板书设计

人：坚公，宗升，洪慧（等人）（可敬）

重建宣妙讲寺碑记
- 人：坚公，宗升，洪慧（等人）　（可敬）
- 事：难　——29 年——　成　（可赞）

善始善终（可抒）

治学方法：追本溯源、比较阅读——真

碑记特点：
1.时间顺序，脉络清晰。
2.叙述，描写，议论相结合。
3.言语简洁，人物形象鲜明生动。

附：教学材料

昭庆寺钟楼记

[明] 钱溥

夫动万物者莫先乎声，故雷以春鸣，钟以晓警也。今夫一岁之间，万物敛乎冬，而春则勾萌甲拆，蠓飞蠉动，勃然以心者，由乎雷。一日犹一岁也。万物闭于戌，而寅则抉蒙破昏。执事赴工之人，奋然而起者，由乎钟。《易》曰：“雷出地奋，豫。先王以作乐崇德，殷荐于上帝。”夫乐总八音，而金为始。钟金属也，先王以之节八风，祀上帝；佛以之警六时，化下民。其用虽殊，而取象与雷之义一也。

松城北有山曰余，山之阳有寺曰昭庆，盖古刹也。寺台殿素具，而独未有钟，无以警昏晓，示教戒。主持僧法云谓钟必以楼而自高以及远，乃即寺东偏隙地数武，谋财于匠，范金于冶，工费浩繁，未易克举。其徒圆，协心共理，绝荤食，被草木，日募而夜息，积勤三四载，始克成焉。翼然而翚飞，跃然而鲸吼，川谷俱应，云日增辉，观者跂视，闻者耸听，觉山益崇而寺益胜。

余归自翰林，庐守先人之墓，去寺北不百步。云与其徒合礼以记请。余慨夫世事无巨细，未有不成于同而隳于异也。吾儒平居袖手高论，虽范围莫能过，及一议公庭之礼，纷如聚讼，譬作道旁之舍，三年无成，人多异见，心不一致。故民无以闻至教，而彼得乘之以济事。民亦因之证因果，破昏愦，至不靳施舍而成彼之为教。如云与其徒亦鲜矣。噫！此吾所以不能已于言乎？其事经始正统戊辰正月，毕于景泰庚午二月朔，而记之成则癸酉年冬十月初也。

重修隆福寺记

[元] 杨维桢

青龙镇之南，有寺曰隆福，创于唐天宝间，塔七级，造于长庆间，重修于宋庆历间。二百余年，风雪之所经，兵燹之所更，土木不支矣。主僧普善，览其败瓴断础，不无怆然，乃白里之大族宣慰使任公仁发，始捐资营建，实大德之三年也。致和元年，公之子贤德，至正三年公之孙士质相继述其事而缔构之，又为复其所失田三十顷，而寺之敝稍振。乡士王元来请予记。至正九年九月八日。

四、课堂实录

时间：2018 年 12 月 3 日

地点：复旦五浦汇实验学校

班级：复旦五浦汇实验学校初一（2）班

师：上课，同学们好！

生：老师好！

师：好，请坐！

师：首先自报家门，我是来自华新中学的马老师。早就对我们学校很神往，自己教过的学生也有到这里就读的。今天能有这样一个机会跟大家共同上一节语文课，我挺高兴的。（生微笑）

师：昨天这个材料大家已经拿到手了，对不对？（生无语）已经让大家读一读，译一译了，是不是？（生无语）刚才我巡视了一下，大家正音基本上都搞定了。（生点头）但是好像有一点没做，大家拿到材料的时候，有没有注意到文章的第三段，有什么不同？（生无语）

师：这样，大家用数字把段落标一下。标好之后，第三段的黑体字部分大家注意到了吗？（一个男生低声说："没有标点。"）这个男同学注意到了，没有标点符号！昨天大家在预习的过程中，读译的过程中有没有把标点符号加上的？有没有？一个（学生举手）。好，我想听听你是怎么加上的标点符号？

生 1：我——抄后面的。

师：聪明！也很诚实啊。这也应该是最直接的一个办法。那么，抄的哪一篇？

生 1：第二篇。

师：对照的是？

生 1：康熙版的。

师：哦，你对照的是康熙版的。好，请坐。还有没有人？

生 2：我抄的第四篇。

师：为什么抄第四篇？

生 2：因为第四篇就是我们今天学的。

师：我们今天学的是哪篇？

生 2：就是光绪版本。

师：好，很好。给的是光绪版本。所以我们要借鉴的话，要借鉴光绪版的标点符号。很好，请坐！接下来，没有标标点符号的同学怎么办？用一个最简单的方法，借鉴！翻过来，光绪版本，用最快的速度把标点符号标出来。一共两行黑体字部分。标好了停笔，好了没有？好了没有？给我点反馈。

生：（齐答）好了。

师：好了之后，我们还不急着开讲。接下来，老师想出道数学题考考大家，敢不敢应战？（教师微笑激将）这道数学题很简单，我们只需扳扳手指即可。把文中表示时间的词句画一下，一共有几处？速度快。画好了吗，一共几处？

生 3：四处。宋治平二年；永乐中；正统六年秋；成化五年。

师：还有吗？有没有要补充的。

生 4：我认为还有一个“圆寂”。

师：嗯，这个词大家很容易忽略。很好，请坐。接下来我们扳手指的过程，就是把表示时间的词语转换成数字表示。这里是用年号纪年，在文言文翻译中，一般不用翻译。但是这里老师要考考大家，转换一下。宋治平二年是哪一年？

生：（齐答）1033 年。

师：很好，元季末？注释里有吗？

生：（齐答）1351—1367。

师：标记到相应地方，下一个，永乐中？

生：（齐答）1402—1424。

师：正统六年秋？

生：（齐答）1440。

师：还有一个，成化五年？

生：（齐答）1470。

师：到底哪一年？

生：（计算后，齐答）1469。

师：好了，这道题看似很简单，但不扳手指还是很容易搞错。那么，有同学说，老师我们上语文课，你让我们算什么数学啊？一会我们来看，到底有没有用。

师：文言文学习第一步，让我们齐声地，放声地来朗读这篇文章。读书应该坐直了，拿出点读书的姿势。《重建宣妙讲寺碑记》，开始！

（生齐读。教师跟着学生一起放声朗读）

师：读得非常好。刚才我在课间时问了三位同学，这篇文章简单吗？大家说都能读得懂。之前也跟简振雷老师沟通过，简老师说我们读译肯定是没问题的。既然这样，我们就简单一些，独立译文昨天你们预习时应该解决了是吧？（生无语）接下来，我们前后左右四个人交流一下，你们不太清楚的地方，看看以小组合作的力量能不能解决掉。开始吧。

（参与到小组交流中，了解到今天早上上课材料才发下来）

如果小组在合作的过程中还有解决不掉的，你可以标记一下，一会我们集体交流解决掉他。

（教师潜心继续参与一个又一个的学生小组交流，启发引导学生解决疑难）

师：我想众人的力量终归胜过一个人，我们一起来解决一下。有没有不会的？大胆提出来。孔子都说了，知之为知之，不知为不知，是知也。那你要大胆承认自己不会，还能藏着掖着？好，这位同学。

生1：“是理之妙，不独得诸己”

师：有没有同学给解释一下。

生2：“是”是这的意思；“理”是佛理；佛教的妙处，不仅是自己享有，又能传播给别人。

师：你说的是佛教的妙处，这个“理”我觉得应该是？跟佛教有关的一般是指——禅理或佛理。这佛理的妙处，不仅仅是自己体会到了，收获到了，还可以对别人宣讲，让别人受益。好，请坐。还有吗？

生3：第一段结尾，这个“鞠”是什么意思？

师：我们常常说，鞠躬尽瘁，死而后已。这个鞠是什么意思？（教师做鞠躬状演示并解说）鞠个躬，弯腰的意思。鞠即弯曲的意思。那么在这里呢？鞠为遗墟久矣。遗墟什么意思？

生：（齐答）废墟。

师：“久”呢？

生：（齐答）时间长。

师：“为”呢？

生：（齐答）成为。

师：成为废墟很久了，那这个“鞠”让你换一个词来解释，它的意思是？

生4：都。

师：我也去查找了好多资料。《诗经》中有句话“鞠为荒草”，它就解释为“尽”的意思。尽也即全都的意思。全都成为废墟已经很久了。那就是没人管，没人打理了，是不是这样？好，请坐，还有吗？

生5：“坚圆寂”。

师：谁来解释一下？

生6：我记得圆寂就是和尚故去的说法。

师：嗯，很好。说明课外的积累还是比较丰富的。好多同学都会看过影视剧《少林寺》，常常说和尚去世为坐化了，但是这个“圆寂”专门指僧人去世的一个称呼。那就是坚公去世了。很好，请坐。还有不清楚的吗？

生7：自杭来松。

师：有没有同学给她解释一下的。

生8：我觉得“自杭来松”的意思就是从杭州来到了松。

师：松，现在就是指？

生9：（笑着不确定地说）松江。

师：对，就是松江。好，请坐。还有没有了？既然我们读译都没有问题了。谁能用一句话来讲一讲，这篇文章讲了一个什么故事？（随机抽一名学生作答）

来，你尝试一下。

生10：这篇文章讲了重建宣妙寺的故事。

师：很好，但是我觉得概括得还不够具体。是你去重建的，还是我去重建的？

生11：讲了潘智和他的徒弟，还有他的徒孙带着众人一起重建宣妙寺的故事。

师：嗯，很好！讲的还是比较清楚的。那我们讲得再清楚一点（教师板书“重建宣妙讲寺”）人有几个？

生：（齐答）坚公，宗升，洪慧。

（教师板书“坚公，宗升，洪慧”）

师：建寺庙三个人就可以搞定吗？可能还有其他人对不对？如果你预习时读一读万历和康熙的版本，你就会发现，还有一个“等”字。（板书“等”）那么重新概括一下就是：坚公、宗升、洪慧等人重建宣妙讲寺的故事。一座寺庙在中国的历史上兴废应该说再普通不过了，为什么还要重建，还要征文、刻碑留存于世呢？你们觉得有这个必要吗？（生思考）于是乎，我们可以探究一下。（师启发引导）你说，以这三个人为代表的人们重建宣妙讲寺的过程，容不容易？

生：（齐答）不容易。

师：那也就是难了？（师板书“难”）那难在哪里？找到了没有？

生1：“亲治荆棘，畚瓦砾，凿石以拓遗址。”

师：这个怎么就难了呢？我怎么没有感觉到。

生2：他要去把一个已经是一块废墟的地方，把寺庙重建起来。

师：这就难了呗？那么在这过程中，我们看看这个荆棘会长到什么样？

生2：很多。

师：如果在这里，老师再让你算一道数学题。宣妙讲寺从元季末荒废到正统六年秋坚公率人重建，荒废多少年了？

生2：大概七八十年了。

师：七八十年了，那也就是说，荒芜的时间久啊！（板书“荒芜久：70，80年”）你可以想象一下，就是一棵小树也要长得很粗了，你可以想象一根带刺的荆条会长多粗？荒芜如此之久，那么清理难度怎样？

生 3：极大。

师：那么清理难度极大，他用的是什么？畚瓦砾。畚是什么意思，哪一课学过？

生 3：箕畚。《愚公移山》中学到的。

师：对，《愚公移山》中学的：箕畚运于渤海之尾。而那石头是怎么开的？

生 3：凿石

师：凿子见过吗？（众生摇头，师借助笔演示）凿子是铁制的，一般也就这支笔的长度。照着那石头“bang”敲击一下，能不能一下子把石头凿开？

生 3：不能。

师：那就要“bang，bang，bang，bang，bang”，才可以凿碎石块。所以这个清理难度之大，是他们使用的什么难？也就是借助的——工具，是不像我们现在有挖沟机一挖了事。没有现代化工具，就是工具的——（板书“工具陋：畚，凿”）。除此之外，还有哪里难？

生 4：甃路。

师：甃路，就是用砖一块一块地铺路，这个过程是非常难的。我记得你刚才还说到一个，殚心毕力干什么去了？

生 4：裒众集施。

师：裒众集施什么意思？

生 5：就是召集大众去给他施工。

师：（众生笑）有同学笑了，那你来解释一下。

生 6：我觉得“裒”是聚集的意思。

师：那你这个感觉还挺对，裒是聚集的意思，集也是聚集，众是众人，施组词？

生 6：施主。

师：（对着另一个同学笑着说）施主，我这个寺庙要重建啊，你给我点……

生 7：钱，施舍。

师：那也就是说，这个钱够不够？是筹来的，说明（板书“财力乏：化缘”）

需要去化缘。好，请坐。其实还有个难的地方，明摆在上面的（教师手指板书的三个人）（板书“人力少：仅提及三人”）。这样看来重建是多么难，那最后的结果如何？

生：（齐答）功既讫。

师：哦，功既讫（板书“成”）这个重新修建的宣妙讲寺建造得怎样？好不好？

生：（齐答）好。

师：从哪一个字看出来？

生：（齐答）焕。

师：焕，组成四个字是什么？

生：（齐答）焕然一新。

师：焕然一新，光彩夺目的样子让人瞻仰，向上看，是不是？如果你再去对照其他版本的话，革故鼎新，去除旧的，建立新的。所以重建的这个要比以前的好。如果你要再查点资料的话，明代的版本里面还提到了，他供奉的这个观音像，为诸方之冠。在编县志的人眼里，有 113 座寺庙还可以观瞻，所以被他记录下来了。而在这 113 座之中，它的观音像为诸方之冠。你想当时我们青浦的寺庙多不多？遍地都是。所以这件事这么难，最终做成了，你说，这件事是不是令人——（板书“可赞”）有同学可能说，这有什么可赞的？接下来，我让你再做一个加减法：做成这么难的事，花了多长时间？

生：（齐答）29 年。

师：29 年啊！（板书“29 年”）当刘禹锡回到家里之后，23 年弃置身之后，都已经物是人非了！再说这件事，我们看看，整整 29 年才做成了，是不是可赞？（生会心点头）那么这件事情能成，得益于三人，在这个过程当中，你如何评价这三人？能否结合文章内容说说看？评价一个人，要去寻找描写他的相关语句，谁来说说看？

生 1：我觉得首先他们是非常有恒心的。

师：哦，有恒心，怎么讲？

生 1：这个寺庙建造要整整 29 年，从师父，到徒弟到徒孙一代一代地干下去。

师：这份恒心是可嘉的。从这一代一代地干下去是不是可以又概括出一个词？三个人，不是一个人——

生（齐答）：薪火相传。

师：嗯，很好！之所以能成，是不是齐心协力的结果？那么在这个过程当中，他们的恒心和毅力是不是值得我们称赞的。还有没有？这位同学，你来说。

生2：他们……他们……

师：那老师再给你出道数学题，这道题是这样的：在我们最原始的万历版本当中，第六行有一句话，"迨今余八帙"。（板书"余八帙"）知不知道什么意思？当我看到这个的时候，我去查找了一些资料，最后在《礼记》当中发现，是八十岁的意思（板书"八十岁"）。余八帙是什么意思？

生3：八十多岁。

师：就这一点上，你给大家评价一下坚公怎样？

生3：年纪这么大，还要做这么难的事情，很了不起。

师：能不能让你联想到一个人？

生3：愚公。

师：（环视众生）有没有点像愚公？年且九十，立志要移除太行、王屋两座大山，"方七百里，高万仞。"最后愚公成功了吗？

生：（齐答）成功了。

师：坚公呢？

生：（齐答）也成功了。

师：如果说愚公是神话版的，那么坚公就是？

生：（齐答）现实版的"愚公"。

师：树立了远大理想和目标，最终怎么样？付出自己的努力和行动，八十多岁，亲自荆棘，让人钦佩吗？（环视众生）了不起是不是？那么讲到此的话，其实我们还可以再追溯。在文中第二行中提到的"行业峻茂"，从中可见坚公是怎样的人？这个词什么意思？行业是？

生：（齐看注释作答）修养德行高大。

师：峻茂呢？他来到这地方干什么？主管的是钟贾山的净行院。日常事务管理的是井井有条，净行院的事业蒸蒸日上啊！这样你看，他个人修养极高，日常的事物又管理的好，所以在寺庙间有很高的声望。因而我们要去追究的是，八十多岁的这样一个人，是突发奇想去重建宣妙讲寺吗？重修宣妙讲寺的原因是什么？文中能找到吗？

生 1："念宣妙名胜之地"。

师：名胜之地，说明这个宣妙讲寺怎样？

生 1：说明这个地方非常好。

师：好在那个方面？

生 1：风景好。

师：风景秀美，在佘山啊！还有吗？

生 1："与净行相望三四里外，不可以芜没。"

师：与净行相距很近。这里有个"念"，不知大家怎么理解？

生：（众说）怀念，念在。

师：你可以想象，八十多岁的坚公，站在净行院，一看到那边——三四里外，全是灌木丛，每天看一眼？所以这个"念"应该是什么意思？常常想。这个事不是想了一天了，不是无缘无故的。而且，这里你可以再算一个加减法。毁于元末，创建于宋治平二年，我们减一下，这个宣妙寺有多少年的历史啦？

生：（齐答）300 多年。

师：哇，300 多年的名刹啊，就这么毁了，可惜吧？可惜啊，可惜！所以重建是不是有这样的原因。

师：那么于是乎，我们看，就是这样的坚公，德行很高，日常事务管理得非常好，而且发了宏愿之后，自己又去做。现实版的愚公，宗升作为他的徒弟信不信他？

生：（齐答）信他。

师：后面的徒孙呢？

生：（齐答）信他。

师：所以众人齐心协力，历经 29 年，克服了种种困难重建了宣妙讲寺，所以这群人是不是令人——

生：(齐答)佩服。

师：我觉得佩服不够。令人崇敬、敬仰。(板书“可敬”)如此可敬，可赞，重建宣妙讲寺，值不值得征文、刻碑留存于世啊？（板书“征文，刻碑”）文章讲到这里，我们主要的内容已经讲得差不多了。时间关系，我们来看一下，这个“碑记”在写作上有怎样的特点？（提示学生）我一再让你去计算，你说？

生1：时间很精确。

师：好，请坐。记得很清楚，文章以时间为序，脉络很清楚。(板书“1.时间顺序”)如果从表达方式上来看，这篇文章以什么为主？

师：以叙事为主，辅以议论。这个问题难了一点。(板书“2.叙述，议论，描写结合”)还兼以描写。除此之外，本文一共才256个字，言语怎样？

生：(齐答)简洁。

师：(板书“言语简洁”)人物形象怎样？

生：(齐答)鲜明生动。

师：(板书“人物鲜明生动”)。这是粗略地了解一下碑记的特点。再一个我想问问大家本节课的收获，时间关系我点一下。可能大家更多的归结到人物的品质上，(师手指板书解说)还能想到贫僧——那个去南海的穷和尚。而我想提及的是什么？在治学这一上，我们要掌握一点追本溯源，比较阅读的方法，(板书“治学，追本溯源，比较阅读”)这样我们才能求一个真字。(板书“真”)为什么这么说呢？其实，这里有一个南北问题。(板书“南北”)刚才，我们说坚公80多岁，从哪里得到的？读这篇文章能不能得到？

生：(齐答)不能，万历版本中。

师：对，追本溯源，我们要去找最初的万历版本。而这里面，还有南北问题，我不知道大家比较过没有。四个版本，你看，三个北一个南，哪个是对的？（师黑板上简单画图，板书“吴淞江，佘山”）在哪里？（生明确作答）在南面。只有光绪版本讲对了，其他的几个版本都错了。好，这节课就上到这里，下课！

五、专家点评

一堂课下来，有幸得到了众多听课老师、专家中肯的点评，令自己受益匪浅。

教学中展现出来的些许亮点，获得老师们一致认可：（1）板书简洁清晰，呈现了教学的内容，与教学目标紧密关联；（2）教师激情满满，不断调动课堂氛围，学生渐入佳境，燃起了学习的兴趣；（3）教学设计体现了匠心，非常巧妙，尤其是纪年转换，加减法的运用，有效地保证了教学环节的推进，同时也给学生以抓手，利于其对人物形象的品评把握；（4）不用现代化的多媒体，传统的教学模式一样可以上出好课……市里资深语文高级教师沈老师的更是称赞道：这节课上出了语文的味道。教学不花哨，不用多媒体，让学生将注意力聚焦在文本中，领着学生进进出出，教学目标得以有效的落实。对于文化经典作品，我们教什么，要教有价值的东西，这堂课基本上做到了……

对于本堂课的不足，听课的老师，专家们也真诚地提出来与我商榷。资深语文高级教师杜虹老师提出两点质疑：一是治学方法的落实如何到位；二是作业的要求对于八年级学生要求太高。资深语文高级教师沈老师提出大语文要关注人文因素。对于本篇文章，教师解读文本时还需要深挖，如明代的社会背景，朱元璋的出身，做了皇帝之后对于寺庙的管制。不同寺庙的作用，如教寺、讲寺、禅院。寺庙的教化作用在课堂上要讲透……专家与老师们的意见，令我深受触动，深感学无止境，对于文本的解读还需努力。

最后点评总结时，特级教师黄玉峰老师说了三点想法，“于我心有戚戚焉”：（1）对于文本的理解，要让学生抓住关键的东西，突出文本的核心的东西。思想性、艺术性是需要我们语文教学尤其要关注的问题。（2）要给学生提供有趣味的语文学习路径。要让学生对于这门课感兴趣，兴趣是最好的老师，只有感兴趣了，学生才会自己主动学。（3）古为今用，于经典文化中发掘宝贵的东西，加以传承发扬，这需要我们每一位教师要有知识分子的担当，要有学术精神。

聆听不同的声音，反思自己的教学，自觉在教学这条路上还要更加努力才是，因为每一次的努力向前，都会有不同的风景！

六、教后反思

忙了一个多月的课，终于告一段落，静下心来，细细琢磨，就课堂上师生表现，自觉收获有三。

1. 博览通读，吃透文本，这是教学成功的基石

2018年9月30号接到开课任务，十一期间通读《青浦县志》。初选人物讲授，终觉太难，随后再次翻阅《青浦县志》，挑选授课内容，恰之前粗略解读过《重建宣妙讲寺碑记》一文，反复斟酌，敲定这篇。接下来，就是教什么，怎么教的问题了。由于没有多少资料可查，读译文就困难重重：好多字词读音自己也是初次接触，如兵燹、甃、裒、俾……读音查查字典尚可解决，但是放置文中其含义就需费些脑力了，再加上有万历、康熙、乾隆、光绪四个版本，标点符号不尽相同，有些出入。所以译文是一个一个字地查，一句一句地品，终于读译过关，进而细细品读文章有什么，思考教什么。宣妙讲寺得以重建，得益于坚公、宗升、洪慧等人，所以要对这些人物进行评价；四个版本一比较，发现许多异同点；作为一篇碑记，其特点要归纳小结。经过半个多月的反复阅读比较，克服重重阅读障碍，对于授课文本的理解也就更加地透彻，上课也就有了底气。面对学生仅仅一个早读课读一读的预习情况，教师也能有气定神闲的洒脱。

2. 精心设计，细化环节，这是教学成功的保证

教什么明确了，接下来就是怎么教的问题。对于人物形象的把握，需要引导学生找到一个合适的路径，而重建宣妙讲寺的过程之难，恰恰就是合适的途径——品“难”成为评价人物的抓手。如何落实？抓词语，抓句子。文章短小，言简义丰，要讲透彻，细细推敲。单从光绪版本中可以品出五难：耗时长，器具陋，人力少，荒芜久，财力乏。此外，比较文章的其他版本，对于宣妙讲寺五个时期县志中的记述，又可以得出两个难：年纪大，诸方冠。这样讲解看似可以了，但是其教学的新颖性上乏善可陈，与《愚公移山》《为学》在教学上差不多。于是乎，再想，再琢磨。文中的时间，学生容易忽略，需要学生将其转换成数字

纪年；教师的研习过程是不是也可以讲授给学生呢？文章在文体上的特点是不是也可以潜移默化中渗透呢？这样也就有了，追本溯源，比较研读的治学方法的讲授，碑记文体特点的讲授，纪年数字转换的设计。至此，教学设想已经初定，随后就是磨课试上逐步完善了。华新中学八年级试教了三个班，效果差强人意，但是恰恰有了这多次的磨课，公开课上才能运筹帷幄，左右逢源。面对无人作答时，面对答不清楚时，面对浅层理解时……教师心中有数，指导追问切中肯綮。

3. 激情投入，掌控节奏，这是教学成功的关键

多年的教学经验告诉自己，教师的课堂情绪的起伏变化会对学生产生极大的影响。激情投入的老师，面对不利的学情，能够稳住自己的情绪，循循善诱，激发学生学习的兴趣，点燃学生的学习热情。本节课从起初的课堂沉闷到课堂的活跃，得益于老师的激情投入，情绪的感染。而基于这一点上课的老师思路清晰，教学推进有序，掌控教学节奏，保证了教学目标的达成度极高。从课堂的教师板书上就可以窥见一二。因为之前磨课时的状况是一堂课上成两堂课，预设难以一节课达成！听课的同仁都说，这文章太难了，设计太有挑战性了，要降低难度，或者换一篇简单点的。还有老师建议只讲其中一点，但是我觉得还是要努力尝试一下。结果本次公开课教学目标基本达成，不得不说，自己对于教学节奏的把握大有提升，课堂教学的自信增强了一些。

虽说教学是一门遗憾的艺术，但我还是对于教学中未能生成，一些遗漏的未讲到的点，没有时间充分展开的点感到遗憾。

如文中表示时间的词语，学生梳理时漏了一个“元季末”，虽然后面讲授时提到了，但未能第一时间明确；预设板书中的“可抒”，“善始善终”，没能写上，不得不说有点遗憾，因为这是对于文章内容的进一步理解；重建的原因预设了第四点：弘扬佛法，普度众生，教化百姓，可惜课上未能明确；学生谈收获体悟，没有时间，老师越俎代庖了，却也仅仅强调了一点，写作上的启示，对于历史的认识等都没有生成。

这些遗憾，想想真让人懊恼，如果学生预习更充分些，如果学生不是新换了语文老师，如果……会不会好一些？可是历史不容许假设，这些都成为永久的遗憾！这些遗憾如今都化成了鞭策自己前行的动力，为了学生，为了心爱的语文，迎难而上奋力行！做一个有担当的知识分子，传承并发扬优秀的传统文化义不容辞！

笼鸟的悲叹

——《笼鸟记》原文、课堂实录

（复旦五浦汇实验学校　刘尧）

笼鸟记

［清］王起鹏

丁丑中夏，余寓建昌客馆。时雨初晴，轩窗洞开，见一鸟来集，羽衣蹁跹。方顾而乐之，疏忽间为童子所捕，闭之笼中。余甚惜鸟之以文采自贼也，使蒙茸无华，则人将厌而弃之。安在不可飞鸣自得以终其天，顾乃饮啄依人乎？

后一日，鸟忽破笼去，童子追之不获，将谓从此翱翔天壤间，山之深树可栖；江之清水可饮。文章不自炫，弋人无所用其篡，则又未尝不叹鸟之志能善解脱也。

何意飏去未久，仍往复檐牙屋角间，童子以饵饵之，复为所得，于是奴而缚之，是鸟遂长为笼中物矣。

嗟夫，鸟忽智而忽愚耶？或者其为食所累也。然余独怪乎宇宙至大也，稻粱至多也，何不栖息于南山之南，北山之北，而必于童子手中争此屑屑之食哉？余终不能为鸟解。

或曰："鸟之性翔云饮露，固高洁自负者也。其甘心受豢养者，羽翮轻微，不能如鹰鹯之高举耳。"余闻其言，始而悲，继之以泪，继而思之，犹为斯鸟幸也。其幸得于童子之手力不足以致群鸟，使遇王孙公子，珍禽怪羽充牣其门，鸟忘其拘缚之苦，反各效其善鸣，以求媚其主人。主人以巧拙分爱憎于其间，而饲鸟者且将阴伺主人之意，以上下之口食，则势必奄奄以至于毙，不仅受束缚之苦而已也。余于是又破涕为笑。时童子在侧，颇解余意，语余曰："且俟他日过茂林丛薄间纵之，以适其性也未晚。"

一、课堂实录

1. 今天，为什么学习这篇文章？

师：上课！同学们好！

众生：先生好！

师：同学们请坐。刚才我们又齐读了一遍文章，我们也把这个文章读了很多遍了。把这个文章读了三遍以上的同学举手，有吗？

（很多同学举手）

师：很好。学一篇文章最好的方式就是——读。老师想和同学来玩一个游戏：大家猜一猜，为什么在期中考试前这么繁忙的时候，我们还要抽出时间学习这样一篇文章？

生1：忙里偷个闲，可以让我们在这个时候通过一篇课外的文言文，放松我们的心情。

师：那你觉得起到了偷闲的效果了吗？我特别喜欢你说的“偷闲”这个词，我们应该带着闲适轻松的心情来读这篇文章。

生2：我想可能也是希望我们在这种忙碌、死板的复习中，学习一点新的东西，激发一些新的兴趣。

师：提高学习的兴趣，真的很重要！

生3：这篇文章讲述了笼中的鸟的故事，我觉得我们就像这样扣在期中考试复习中的鸟一样，我们应该要想办法去冲破笼子来获得更多的自由。

（自评：这个导入，本意是想让学生自然关注王起鹏是青浦人，但无意加上了“期中”两个字，对学生造成了干扰。这个导入不够简洁、有效）

师：你读文章勾连到自己，很赞！同学们刚才谈了很多，大家看一看作者是哪里人？这个文章从哪选出来的？有同学很聪明，这是一篇从《青浦县志》中选出来的文章，作者王启鹏是我们青浦人。我们一起读一读作者的简介好吗？

众生：王起鹏，青浦人，举进士，精术数（占卜）之学，依据《青浦县志》记载，早年在台湾嘉义做幕僚，晚年告老还乡。有老宅在今小西门附近，“小仅容身，低可打头"，"既归，穷老且病"，终老青浦，葬于小西门外，原址不可考。著《拙庵诗词》《晦斋日记》，均散佚。

师：作为青浦人，王起鹏到底离我们有多近呢？资料中显示，王起鹏晚年葬在了小西门。大家知道小西门在哪里吗？

生 4：我奶奶家是青浦的，小西门在青浦比较靠西的地方，所以叫西门。

师：对，请大家看这张老师在百度地图里查到的这张图片，这里就是小西门，据考证，大体就在我们今天三元菜市场那里。有没有对这里很熟悉的青浦同学？

生 5：这里离我们家很近，我小时候还经常去那里玩。奶奶也带我去那里买过菜呢。

师：哦？那你对那里一定很熟悉亲切了！大家看，不远处就是吾悦广场，王起鹏所葬的地方离我们学校很近。今天我们通过这篇文章，穿越千年的时空，学习这样一位离我们很远但也很近的人的文章。我们一起看一看，这节课后，我们能不能和作者求得心灵的共鸣。

2. 概述：关注故事的转折之处

师：对于你们来说，这可能是你们第一次接触这么长的文言文。我们首先要把这篇文章从"长"读"短"。我想请一位同学尝试概述整个文章的故事。在概述的时候，需要用上老师在 ppt 上展现的这几个词。现在给你们两分钟的时间，自己向同桌讲一讲这是一个怎样的故事！

（学生向同桌叙述文章的内容）

师：谁想试一试？我希望这位同学可以尝试用最简洁的语言来概括这个故事。

生 1：有一只鸟，它有天突然飞到了作者的家旁边，然后被童子给捉住了，后来它又很聪明地逃走了。它逃走后，一直在屋檐的檐角飞来飞去，童子就用诱饵又把它捉回来了，它就像一个奴隶一样被绑了起来。后来我想到这个鸟没有被弄到王孙公子家，其实是很幸运的，于是就破涕为笑。

师：后来呢？

生 1：后来就决定放了它。

师：概括地很简洁，很赞！但是有一些细节不是很准确。比如，这只鸟是飞到了作者的家里么？原文是怎么讲的？寓居是什么意思？是作者暂时客居在建昌会馆，所以这里并不是作者的“家”。这只鸟第一次为什么会被童子所捕呢？你们读一下原文的语句：时雨初晴，预备起——

众生：时雨初晴，轩窗洞开，见一鸟来集，羽衣蹁跹。方顾而乐之，疏忽间为童子所捕，闭之笼中。

生 2：因为鸟第一次没有注意，他太贪恋自己的羽毛了。

师：你找到了一个很关键的情节。什么是“文采自贼”？“文采”这个词，我们今天也会用，我们会说一个人文采斐然。这个词最早指的是人画在身上的花纹。也就是说在这个故事里，这只鸟的羽毛特别漂亮，但这身美丽的羽毛对于鸟儿来说也变成了一种？

众生：伤害。

师：对！这里的贼是“伤害”的意思，大家可以批注上去。大家想一想，老师为什么要把这些词语放在PPT的上面，这些词语在整个故事之中，都是情节怎样的地方？

众生：都是情节转折的地方。

师：我们在概述故事的时候，要关注情节转折的地方。在故事的表层情节一直在发生着突转，这个故事也就变得曲折动人了。那么大家发现除了情节，还有什么在转？

众生：作者的情感。

师：对！作者的情感发生就像一个抛物线一样，发生着极速转变。谁能找到文章中表达作者情感转折的句子？

3. 细读：体察作者复杂的情感

生 1：余闻其言，始而悲，继之以泪，继而思之，犹为斯鸟幸也。

师：你现在真的是越来越会读书了！你找到了反映作者的情感脉络转变的一句话，大家一起划出来。作者为什么会对鸟感到悲和泪，谁来谈谈自己的理解？

生 1：我觉得作者可能认为，这个鸟本身长得很漂亮，但它并没有做什么错的事情，就被童子抓住了，很悲惨。

师：是啊！在预习的时候，很多同学提出的一个问题是——这只鸟飞走后为什么还要飞回来，鸟不应该向往自由吗？鸟为了自己口中的食物，就甘愿放弃自己的自由，真的很可悲。文中作者是怎么说的？谁来读一下，或许你们会有其他的理解。

生 2：嗟夫，鸟忽智而忽愚耶？或者其为食所累也。然余独怪乎宇宙至大也，稻粱至多也，何不栖息于南山之南，北山之北，而必于童子手中争此屑屑之食哉？余终不能为鸟解。

师：读完了以后你有没有新的感受，作者为什么对鸟感到悲？

生 2：鸟本来已经逃走了，但是它又在笼子旁边转转，为了食物就被童子抓走了。

师：你的意见能代表很多同学的看法。在作业预习的时候，很多同学们都在谴责这只鸟——这只鸟为了童子手中的食物，就放弃了自己珍贵的自由，这只鸟真的目光短浅啊，一点也没有远大的见识，实在是悲哀！有没有同学有不同的看法，作者又说自己“继之以泪”，他为什么流泪？作者的流泪表达了怎样的情感？如果从我们人类的角度，可能会觉得这只鸟很懒惰，没有远大志向。但是从鸟本身来看，食物对于他意味着什么呢？

生 3：对于人来说，人投注了自己的情感，但是我觉得鸟可能看到哪里有食物，它就会飞到哪里去，他看到童子手里有食物，他就飞到童子那里去了。

师：也就是说捕食是鸟的天性。食物对于鸟来说意味着什么？

生 3：食物对于鸟来说就是生命，如果不捕食它就会死去。文章中是怎么说的？谁来读一读？

生 4：鸟之性翔云饮露，固高洁自负者也。其甘心受豢养者，羽翮轻微，不能如鹰鹯之高举耳。

师：这句话怎么理解？

生 4：鸟的本性是在天空飞翔，喝甘露水。那些甘心被人们在笼子里面养的鸟，翅膀都特别微小，不能像老鹰一样飞得特别高。

师：这句话饱含了作者怎样的情感？你试着再读一读，此刻你就是这个评论的人。

生4：鸟之性翔云饮露，固高洁自负者也。其甘心受豢养者，羽翮轻微，不能如鹰鹯之高举耳。

师：你觉得这个人在评论这只鸟的时候，包含着作者怎样的情感？

生4：觉得这只鸟很弱小，没有办法捕食，作者对鸟充满了同情。

师：这只鸟很弱小，它没办法去捕食，充满了同情和惋惜。谁还想再读一读？

生5：鸟之性翔云饮露，固高洁自负者也。其甘心受豢养者，羽翮轻微，不能如鹰鹯之高举耳。我觉得作者的言语充满了同情，鸟的天性是向往自由的，只有那些实在没有能力捕食的鸟，才甘心受人类的豢养。

师：你再读一遍，把作者内心的悲叹读出来。可以尝试给这个人讲完的这句话，加一个语气词。

（自评：在指导诵读的时候应该让学生关注读好哪些词语，自然地落脚到对于文言词语“固”“甘心”“不能……耳”这些字词的理解）

生5：鸟之性翔云饮露，固高洁自负者也。其甘心受豢养者，羽翮轻微，不能如鹰鹯之高举耳。

师：开始我们对这个鸟充满了谴责和批判。通过刚才几位同学的发言，我们似乎慢慢有了一些别的想法，作者对鸟的遭遇充满了同情和无奈。作者为什么又觉得这个鸟是幸运的？有没有没发过言同学？你先来读一读，把作者的感情读出来。

（生开始读，没有感情，师打断，要求重读）

生6：余闻其言，始而悲，继之以泪，继而思之，犹为斯鸟幸也。其幸得于童子之手力不足以致群鸟，使遇王孙公子，珍禽怪羽充牣其门，鸟忘其拘缚之苦，反各效其善鸣，以求媚其主人。主人以巧拙分爱憎于其间，而饲鸟者且将阴伺主人之意，以上下之口食，则势必奄奄以至于毙，不仅受束缚之苦而已也。

师：这句话怎么理解？

生6：这只鸟如果被放到有钱有权的人家里，养鸟的人会根据主人的意愿，放置不同的食物，鸟就会被活活饿死，这只鸟虽然被关在笼子里，受笼子的苦，但因为有童子的细心照顾，鸟会感到很开心。

生 7：那些很稀有的鸟总是向主人献殷勤，但是主人还是会喜欢或者不喜欢这些鸟，喂鸟的人就会逢迎主人的意思，给他们分配不同的口粮，有些鸟就被活活饿死了。

4. 表演：除了自由，还失去了什么？

师：也就是说如果这只鸟被放到群鸟中，它会一味地求媚主人。什么是“媚”呢，你们对于这个词有什么体会呢。我们一起来把词语唤醒吧！我来做主人，我需要几只鸟和我一起即兴表演。我需要四只鸟，谁愿意做我的小鸟？谁愿意做饲鸟者？（随机选定五个举手的同学）你们先一个一个向我献“媚”。我的小鸟们，你们的主人回来了。

生 1：主人，你今天实在是太帅了！想必你今天一定能打败很多个敌国吧，您很快就可以征服天下了吧！

师：你真是一只可爱的鸟。

生 2：主人，您真是玉树临风，风流倜傥，帅呆了！今天我要为您高歌一曲，表达我满心的愉快！

师：我最喜欢你的歌声了，真好，等我出征的时候，一定要听你为我唱歌。我特别喜欢你！

（径直走向第三只鸟）

生 3：……

师：这只鸟为什么一句话都不说，他也太不灵巧了吧！我不想再见到这只鸟了！

生 4：刚才他们说的只是九牛一毛，您的帅气，可是万千宇宙都比不上的呢！

师：万千宇宙，我才是天下最帅的人，我特别喜欢你的话！我觉得你们三个说得都很好，我实在不能做评判。下面你们进入第二轮来，你们可以开始自由地表达你们的看法。你们可以离开座位，三个人一起发言。

生 1：论年龄，你没我大，而且你来的时间比我晚，我最懂主人的心思！

生 2：不要紧，我是来自非洲的，全世界就我一只，我可比你稀有多了

生 1：虽然我没有你稀有，但是我起码唱歌来比你好听！我还参加过《中国好声音》呢！

生 5（饲鸟者）：小鸟们，你们在干什么？

生 4：我们正在互相帮助。

生 5：是吗？该吃饭了。因为你们三个讲得很有道理。这是给你们的食物，我随便分发，你们自己抢吧！

师：让我们把掌声送给几位同学。刚才生 3 说我随便地撒，你们抢到什么就是什么。文章原文是怎么处理这个细节的？你们觉得原文这样写和生 3 的表演有什么差别？

生 6：阴伺可能是背地里揣摩的意思，就比如揣摩主人摸哪个鸟多，就给哪个鸟多一点。原文中饲鸟的人可能他会等鸟聚集在一起的时候，暗中观察，比如说主人有可能摸了哪只鸟的次数多，然后他就给那只鸟多一点食物。

师：如果让你暗地里观察，你会怎么给刚才四只小鸟分食物呢？

生 6：我会给鸟 3 分得最少，因为他什么话都没有说。鸟 4 讲话很有哲理，他分得要多一些，鸟 2 唱歌好听，鸟 1 很可笑，也特别会表现自己，他们分到的会是最多的。

师：最后鸟 3——奄奄一息以至于毙……

（自评：在学生表演完后，应该对比学生表演和原文出入的地方，顺势理解“致”“望”“效”“阴伺”等词语的意义，以及作者这样写的高明之处）

师：表演完了之后，大家再来想想我们之前讨论的问题——为什么这些鸟比关在笼子里的鸟还要不幸？我们一起再来读下这段话。

众生：余闻其言，始而悲，继之以泪，继而思之，犹为斯鸟幸也。其幸得于童子之手力不足以致群鸟，使遇王孙公子，珍禽怪羽充牣其门，鸟忘其拘缚之苦，反各效其善鸣，以求媚其主人。主人以巧拙分爱憎于其间，而饲鸟者且将阴伺主人之意，以上下之口食，则势必奄奄以至于毙，不仅受束缚之苦而已也。

师：作者说，鸟被放置到群鸟中不仅要受束缚之苦。如果说笼中的鸟，要遭

受束缚的苦，鸟被放置到群鸟中，它还要受什么苦呢？没有发过言的同学，你们来说一说吧！

生1：因为群鸟中有些鸟是很强大的，如果让他一个人掠夺一些食物。那些稍微弱小一点的鸟就吃不到食物了。除了吃不到食物，最终会受到别人排挤的苦。

师：很有道理，这只鸟最终会受到排挤。这边的同学好像一直很沉默，虽然你没有表演，但看了同学的演出，你们一定对这个问题有自己的思考。我们给这边的同学更多的发言机会好么？你来试一试，刚才虽然没有表演，但是看了同学的表演后，你能不能来说一说你的理解。

生2：可能就是一只鸟分到的特别少，一只鸟分的特别多。然后那少的那只鸟就被饿死了。

师：除了受食物之苦，还有什么？

生2：鸟们之间会产生嫉妒，鸟们之间可能会打起来。

师：嗯，嫉妒会连带产生其他各种各样的情绪和心理！

生3：它可能会受到鸟和人的欺凌，比如饲鸟者看到主人走了，可能就开始乱骂它发泄一下。其他鸟可能没事了也会去调戏一下这种鸟，有什么坏情绪都会往这种鸟身上发泄，这只鸟会受到各种精神上的侮辱。那些主人经常喜欢的鸟，可能会威胁那些新来的这只鸟——你不可以在主人面前比我好，不然的话就有可能要打死。

师：他要遭受生命威胁之苦，丧失自由之苦，遭受排挤之苦……上次我们开了个主题班会，很多同学都谈到了自己遭受群体同伴非议和排挤时的伤心，这种感受和鸟应该很相像吧。在群鸟中求媚主人的过程，除了受笼子的威胁，这只鸟还丧失了什么？

生4：没有食物填饱肚子，丧失了生命，丧失了飞向天空的自由，丧失了维护自己尊严的权利。在群体中受到各种排挤。

师：你们说得都不错！我们再请最后一位同学来补充一下！

生5：这只鸟本来就不能自己去捕食，它要花费心思获取主人的喜欢。如果它得不到主人的喜欢可能就会饿死。这只鸟，在群鸟中会变得更加弱小，当鸟在相互攀比中产生嫉妒的时候，这只鸟可能会为其他鸟背黑锅。

生 6：这只鸟本来是很淳朴的，但是它到了群鸟的环境中后。它自己也会受到其他鸟的影响，产生嫉妒的心理和很多不好的想法。

师：是啊！在群体中，这只鸟可能已经不是原来的它自己了。大家看一看，刚才在即兴表演的时候，你们觉得这些同学还是原来的他们吗？这些鸟丧失了什么？他们已经完全丧失了自我。除了自由之苦，这只鸟的精神可能已经完全沦丧了。同学们还有好多想说的，它所丧失的，我们已经无法用语言穷尽了，它还是那只仅仅在笼子里丧失了自由的鸟么？

5. 回溯：经典的价值何在？

师：现在我们回扣到我们课堂最初的那个问题，今天我们为什么要学这篇文章？大家有没有一些新的思考。这篇文章为什么可以被编选到县志中去？一个县从建县之初，几百年的时间里，有那么多文章，为什么这篇可以受到青睐？

生 1：我觉得这篇文章首先是我们青浦人写的，而且这篇文章有很强的寓意，比如说笼中之鸟，它到了王孙公子家那里，会丧失自由，或者更多的东西。这些都可以让我们有很多的反思和思考。

师：也就是这篇文章，无论是过去的人，还是现在的人，甚至我们未来的子孙，都可以从中获得很多启示，这也许就是经典的意义吧！我有一个问题想要反问，编县志不应该是歌颂青浦县，赞美青浦县么？比如应该赞美青浦风光多么好，物产多么丰富，我们青浦多么人杰地灵！这样一篇好像并不美的文章，为什么要选它？

生 2：我觉得这篇文章可以教我们学会不忘初心，在竞争中不要为了一些食物，或者为了一些荣誉然后去伤害别人，就像文中的强的鸟欺负弱的鸟一样。它还可以教会我们有时候生活就像塞翁失马一样，在不同的时候福祸会转化。这个鸟一开始被抓到笼子里，我们觉得它很不幸，但后来也会发现，其实这只鸟是幸运的。

师：嗯，你说得很不错。如果我是县长，我质问你——这篇文章展现的群鸟竞争的现象损害青浦的形象。你们怎么选择这样一篇文章，一点都没有歌颂我们青浦的美？如果遭受县长这样的质问，你会选它吗？

生 2：我还会选它。我觉得这篇文章教会我们不忘初心，无论如何都要做一个堂堂正正的青浦人，不要为了一些小事情，就去伤害他人。

师：你觉得这些关于初心的思考，比歌颂青浦的美更重要？

生 2：对！

生 3：我觉得县志不仅是给本县的人看的，也是给别的地方的人看的。如果仅仅是歌颂青浦的，其实就没有什么意思了。县志应该是有益的，对本县人还是外县的人，都要有所启发。

师：刚才你提到，无论你是中国人还是外国人，无论你是什么肤色的人。无论过去的人，今天的人，我们未来的子孙，他们都能够从这篇文章之中反思很多。这就是经典的文章，穿越千年的意义吧！

生 4：我觉得这篇文章的主旨就是对自由的追求！我们现在工作特别繁忙，会有很多限制，这些限制让我们变得死气沉沉，这样的话，整个青浦的风貌就会变得死气沉沉。

师：是啊！文章中的笼子真是一个绝妙的象征。我们每一个人都无一笼子之中，但是我们在生活中要努力去突破笼子。我们不要做笼中之鸟，我们不能丧失了自己的自由，我们更不能做群鸟，不能做有媚骨的人，我们不能因此而丧失了自我的个性。所以文章最后又是怎么写的？你们一起来读一读，好不好？

众生：余于是又破涕为笑。时童子在侧，颇解余意，语余曰："且俟他日过茂林丛薄间纵之，以适其性也未晚。"

师：最后童子决定让鸟"适其性"，这只鸟终将可以获得自由——重获鸟的天性。这堂课我们一直在谈鸟，那人呢？你们有想过吗？我们从鸟的身上，能不能看到我们自己的影子，或许在生活之中，我们现在和将来，都会面临这样的处境。千年之前敢于写这篇文章的王起鹏，虽然他的生卒年不详，他也并不那么著名——我在网上搜不到他的图片，我也不知道他有什么流传千古的作品。但是在清朝的时候，他就敢于写这样的一篇文章，反思我们人的身上的一些缺陷，敢于把这篇文章选到《青浦县志》里的人，我要为他点赞！

师：同学们，我们在这样的一片土地上，我们在五浦汇学习，读到这样的文章，我们或许都应该去想一想，如果鸟的天性是自由，是翱翔天空，那人的天性又是什么呢？我们能够保证自己在未来的路上不忘初心，永葆自己生命的天性么？或许这个答案需要同学们在未来的时间里，用一生去求索！这节课就上到这儿，谢谢同学们！下课。同学们再见！

生：先生再见！

二、教后反思

感谢黄玉峰先生，复旦大学李天纲教授，简振雷、杜虹老师，五浦汇语文组左鹏、陆欣等各位老师，以及樊阳老师的指导。十月的最后一天，和班级的孩子们一起完成了《笼鸟记》的公开课。

从正式准备公开课两周的时间内，所有的一切只是忙里见缝插针：确定文本前父亲住院，只能拜托两位老师帮忙选定文本；粗读文本到完成大致的教学思路设计只用了地铁上的十分钟时间；准备磨课又遭遇期中考试前的陀螺式生活，只能晚上十一点后匆忙做好PPT；正式上课那天在无比忙乱中调整构架和细节……这似乎成了常态，可能是因为慢慢地想用“平常心”去上“公开课”。整体课堂大家给出了不错的反响，借此反思几点。

1. 化繁就简确定教学内容

简老师选出的《笼鸟记》这篇文章，我在第一次读的时候就特别喜欢。文章有点寓言的味道，可以挖掘和咀嚼的点很多，如果从笼中鸟、童子、我等角度去解读，都可以选取出不错的教学点。

到底应该教什么？在纷繁的教学内容面前，我知道我要选取出适合学生学情，可以解决他们实际需要的教学内容，于是将我的疑问、学生的疑问和困惑，作为选取教学内容最重要的参考依据。

于是设计预习作业时，我设计了两个问题：一是请学生提两个认为最值得探究的问题；二是你读出了怎样的鸟？

批阅完预习作业发现，学生最困惑的问题在于：一是不理解鸟在第一次飞走后为什么要飞回来？最大的感受在于批评鸟目光短浅，为了食物，就放弃了自己最珍贵的自由。

了解了学情后，我发现学生对于笼中鸟走向了批判的一端，没有体察出作者“悲”和“泪”的原因，没有关注到作者为鸟感到幸运的原因，忽视了对群鸟段落的关注。于是我将教学目标确定为：探究理解作者为笼中鸟“悲”“泪”“幸”的原因。这个目标是一个主线，用这个主线解决学生困惑的问题和他们没有关注到的地方。

配合教学导向，我确定的教学目标为：一是探究理解作者为笼中鸟“悲”“泪”“幸”的原因；二是以鸟观人，反思鸟所隐喻的我们每个人可能存在的生命状态。

后来事实也证明，从学生的疑惑出发，精简教学主线，删繁就简地选取教学内容是不错的选择。

2. 立足县志乡土教材

一篇文本被选入到不同的“教材”后，就会承载着被“教材”限定的教学价值。《笼鸟记》是从被《青浦县志》中选出来的，那就意味着在教学的时候，要关注文本承载的“县志”这种乡土教材的意义。

怎么凸显呢？这是一个有点棘手的问题。简老师和杜老师指点我，可以扣着王起鹏葬在小西门的背景知识，进行情境的渲染营造。于是我在整合教学的时候，在最开始就出示小西门的位置（如今青浦三元菜市场的位置），拉近学生与文本的距离。并在后来再回扣问学生：如果你是编选县志的人，你会不会把这篇文章选到县志中来？引导学生思考这样的“经典”文章之于当地学生的意义。

对于这个环节比较满意的地方在于，我反问学生：这样一篇并没有歌颂青浦美好的文章，为什么还可以被选入？学生在思维碰撞中坚持着自己的立场，并不断修正自己思维。正视这些不美好，才可以变成大写的人和君子。

3. 立足人文教出文化意义

备课时，考虑耗时最长的一个问题是：这篇文言文的落脚点应该在哪里？思考良久，感觉文字、文言和文章似乎都不是，落脚点应该是文化。

有了这样的思路，备课时在樊阳老师指导下，最启发我的一个点，是作者写群鸟献媚于主人的段落中，通过对鸟的描写，对隐喻人性的缺陷。这一点可能会难一些，但必须落实，于是我将教学需要突破的难点确定为：细品作者写群鸟的段落，从鸟的生存状态，观人身上的“奴性”。联系君子养成理念，引导学生做“不媚骨”的人，适其性，保持“自由”的生命天性。

带着学生“思维爬坡”，慢慢地走，课堂最后确实取得了一些收获。

4. 随文学言淡化字词纠缠

这篇文言文对于六年级学生来说比较难，充斥着很多难理解的字词。借助工具书，学生大致可以读懂故事，于是放弃了字词的纠缠，放弃了大量的翻译，只是让学生借助工具书，在预习时解决难懂的字词，随着文章学习“语言”，在学生不懂的地方进行轻轻点拨，比如叙述情节的时候引导学生理解了“文采自贼”的意思。

遗憾的是，对于一些文辞的处理备课时没有细究就放过去了，这一点黄校长在评课时给出了很细致的意见和建议。当学生表演完群鸟求媚于主人的片段时，应该回扣对应的字词，引导学生重点比较理解同学的表演和文章中的“各效”“求媚”“阴伺”这些词的差别，在这些地方进行揣摩。

课堂总有缺憾，下次在努力在有缺憾的地方补足，争取做得更好。

5. 以“演”释“文”活跃课堂气氛

当时让学生体会群鸟献媚的段落时，为了让学生体会“媚”这个字，希望可以让学生展开想象，在细腻的感受中对这个字有“过程性”的体会。

当时准备了两个课堂活动：一是让学生用语言描述献媚的过程，二是即兴表演献媚过程。在举棋不定的时候，考虑六年级学生的特点，后来授课时决定采用后一种演的方式。我自己扮演主人，随机选取了四个同学做小鸟，一个同学做饲鸟者：

主人：我的小鸟们，主人回来了，你们表现得怎么样呢？

小鸟 1：主人你今天实在是太帅了！想必你今天一定能打败很多个敌国，甚至征服天下了吧！

主人：是啊，今天真的是累坏了。这真是一只可爱的小鸟。

小鸟 2：主人你真的是玉树临风，风流倜傥，帅呆了。今天我要为你高歌一曲，表达我满心的愉快。

主人：我最喜欢你的歌声了。等我出征的时候，你一定要用歌声来为我歌唱哦。这只小鸟呢。

小鸟 3：……

主人：这只鸟为什么现在还不说话，太不灵巧了，我不想听了。这只小鸟呢？（这个地方是课堂的一个意外的插曲，站起来的同学久久不说话，于是随机生成了这样一段对话）

小鸟 4：刚才他们说的只是九牛一毛，您的帅气可是全宇宙都比不上的！

主人：这句话我喜欢，万千宇宙，我是天下最帅的人，我特别喜欢你的话！小鸟 3，你被淘汰了。剩下三只，我觉得你们三个说得都很好，我不能做评判，那你们就进入第二轮来，自由的“歌唱”吧！

于是几个鸟儿又开始争吵了起来。

小鸟 1：你没我大，而且你来的时间比我晚，我最懂主人的心思！

小鸟 2：不要紧，我是来自非洲的，全世界就我一只最珍贵！

全场爆笑连连，在笑过之后，我问学生：作者为什么觉得笼中鸟没有被放到群鸟中，是幸运的？群鸟除了受拘束之苦，还要受什么之苦？刚开始很紧张的学生在这个小表演之后，彻底放松了下来：丧失了生命、尊严、自由，以及很多用语言没有办法穷尽的东西，最后大家还高高举着手，实现了课堂预设的效果。

6. 回扣经典的永恒意义

课堂从为什么读这篇文章开始，一堂课之后，再次回到了这个问题。学生说这篇文章带给人很多的启发，我顺着学生的思路，总结了读经典的意义，我们一直在谈鸟，可是人呢？我们或许可以从鸟的身上，反观到我们自己的影子。写了这篇文章的王起鹏，虽然他并不那么著名，他的很多作品也散失了。但是在清朝的时候，他敢于写这样的一篇文章，反思我们人身上的一些缺陷，我觉得我要为他点赞！敢于把这篇文章选到《青浦县志》里的人，我也要为他点赞。

今天我们在这样的一片土地上学习这样的文章，我们或许都应该去想一想：如果鸟的天性是自由，是翱翔天空，那人的天性又是什么呢？你能够保证自己在未来的路上不忘初心，永葆自己生命的天性么？这个问题，或许需要我们用一辈子去思考，去寻求答案！

“青浦传统节日文化特色探究”教学设计

（东湖中学　陈几重）

一、教学设计

1. 教学目标

（1）了解青浦传统节日的习俗及其丰富的文化内涵。比较青浦古今、内外传统节日文化的异同，探究青浦传统节日文化的特色。

（2）通过收集、交流传统节日习俗的资料，学习有关传统节日的诗歌、文章，参与体验青浦传统节日的活动，撰写研究小论文，提高学生搜集、处理信息的能力，培养学生的语言表达能力、思维创造能力和组织交际能力。

（3）通过对青浦传统节日文化特色的认识和理解，培养学生对青浦传统文化的热爱之情。

2. 教学重点

通过收集、交流传统节日习俗的资料，学习有关传统节日的诗歌、文章，撰写研究小论文等，了解青浦传统节日的文化内涵，探究青浦传统节日文化的特色，全面培养学生的语文素养和综合能力。

3. 教学难点

通过对青浦传统节日文化特色的认识和理解，培养学生对青浦传统文化的热爱之情。

二、教学过程

1. 导入新课

提起传统节日，我们仿佛会看到欢天喜地的忙碌情景和人声鼎沸的热闹场面，听到一声声祝福，感受到家庭的温馨、亲友的深情。可以说，庆祝传统节日是我们生活中不可缺少的一部分，给我们的生活增添了许多诗意和色彩。可是，你想过没有，我们青浦的传统节日到底有什么特色？它们表达着我们怎样的生活愿望？又积淀着怎样的文化底色？

2. 了解传统节日

传统节日形成，是一个民族或国家历史文化长期积淀凝聚的过程。中国传统节日多种多样，是我国悠久历史文化的一个重要组成部分。从远古先民时期发展而来的中华传统节日清晰地记录着中华民族丰富而多彩的社会生活文化内容，这是中华民族特有的特色节日。

你知道哪些中国传统节日？

我国的传统节日有除夕（大年三十或二十九）、春节（正月初一）、元宵节（正月十五）、清明节（4 月 5 日前后）、端午节（五月初五）、七夕节（七月初七）、中秋节（八月十五）、重阳节（九月初九）、腊八节（十二月初八）等。

大家或多或少参与过这些节日中的活动，你觉得哪个最有意思？

我们还有其他的一些传统节日，如上巳节、寒食节、中元节、寒衣节、下元节、祭灶节等，大家可能比较陌生，但我们的祖先却过得有滋有味，你想具体了解一下它们吗？

3. 明确探究方向

传统节日是一个国家或民族历史文化的长期积淀和凝聚。中华传统节日是中华民族文化的一个重要组成部分，每个节日都是我们中国特有的，带有浓厚中华文化韵味的节日。我们做这个探究课题之前先要来了解一下文化的定义，进一步明确我们的探究方向。

文化：人类在社会历史发展过程中所创造的精神财富的总和，特指精神财富，如文学、艺术、教育、科学等。（《现代汉语词典》第6版，1363页义项①）

具体人类文化内容指群族的历史、地理、风土人情、传统习俗、生活方式、宗教信仰，文学艺术、规范，律法，制度、思维方式、价值观念、审美情趣，精神图腾等等。（摘自网络）

我们的课程主要是要探究其中的传统习俗、生活方式，文学艺术，价值观念、审美情趣。

4. 课程内容简介

1）青浦古今传统节日文化的异同

学习《青浦县志》中明代、清代、民国与青浦传统节日风俗相关的内容，与我们青浦现如今庆祝传统节日的习俗进行比较，探究其中的传承与发展。

2）青浦与外地传统节日文化的异同

学习沈从文的《过节与观灯》，学习老舍的《北京的春节》等篇目。与我们青浦的相关传统节日进行比较，探究背后不同的文化流派（如京派与海派）和其文化特色。

3）青浦与周边县市传统节日文化的异同

适当拓展学习周边县志（松江、嘉定、嘉善、苏州等）有关传统节日风俗的内容。研究青浦与周边县市在传统节日文化方面的相互关联和影响。试着从共性的角度思考青浦传统节日文化特色的成因。

5. 探究活动设计

（1）确立选题。以你最感兴趣的青浦传统节日为选题。建议从春节、元宵、寒食、清明、端午、上元、七夕、中元、中秋、重阳、冬至、除夕中选择一个作为研究方向。和其他研究组员初步交流沟通，避免撞题。

（2）体验活动。回顾你印象最深刻的传统节日活动，如守岁、拜年、贴春联、观花灯、猜灯谜、扫墓、踏青、赏月等，文字再现你参加的活动过程和情景场面，给同学们谈谈你的独特体验？

（3）探究的过程与方法。

访谈家乡的长辈，重点了解所选传统节日的由来，具有青浦特色的节日习俗。做好访谈记录并上交访谈记录表。

从网络上搜集或到图书馆查阅所选传统节日的相关文献和资料。一是了解周边县市和其他地区的传统节日的由来、习俗并与青浦的进行比较。二是重点摘抄赏析相关的经典文章和诗歌并尝试给大家推介。

设计调查问卷，与其他同学交流，重点了解同龄人对所选传统节日的认知、体验和态度。推己及人，以意逆志。尝试分析认知、体验和态度产生的原因。上交调查问卷表。

（4）形成研究成果，按照要求撰写小论文。学习整理材料：筛选和梳理访谈记录中的信息；统计、分析调查文件数据和信息。形成自己的观点，列好写作提纲，按照要求，规划好时间，完成论文写作并上交。

6. 作业设计

按照时间节点依次完成申报表、研究方案表、访谈记录表、调查记录表、摘抄和点评。学习论文格式要求。完成研究小论文和课题结题报告表。

附：

课题申报表（示例）

课题名称	青浦传统节日文化特色探究		
预计完成时间	2018 年 × 月 × 日		
指导教师	陈几重	小组成员	略
课题组长	徐 ×		
选题的目的和意义	了解青浦传统节日的习俗及其丰富的文化内涵。比较古今、内外传统节日文化的异同，探究青浦传统节日文化的特色。通过收集、交流传统节日习俗的资料，学习有关传统节日的诗歌、文章，参与体验青浦传统节日的活动，撰写研究小论文，提高学生搜集、处理信息的能力，培养学生的语言表达能力、思维创造能力和组织交际能力。通过对青浦传统节日文化特色的认识和理解，培养学生对青浦传统文化的热爱之情。		

续表

课题研究的基本内容	青浦传统节日（春节、元宵、寒食、清明、端午、上元、七夕、中元、中秋、重阳、冬至、除夕）的由来、饮食、风俗、活动等文化特色探究
预期成果形式	研究成果以论文形式呈现，有一定的独特性和现实意义
相关情况分析（现状及已掌握的资料介绍、需要何种资源支撑等） 现状：学生对青浦传统节日的文化特色不太了解。 相关资料：明代、清代、民国时期的青浦县志对青浦传统节日风俗的介绍；老舍的《北京的春节》和沈从文的《过节与观灯》。 学生在课后收集相关资料进行研究。 需要资源：主要来自图书馆、网络、访谈、调查等。	
指导老师意见（对课题文献研究和目标评价） 课题研究思路清晰，方法明确，比较适合高中生水平。在查找相关文献之后能得到基础的设计过程，并在此基础上进行创新研究，方案科学合理。 指导老师（签名） 2018 年 × 月 × 日	

课题研究方案表（示例）

____年____月____日

课题名称	青浦传统节日文化特色探究			指导教师	陈儿重
课题组成员	序号	姓名	所在班级	任务和分工	
	1	尤 ×	1	元宵节的饮食、活动	
	2	冯 ×	1	冬至的饮食、活动	
	3	徐 ×	2	寒食节的由来、风俗	
	4	夏 ×	2	清明节	
	5	周 ×	3	七夕节	
	6	舒 ×	3	端午节的饮食	
	7	方 ×	4	中元节	
	8	鲁 ×	4	寒食节的饮食	
	9	承 ×	5	除夕	
	10	张 ×	5	春节	
	11	胡 ×	6	中秋节	

续表

课题组成员	12	施 ×	6	端午节的由来、风俗
	13	袁 ×	7	元宵节的由来
	14	张 ×	7	上元节
	15	朱 ×	8	重阳节的活动
	16	梁 ×	8	重阳节的饮食
	17			
课题提出的背景依据和意义（为什么要研究）	提起节假日，学生都很兴奋，但更多关注和体验的是植树节、儿童节、青年节、劳动节、国庆节、妇女节等现代节日而忽视了中国传统节日。部分学生虽然对中国传统节日也有兴趣，但往往浮于表面，只关注外在的热闹，吃了什么、做了什么，大多不明白我们的传统节日到底有什么特色，也不知道它们表达着怎样的生活愿望，更没有思考过它积淀着怎样的文化底色。这不利于我们优秀文化的传承，不利于增强我们的文化自信。本课题希望通过增强学生对青浦传统节日文化特色的认识和理解，培养学生对青浦传统文化的热爱之情。			
主要研究内容（研究什么）	青浦传统节日（春节、元宵、寒食、清明、端午、上元、七夕、中元、中秋、重阳、冬至、除夕）的由来、饮食、风俗、活动等文化特色探究。			
主要研究方法	《青浦县志》相关内容教学、上网查阅资料、图书馆查阅资料、调查问卷、访谈等。			

课题结题报告表（示例）

课题名称	青浦传统节日文化特色探究	结题时间	
小组成员	略	指导教师	陈几重
课题研究过程概述： 1. 初步学习了解青浦有哪些传统节日。 2. 确定自己最感兴趣的青浦传统节日。 3. 就选定的节日文化内容访谈家乡长辈。 4. 在所在班级对同学进行调查。 5. 比较青浦与外地传统节日文化的异同（京派与海派）。 6. 比较青浦古今传统节日文化的异同（传承）。 7. 比较青浦与周边县市（松江、嘉定、嘉善、苏州等）传统节日文化的异同。 8. 撰写研究成果（论文）。			
课题的主要成果及形式： 元宵节的饮食、活动；冬至的饮食、活动；寒食节的由来、风俗；端午节的饮食、寒食节的饮食；端午节的由来、风俗；元宵节的由来；重阳节的活动；重阳节的饮食。 清明节、七夕节、中元节、除夕、春节、中秋节、上元节的文化特色。 相关节日文化特色的论文。			

续表

课题成果的主要内容概述： 青浦传统节日（春节、元宵、寒食、清明、端午、上元、七夕、中元、中秋、重阳、冬至、除夕）的由来、饮食、风俗、活动等文化特色探究。传统节日的特色以及它们所表达的生活愿望，积淀着的文化底色。
指导教师意见： 指导教师（签名）____________

领略耕读文化　浸润君子人格

————朱家角课植园文化行走侧记

（毓秀学校　陶芳琴）

“时雨及芒种，四野皆插秧”，栀子花开，麦黄梅熟的时节，2019年6月6日，青浦区经典阅读教材研发工作室于江南名园——课植园举行“耕读文化与君子养成”文化行走活动。杜虹老师、郭备老师现场授课，黄玉峰老师全程指导并参与授课。青浦区人才办相关领导及工作室成员共同参与了活动。

活动伊始，主讲老师带领五浦汇学校及毓秀学校部分六年级学生参观课植园，亭台楼阁、草木池沼、楹联假山无一不是学习的内容。大家集中打谷场席地而坐开始实景课堂，“以天为盖，以地为舆”，颇有“乘云陵霄，与造化者俱”之意蕴。

课堂上，杜虹老师以整理的《珠溪五老图序》为蓝本，探究以园主人马文卿为首的五老建园植花，开学堂筑，承先贤之遗风，继公益之勇为的文化意义；然后以小组为单位，根据任务单在园中寻找文化密码，交流共享，思考对联“课经书学千悟万，植稻麦耕九余三”的内涵，或质疑或感悟，或补充或佐证，偌大的课植园成了真正的大课堂。

紧接着是郭备老师的讲课，郭老师从文化的普适价值谈起，高屋建瓴，直视耕读文化背后“劳心”与“劳力”整合的文化追求。最后，复旦五浦汇实验学校校长、工作室顾问黄玉峰老师以“课”“植”二字的含义探究开始，引导同学们思考古人对为学与为人的思考与追求，感悟“君子养成”的意义；以“对对子”的课堂活动，引发深入思考，激发文化认同。

一个下午的活动，充实而快乐。同学们幸福的笑脸和头顶的太阳一样耀眼！本次活动生动地演绎了“读万卷书”积淀文化学养，“行万里路”激发君子养成的活动宗旨。

附：关于课植园

课植园位于朱家角北首西井街，环境幽静，风光独好，是镇上最大的庄园式园林建筑，原园主名为马文卿，故俗称“马家花园”。园名定为“课植”乃寓“课读之余，不忘耕植”之意，故园内既建有书城，又辟有稻香村，以应园名。课植园于民国元年始建，耗时15年落成，耗银30万元，占地96亩。课植园有迎贵厅、宴会厅、正厅、耕九余三堂、逍遥楼、书城楼、望月楼、戏楼、打唱台、藕香亭、倒挂狮子亭、司教亭、碑廊等各类建筑共有200余间。据说园主马文卿为造这座园林，曾游遍江南园林，凡每见一处胜景，决不放过，必命人着意仿建，如上海豫园风格的荷花池、九曲桥；苏州狮子林中的倒挂狮子弯等，如此集江南园林精华于一园的马家花园，规模恢宏，风格各异，在上海地区也实属罕见。碑廊内嵌有明代文人的书法碑刻，系园主马文卿延请雕刻高手周梅谷所刻，计有文征明写于明万甲申年的“游西山寺”诗十二首、祝枝山“梅花”诗一首、唐寅信札和周天球诗二首，共15块石刻。

园主马维骐（1853—1928），字文卿，受祖训“读书明理，不以仕途为官”的影响，青年时从父经商，以汞、铜、盐、丝绸为主，生意甚至做到国外，曾为朱家角的首富。至中老年时，广交朋友，并受清末“置田造园”风气的影响，在朱家角先后置地达8 000多亩，并于西井街买田96亩，1912年时开始造园，时其已59岁。历时15年，耗银30余万两，园才初成规模。园林位于古镇西北部，占地达96.7亩。其宏大的规模在当时整个上海都首屈一指。马文卿是商业巨贾，因而较早接受西方文化，课植园的设计结构和所用建筑装饰材料，很多都采用中西合璧的形式。这也是课植园最大的特色之一。

（资料整理：杜虹、郭备）

今昔青浦

泖塔游记

（珠溪中学　向明雄）

公元二〇一六年秋，秋风萧萧，草木枯黄。余携家眷驱车二十余里自青浦拐向西南，寻访泖塔。车行至张马岔路口，下车问道，路人皆摆手摇头，方知此处修路，务工者外来民工也，不知泖塔在情理之中。就近民居询问一六十岁老者，思忖良久，食指一指，一门所挡，门后有路直通上桥可达。

余即催车夫右行，欲上桥，但铁栏紧闭，笛声催促再三，方有两门人着制服者姗姗来迟。或曰：前往太阳岛，付门票三十方得放行。大小六人四人二童，百元必需。余恳求无法，付款凿凿之言依然。即转而促车夫绕行，巧为门人闻得，笑侃曰：上岛陆路仅此一条，尔等泅渡、船载，除此以外，别无他途。我等偷隙之心不死，驱车顺河而下，果仅此一桥可达太阳岛，方得见泖塔真容。又沿河逆流而上，绕行近十里，另一入口早已荒废，成废弃厂房，道不通矣！眺望窗外，隔河见岛，柳丛树梢间，依稀遥见塔顶。天色近午，然则空来折返怎可甘心也？

余等踌躇再三，不得已再见门人，如数交付，车得放行。先行至一桥，宛如多足伏波白象，蜿蜒相接太阳岛。岛南北十四华里，东西不及一里。二十余年前，南洋新加坡人氏租赁之，建宾馆楼台，曾一时霓虹，灯火辉煌，夜夜笙歌，泖塔两岸水色，自此多漂几分妩媚，盛行一时佳话。奈何此后，我华夏笙歌曼舞之地如雨后春笋，日渐丰盈，度假之地，屡见不鲜，于是太阳岛之如日中天盛况消疏。泖塔冷清，许是正得宁静也。

依环岛车路，往南徐行，人影闲散，误入一馆，人影攒动——“夕阳红”畅游团也。天下承平日久，经济富足，国出俸禄，颐养天年，史所罕见。略瞅一二，银发族或肩挎相机，或呼朋引伴，或撑伞摆型，富态卖萌，不输二八女子男儿浪漫之心也。

此处毕竟非余等之目的，然车环岛久不至。坐车中，窗外可见塔影，先在车右前侧，依路而行，却又徙至右后。明明近在咫尺，奈何竟不得至，便舍车，携妻将女穿林步行。此处有一幽径穿林而去，林外黄草漫漫，一望无际，直通河边垂柳。风来水浪幽闻，彷徨间，集思广益，穿林小径或可正对先前所见泖塔影也。众人心下胆怯，毕竟林深草厚，前呼后拥，以壮怯肠。

蓦然，小径拱地而下，两旁竹丛，遮天蔽日，鸟鸣稀疏，虽有众人，亦觉寂寥。仰头则见一小桥横空，路钻桥下，视线略微低垂，泖塔尖顶赫然在目！如此大费周章，得来当然惊喜。

路出于桥，爬行而上，左侧，长可没人头之蓬蒿铺陈五六亩；右侧，及脚踝之茅草土黄铺地。二者之间，蜿蜒石板小路，直通塔下。余等先于草前留影，背后隐约摄得青天下之泖塔飞檐，古今存于一相也。

石径爽意，或有蓬蒿芦花散入人群，二三小儿嬉戏捉花，欢呼雀跃不可名状。石径近塔，为人造小池所隔，分作多道，至塔旁小亭，再集而至塔旁广场也。余等先循左侧石径觅池鱼，残荷遗时节而独立，池中小鱼见人声却疾驰，远眺岛边高木林立，或有白鹭为人所扰，惊羽而掠，迅过头顶青天，尚可闻流风吹羽，振翅之声，撞塔回响。

余伫立二十余步外观泖塔。浮屠底座十二立柱，底有四门。木砖结构，撑五重飞檐，每一飞檐，坠一铃铛，微风时至，叮当随响。飞檐乌黑，檐下砖墙雪白，转角或墙体与檐交界之轮廓以青绿泛黄之色勾勒。四周低树依然绿意相伴，远观，泖塔庄重然不乏灵动。塔顶载有五重经轮，象征智慧与方便之门为人而开。此塔不及详细考证，祈福塔乎？报恩塔乎？不得而知。

《青浦县志》曾有记，乃明人屠隆所写。是时屠为县令。一日，邀文人雅士登楼吟诗作赋，昼则见川鱼沙鸟，芙蕖菱藕，夜见波光如镜，流光溢彩，浮金古刹，下射波心。竟然嗟叹：数无常住，物必有坏，超然方得领悟此天地一过客之刹那欢愉。余念此，方知苏子之超然，是无奈之举耶？是超脱之心耶？临塔照心，可见古今感慨相同之理。

塔四周皆以青砖铺地，夯实在此，密集症者慎入也。青砖或侧如钉，或平躺朝天，密密麻麻，先排列成鱼刺图，然再集结为同心圆，环绕泖塔，匠心独运也。

塔东北有文物铭牌，亦为联合国教科文组织之遗产标记。云此塔唐代曾是灯塔，塔顶常年有长明灯示意航向，过往商贾渔夫，夜航至此，云弥雾漫之时，仰此塔之光，商船渔舟得以有序而行。东进东海，北入长江，多借方便。

今时不同往日，河港湖汊之上车道宽敞，围沼造陆，桥梁密布，河道船少，非昔日繁忙之航道也。情侣三三两两荡舟泖河，夕阳金色，鸦雀寂寥啁晰，梦境温柔乡野，岂不浪漫？

殊不知，此塔所在之岛，秦为拳郡之长水县治辖，一热闹市镇。房舍俨然，间或大户杂居。某日炎夏，有一老妪背一小童沿民居檐下行走，时缓时急，吟诵歌谣，不明何方人氏之音，甚为怪异。嘴中皲裂，吟唱停息，讨水于民。见其疯癫，多不予，独有一陆姓租户，盛半葫芦瓢汤饭与之，老妪并不言谢，与小童狼吞虎咽。顷刻，汤饭荡然无存，却定睛陆姓租户，朗声诵曰：陆郎要命长，盘缠带身上。子时土也裂，爹妈儿女亡，若要性命在，全家三里外。如是仍不信，猪狗作人声。词毕，重起絮絮叨叨不明所以语之。陆生闻之，心下恍惚，转身欲细辨，老妪并幼童不见踪影，大骇，告知父母亲族并相邻金氏子弟，不信且笑其妄语。掌灯时分，陆生食飧，其张口亦歌：若要性命在，全家三里外。如是仍不信，猪狗作人声。陆生惊恐万状，脚踩土狗，土狗嗷嗷张嘴作人言：如是仍不信，猪狗作人声。陆生一路再飞告四邻，奈何无不嘲笑，无人肯从。陆生只身携细软，夜半出庄，才两里，红光从地飞出，轰隆巨响，跌倒在地，眼前蓝光横飞，方才屋舍俨然之集市猛然地陷房塌，宛然南柯一梦。陆生加紧狂奔，偶尔回头，方才地陷之处，烟雾渐散，明晃晃如白昼，翌日遥望，则桑田已成河流湖泊，独有村中一地高于水面。陆生捶胸顿足，抢天呼地之余，头皮发麻，数月，水清地定，于风平浪静之时，可见水下断垣残壁赫然在目。陆生悔邻人亲朋不信昨日异端也，重来此岛，子孙繁衍，则成今太阳岛也。

后某僧游历至此，见此地人丁兴旺，四周商船渔舟夜泊此岛，少照明，且陆氏后人有祈福之意，告之游僧，捐田地十余亩，以延续寺庙香火，至此方有福田寺。

遥想及此，清风徐徐，抚今追昔，颇多慨叹。如今异国租赁，振兴旅游，非阿堵物开门，不可进也。秦时陆生何能预想也？戏思一二，自觉可笑，又觉神秘，他日春色满眼，幽径独行更迷人之际，或可再来，余等寻来路驾车回程，塔影退后，风铃叮当，传说迷离，是夜亦有梦幻……

2020 年 1 月 12 日

于淞浦

华亭鹤唳　不如归去

（青浦实验中学　宁英娟）

工作在重固中学，正对门就是古老而又神秘的福泉山。这处被誉为“东方金字塔”的所在，我却从未涉足。暑期要带学生去进行考古实践，就要了些材料翻看。朦胧中，听风声雨声，床边似长出齐膝荒草，陆机跨过千年飘然而立，青衫明媚，神态自若。第二天一早，趁着学生还没来，我便独自向福泉山走去。

说是山，其实只是一个小土包，只几步路便登上了顶部。挡眼有石像一尊，酷似昨夜见到的模样，远远地站立着，周围俱是荒草，不胜寂寞。底座镌着“陆机”二字，下面还有简略的生平介绍：

陆机（261—303）西晋文学家，字士衡，吴郡华亭人，（华亭又称云间，福泉山属之），祖逊，父抗，皆三国名将，机少时为吴牙门将。太康末，与弟云同至洛阳，文才倾动一时，世称“二陆”。所作《文赋》为古代重要文学论文，“平复帖”系我国现存最早的名人墨迹。机曾官至平原内史（人称陆平原）、后将军、河北大都督，后兵败被谗，为司马颖所杀。

时值清晨，山中寥无一人，只能静听自己的脚步声，在荒草间回响，历史的烟尘逐渐散去，我的视野开始渐渐清明。

陆机是三国时期东吴丞相陆逊的孙子。陆逊同刘备一战，以少胜多，火烧连营八百里，使得刘备“创业未半而中道崩殂”，被迫托孤白帝城。那时的东吴国势何其强盛！可到陆机二十岁时，东吴灭亡，显赫一时的陆家不复往昔。陆机和弟弟陆云闭门勤学十年，文名大著，成为“太康文学”的代表人物。照理，他可以心满意足，不再顾虑仕途枯荣。但是，他是中国人，他是中国文人，他是深受儒家思想浸染的中国文人。他已实现了自己的价值，却又迷惘着自己的价值。活在祖上的余荫下，陆机总是存了几分发扬光大的心思。若要光复陆氏，不得不依靠西晋，于他来说，太难，太难！在进退两难间，他作《猛虎行》以明志：

渴不饮盗泉水，热不息恶木阴。

恶木岂无枝？志士多苦心。

整驾肃时命，杖策将远寻。

饥食猛虎窟，寒栖野雀林。

日归功未建，时往岁载阴。

崇云临岸骇，鸣条随风吟。

静言幽谷底，长啸高山岑。

急弦无懦响，亮节难为音。

人生诚未易，曷云开此衿？

眷我耿介怀，俯仰愧古今。

公元289年，已到了太康末年，西晋最繁华的“太康之治”终将昙花一现。可当时的陆机并不知道，这一年他已是“而立之年”，他必须朝着建功立业、光耀门楣的路走去，尽管自觉“俯仰愧古今”。于是，他与弟弟陆云到洛阳拜访太常张华，彼此一见面就谈得非常投机，“如旧相识”。张华向来看重他们，还说：“讨伐吴国的战役，好处是得到了这两位青年才俊。”张华把他们推荐给各位公卿。陆机多次升迁到了太子洗马、著作郎等职位。

由于晋武帝选择的继承人晋惠帝近乎白痴，无统治能力。晋武帝刚去世，外戚杨氏、贾氏就展开了激烈、残酷的权力之争。陆机在朝中作了9年官，在司马家的自相残杀中几经周折，几番死里逃生。很多人劝他回故乡去避难，陆机也思念故乡，曾在《怀土赋》中作如是语：

余去家渐久，怀土弥笃。放思之殷，何物不感？曲街委巷，罔不兴咏，水泉草木，咸足悲焉，故述斯赋。

但陆机自以为才能超人，又想在大乱里做一番救国济世的大事业，他万万想不到自己在“八王之乱”中最后被小人陷害，落个叛逆的罪名，砍头的下场。临死悔之不及。43岁的陆机走上刑场前长叹说：“华亭鹤唳，岂可复闻乎？”

华亭，正是他回不去的故乡。唐代诗人李白据此作诗言：

华亭鹤唳讵可闻，上蔡苍鹰何足道？

那一年，陆机43岁，陆云42岁，正当壮年，所有的雄心壮志都化作了一缕轻烟。与他们一同遇害的，还有他们身后的陆氏三族。建功立业，光耀门楣，本是他一生的信仰，却也是他搅入混乱政局的执念。想要的太多，能把握的却那样少！生逢乱世，本该归去，他却执意进取。临终痛悟，已然太晚，太晚！所幸他在死后能归葬故里，有一种说法就是葬在福泉山北麓。清代陈琮曾寻觅至此，作诗云：

福泉山头丞相坟，通坡曲曲绕墓门。

日落青枫不知路，寻春来吊墓中魂。

我在这荒草遍布的山间独行，中国文人的命运，在乱世里如沧海浮舟，随便一个浪头就可湮灭。据说两人辞世当天，“昏雾昼合，大风折木，平地尺雪”。人们议论纷纷，认为是上天在揭示陆机兄弟的冤屈。就在陆机被杀的十余年后，西晋终于在内乱外扰中走向灭亡。而匈奴控制了几乎整个中原，长达一百多年的大动乱开始。而后，各族陆续在北方建立国家，史称“五胡十六国”。

初日已爬上高林，负责给学生培训的考古人员小陈已领着十来个少年向我行来。空气顿时嘈杂起来，少年们抬起头看了一会石像，又大声笑着、读着文字介绍。一个孩子突然叫起来，指着石像问我：“这个陆机是不是我们学的《周处》那一课里的陆机陆平原？”我点头称是。少年们放轻脚步，离它而去，石像依然静静肃立。

静一点也好，陆机的人生太嘈杂了，他曾向往过这种嘈杂。结果，满腹诗书被混乱的政局搅碎，尔虞我诈填满了本该风清月朗的胸襟。在“八王”互相倾轧的政治斗争里，陆机在战败后遭谗遇害，并被诛三族。其实，这一切早已注定。赏识他的张华曾对他说：“人之为文，常恨才少，而子更患其多。”信乎！他才华太盛，又加之文人的耿介，早被人嫉恨却不自知。

鹤唳河桥可复闻，覆船山下剩孤坟。

夜光积玉归何处，一片残魂伴冷云。

口里正吟咏着前人何世英的凭吊诗，忽然一群白鸟掠过天空，还发出声声鸣叫。千年之后的故乡，已然难以听到仙鹤的鸣叫，但是陆机依然固执地静立着。他最终的魂，还是归去了啊！是呀！华亭鹤唳，不如归去！

我眼中的曹揆美老师

——读《青浦望族》，念与曹揆美老师相处的日子

（华新中学　马喜增）

屈指算来，离开位于练塘的（原）颜安（高级）中学已近13个年头了。在那里生活的三年中，有许多人，许多事值得回忆。

近日，研读《青浦望族》一书，当我读到《教育世家 练塘曹氏》一章时，心中倍感亲切，脑中不禁又浮现起那个满头银丝的老人，那个学校里早来晚归的骑车老人，那个永不知疲倦的老人……

2004年9月的一天傍晚，颜安中学门卫室内，几个与我一样刚刚入职的青年教师围着一个老人，聆听她的人生故事和谆谆教诲。

“反右运动中，我的手臂被扭断过……如今那些都已经成为过去，我要珍惜当下……”

“我是一个编外人员，没有工资，我也不要工资！”“只要让我在这里教育学生就行！”“这学校是我叔叔创建的，我立志要办好它……”

从这些只言片语中，我深深感受到曹揆美老师对于颜安中学，对于家乡教育事业的满腔热情。而平日里，年过古稀的她总是骑着一辆自行车，风里来，雨里去，穿梭在小巷与学校间。按时上班，延时下班，常常晚自修结束九点多才回家去。曹老师崇高的教育情怀，无私的奉献精神，令我们这群职初教师深深赞叹，让我们钦佩的同时，也深深地感染着我们，努力做一个尽职尽责的好老师。

随着时间的推移，对于曹老师的了解也就更多了：原来颜安中学教工宿舍楼前的石碑，是为纪念曹揆美老师的叔叔曹修仪（颜安中学首任校长）而立；原来曹揆美老师出国留学过，英语非常好；原来曹揆美老师退休后长期担任颜安中学编外教师；原来曹揆美老师的祖辈在练塘家世显赫，整条街都是曹家的……

而最让我为之动容的是，落实政策后，曹揆美老师把练塘上塘街的房子加以

改造，免费提供给学校里家境困难，学习上进的学生食宿。不仅如此，还义务为其辅导功课，照顾他们的饮食起居。我曾有幸与同事闲逛时，走进那充满书香气，充满人情味的几间平房。墙上写着“成才是我们的目标”一类的励志标语，学生们的房间打理得井井有条，孩子们脸上洋溢着自信、乐观、坚定……令我觉得俨然进入了早年的书塾。曹老师的无私奉献，倾情投入，潜移默化地影响着学生，在她家走出了许多大学生，我的同事顾老师就是其中的一个！这不得不说是一个奇迹！因为颜安中学地处偏僻，生源实在是不理想。

学校里，曹老师还义不容辞地担负起“教导主任”的工作，最令年轻教师头疼的班级都是她关注的对象。针对厌学，逃学，调皮捣蛋的学生，曹老师总是不厌其烦地一次次晓之以理，动之以情。曾记得2006年秋的某个晚自习，住校的我在二楼办公室批改作业。忽听窗外传来曹老师的声音“都上课了！你怎么还在外面闲逛？我跟你说过多少次了！”我推门出去，只见高三某班的一个男生被曹老师拽住了胳膊。孰料那男生任性使气，胳膊用力一甩，只听“嘣”的一声，曹老师摔倒在地——后脑着地！我赶紧上前，与学生一起慢慢扶起曹老师。这时那男生才意识到自己闯了大祸，不知所措地站在一旁。然而曹老师手捂后脑，跟那男生说：“你赶紧回去上课吧，我没事！”那男生如释重负，快步溜回班级。我扶着曹老师进了办公室，查看伤情，好在没有大碍，但后脑还是撞出一个大包！我问需不需要去医院，头迷不迷糊。曹老师说没什么大碍，休息一会就好了。第二天一早，那个熟悉的骑车老人又出现在校园里，我长吁了一口气，心中满满的感动与钦佩。

曹老师多才多艺，黑板报出得不是一般的好！大学时担任过宣传委员的我担任班主任时，常与学生们一起设计板报、出板报，每每评比稳获奖，但当我看到曹老师参与的她所带的班的板报设计、书写时，我都会深感自愧不如。因为她的班板报内容充实，形式美观，字迹清秀……她与学生们一起爬上爬下，从不嫌脏不嫌累……一个早过古稀之年的老人怎么就这么有干劲！而我也督促自己：凡事能够尽善尽美，就不要随随便便，差不多就好。

2007年7月，颜安（高级）中学因为种种原因停办，我也随着自己的第一批学生毕业了。我与同事们都面对第二次择校就业，这个过程中，曹老师不遗余力地推荐了部分青年教师到区里的（重点）中学任教……

最后我想说，曹揆美老师的许多事迹网上一查，很全面也很详细。但是我觉得还是有写下上述内容的必要，因为这些都是我亲眼所见，亲耳听到的，也多是网上查不到的，可以作为研究曹老师为师为人的第一手资料。而对于这样一位拥有教育情怀，拥有奉献精神，拥有敬业精神的老人，我也觉得有追忆这些往事的必要。

一别多年，也不知曹老师近况如何？唯愿身体康健，一切安好！

2020 年 1 月 16 日 夜

遥远的慈门寺

（复旦附中青浦分校　简振雷）

历史上朱家角有个著名的慈门寺。慈门寺即清华阁十二景中的“慈门杰阁”，为朱家角著名古刹。

据万历、康熙《青浦县志》记载，慈门寺所处位置在青浦县的五十保[1]，就是今天大名鼎鼎的朱家角放生桥南岸区域。此地宋朝淳熙年间（1174—1190）建有明远庵，与原有的“利济”和“众福”两庵相望。慈门寺是元朝至正年间（1341—1369）在原有的明远庵基础上修建的，明朝时慈门寺与明远禅寺并峙，旺盛的香火存续了大约两百年，在明代嘉靖年间（1522—1566）海防松弛，倭寇猖獗，上海地区多次遭劫，据康熙《青浦县志》记载：嘉靖三十三年（1554年），“甲戌，（倭寇）遂西过广富林、劫唐行，分掠珠街角、沈巷、林家角、莳澳塘”。“丙午，（贼）过章练塘，劫珠街角”[2]。大体可知慈门寺即毁于此次兵燹。

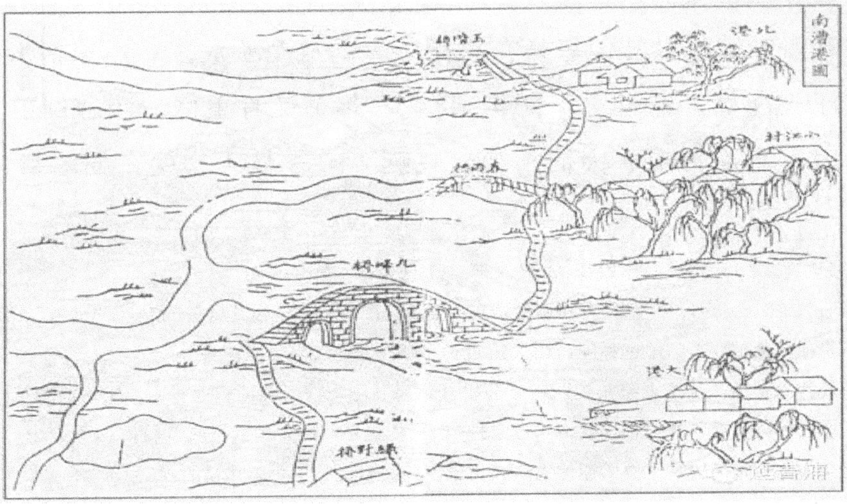

① 保，宋之后实行的户口编制单位，十户或二十户为一甲，十甲为一保，设保长。

② 《青浦县志》，上海古籍出版社，2014 年，第 1282 页。

明朝隆庆五年（1571 年），行脚僧湛印和尚募款重修大雄宝殿，民间称新殿。“大雄宝殿气势恢宏，朱檐石柱，坚伟敞丽，内塑十八罗汉，二十诸天于壁，以及宴众之寮、阐法之堂，函丈之室，无不毕具，遂成为胜刹”[①]。据传新殿的如来佛雕像的一对眼睛看上去像活的一样，夜里还会发光，是用“猫儿眼”宝石[②]镶嵌。不仅如此，据说如来佛座下有一暗道，直通淀山[③]通灵泉[④]。

万历二十七年即 1599 年，“僧湛印偕性潮请于上舍诸从礼、秉礼，得地十亩为基”[⑤]，扩建慈门寺。此前性潮和尚外出化缘十五年，历尽艰辛，终募得巨额善款，再加上建寺倡议得到了当时朱家角镇上席、许、翁、万四大富豪的大力支持，在性潮和尚的主持下，大功告成。在万历三十九年即 1611 年扩建后的慈门寺被万历皇帝赐名“护国明远慈门寺”，赏赐给慈门寺乌斯藏大力像一尊，经书十二部，并专门在大殿后面建造观音阁和藏经阁，以珍藏此二件御赐的镇寺之宝。当时的南京刑部侍郎陆彦章[⑥]颜曰[⑦]“普慈”（普度众生慈门寺）。后崇祯元年（1628 年），在大雄宝殿左建一座钟楼，楼高六丈二尺（20 米），钟重二千五百斤。撞之声闻二十余里。“风晨月夕，大声隆隆隐隐，震于虚空，凡鸡鸣而起，夜气犹存，畴（无）不肃然而醒，皇然以思，止恶而兴于善。于吾儒警世之教，深有裨焉。”[⑧]此次重建时还购买佛田 30 亩。镇中的善男信女在慈门寺结放生社，每月在慈门寺旁的放生桥放生。后来僧人寂心募金主持建造了大悲阁，乾隆三十九年（1775 年）又有重修。慈悲阁前原有铜檨树，明朝时不幸遭雷击起火而枯死，只剩下一根枝干，就在乾隆初年（1711

---

① 《朱家角镇志》，上海辞书出版社，2006 年，第 166 页，第 331 页。

② 猫眼石（Cat's eye），即“具有猫眼效应的金绿宝石”。又称“猫儿眼”“猫睛”“猫精”，东方猫眼是珠宝中稀有而名贵的品种，变石猫眼也称亚历山大猫眼石，既有变色又有猫眼现象。

③ 明清地方志记载，位于朱家角镇西南 2 公里处，因周围泥沙日益淀积而得名。宋时淀山在淀山湖中，后因泥沙淤积，湖面缩小，乃与陆地相连。海拔约 13 米。山体由粗面质安山岩组成，周长 600 余米。

④ 通灵泉实际上是两口井，位于原淀山寺大雄宝殿前，直通淀山湖，水质甘洌。

⑤ 《珠里小志》，上海社会科学院出版社，2005 年，第 68 页，第 173 页。

⑥ 陆彦章，字伯达，号紫阳，明松江府华亭县人。万历十七年进士，官至南京礼部右侍郎。

⑦ 颜本意为“眉间，额头”，引申为“题为”的意思。

⑧ 《青浦县志》，上海古籍出版社，2014 年，第 1698 页。

年前后）古树发新芽，进而枝繁叶茂，至嘉庆二十九年（1814 年）已经粗壮到需两人合抱。每年清秋时节，铜檍树经寒落子，角里人捡拾树籽，做成念珠。清朝乾隆三十八年（1749 年），僧重礼募金重修慈门寺。里人金石学家王昶有《修慈门寺记》为证。当时慈门寺的建筑还有“再进为五印堂，为香雪山房，右为三元殿。”[①] 其后于乾隆五十九年（1770 年）重修钟楼，王昶亦专门有《新修钟楼记》为证。这期间慈门寺名声大振，香火旺盛，每日寺院的香灰可清扫百十斤。先后在慈门寺驻寺修行的还有心然和尚、通容和尚、通初和尚等，这些高僧皆僧俗两重，为善一方。

后世几经战乱，慈门寺逐渐衰落。特别是太平天国期间，慈门寺遭到很大破坏，“洪杨乱后，残毁不完，仅大殿及水次一亭岿然独存。”[②] 光绪二十年（1895 年）圆津禅院住持能证和尚兼管慈门寺。1938 年夏季日军侵华期间，朱家角古镇先后三次遭到空袭，慈门寺附近屡遭战火。“民国三十一年（1942 年），修复雷祖殿、观音殿等处，至其寺基，半为镇人租建市场。”[③] 民国后期，寺庙被改建为医院，1949 年慈门寺仅存大殿、钟楼等建筑[④]。五十年代初在原寺址建成县人民医院，大殿原址后来成为朱家角医院住院部，2013 年朱家角医院已从原址迁出，在慈门寺原址上所建的住院部一直空置至今。旧址上仅存雌雄古银杏各一株，依然挺拔苍翠。

如今，慈门寺已荡然无存，唯有在原址上新建的慈门街还带着些许慈门寺悠远的回响。慈门街本是百年老店涵大隆酱园的后院，而涵大隆酱园的原址就是当年慈门寺的原址。内有文昌阁、九碑廊、龙泉地等，内存“角里桥”一座，宋明以来碑刻八块，现为商业、旅游、娱乐为一体的商贸城。

人事有代谢，往来成古今。

遥远的大名鼎鼎的慈门寺当年到底是什么样子的呢？我们大体可以想象出是四进院：首先是山门，进山门迎面就是大雄宝殿（民间所谓的新殿），面对山门左侧为钟楼。第二进迎面为五印堂和香雪山房，面对山门方向右侧为三元殿。第

① 《珠里小志》，上海社会科学院出版社，2005 年，第 68 页。

② 《青浦县志》，上海古籍出版社，2014 年，第 2067 页。

③ 《青浦县志》，上海古籍出版社，2014 年，第 2067 页。

④ 《朱家角镇志》，上海辞书出版社，2006 年，第 166 页。

三进迎面为大悲阁，最后一进建筑当为观音阁、藏经阁、雷祖殿（推测为明远庵遗留建筑），最里面当为小花园，才会建水次亭（推测因慈门寺北临漕河，有专门的码头，故为水次亭[①]）。寺基十亩，近七千平方米，四进院落，钟楼就有二十米高，大钟有两千五百斤，可知与此钟相匹配的院落该是何等的气势恢宏。在没有现代建筑技术的古代，能够做到开物成务，可谓筚路蓝缕、艰辛至极。

提起慈门寺，就不能不提及三位高僧：第一位就是隆庆五年（1571 年）行脚僧湛印和尚，他用募化所得重建大雄宝殿，"朱檐石柱，坚致敞丽，内塑十八罗汉、二十诸天于壁，凡所应设，无不毕具"[②]。使得慈门寺在万历三十九年（1611 年）受到当朝皇帝的敕封，这对慈门寺的发展具有开创意义。第二位高僧是性潮和尚。他见"寺濒于漕溪，隔岸为井亭，烟波淼弥，南北居民错趾骈肩，呼艇争渡者，每苦风涛之险，而舟子又善持缓急，行人病焉。"作为行脚僧，他云游四方，花了整整十五年才募足善款，将桥建起来，"构通南北交通，行人称便，因结放生社于此，故名其曰放生桥。"[③]。为了铭记性潮的慈悲之心，每逢初一十五，人们都来桥下放生水生动物，于是这座桥也被称为放生桥。第三位寺僧心然和尚，以寺附近，天雨泥泞，行者没踝，于是聚石为岸，并沿途铺以石板，成为长衢，名曰石街，俗称新殿石街。据说以上提到的三位僧人先后趺坐而化，颜面如生，不龛、不火、不塔，以次列坐，历经近百年，至清嘉庆年间，犹安然无恙[④]。这种传说反映的是后世人们对诸位高僧的怀念和爱戴，积德行善，必有祯祥。

在当年捐款造寺的乡绅中有一席氏，他们的远祖为唐武卫上将军席温[⑤]，世居苏州太湖洞庭东山，富甲一方。明代后期席氏子孙经常往返于太湖东山与青浦朱家角之间，朱家角逐渐成为席氏族人的聚居地，他们积极参与公共事业建设，在

---

① 次：停留、驻。.

② 《青浦县志》，上海古籍出版社，2014 年，第 1706 页。

③ 据民间据传有一个妇人在身怀六甲之时，丈夫不幸离世，于是只能自己每天辛苦地往返于漕河两岸之间卖一些蔬菜养活自己，但是有一次在过河过程中妇人不幸落水，她用尽全身力气游到了岸边生下了这个孩子，之后就不幸去世了，这个孩子后来被慈门寺的老僧捡回去做了个小和尚，法号性潮。当他长大以后得知了自己的身世，便发誓在漕河两岸建一座桥来告慰自己母亲的亡灵。

④ 《珠里小志》，上海社会科学院出版社，2005 年，第 68 页。

⑤ 《青浦望族》，上海人民出版社，2016 年，第 232 页。

慈门寺的复建中捐资甚多，后来还在慈门寺旁设立了义冢，还捐资修建了报安桥、安定桥，崇祯年间席氏子孙还捐资修缮青浦名胜青龙塔，成为朱家角人们心中为富好仁的典范。不妨读一读《青浦望族》，你会发现生活在青浦这片土地上的人们，即使是富甲一方，也绝对谦逊低调、好善乐施。

当年万历皇帝赐给慈门寺“护国”之名，表达了受到皇室支持的背景，将原寺名“明远”加在“慈门寺”之前，表达的是一种对寺院传统的继承。所以慈门寺仍有可能是一座藏传佛教寺庙，即使不完全是一座藏传佛教寺庙，也至少继承了部分藏传佛教的传统，这样才可能受赠“乌斯藏大士像”，“乌斯藏大士”应该是一尊藏传佛教菩萨像。与汉传佛教的普度众生、圆融、慈悲、方便、顿悟不同，藏传佛教主张长时间的苦行，修行的内容严谨而完善。我猜想，从藏传佛教到汉传佛教，从苦行到顿悟，人们没有忘记修行是一件苦差事，同时又能接受更灵活、更开明的方式来悟道和弘道。这本身就是慈悲为怀。从某种角度上讲，这就是恕道。所以慈门寺的寺名本身就非同凡响。

慈门寺对于青浦人来讲是一个遥远的存在，围绕慈门寺，忠臣良将智者强盗在这个大舞台上表现一番，留下人格的背影。有两种力量在比权量力：一种是开创的力量，建设的力量，保护的力量，我们姑且叫正义的力量：湛印法师、性潮法师、寂心法师、通融和尚等，这些名垂千古的智者，他们坚毅的目光、从容的表情，稳健的步履，忙碌的身影，他们的精神四百年来未曾离去，仍然在漕河岸边萦绕、回响、升华；另一种是破坏的力量，劫掠的力量，我们姑且叫它邪恶的力量，贪婪的力量，倭寇的魅影若隐若现，洋枪队、侵略者也曾粉墨登场，他们破坏他人和平而安宁的生活，烧杀抢劫，无恶不作，有人至今还不思悔改。当年建造保护慈门寺的这些法师俗界姓甚名谁已经不重要了，重要的是他们积极进取舍我其谁的责任感和奉献精神，以及面对外族入侵的勇气继续光照千古，这就是慈门寺留给我们的一笔宝贵的财富。

附：

修慈门寺记[①]

［明］王昶

天地之生人生物，人之所以为人，皆本于仁。人皆有不忍人之心，惟君子也扩而大焉，老吾老，以及人之老；幼吾幼，以及人之幼。又推其余，及于鸟兽，由是尽人之性，尽物之性，功足与天地参。尧舜之仁，暨昆虫草木，上下咸若，其被于乐者，百兽率舞[②]，凤凰来仪[③]以应之，职是故也。盖人物与己，生本一气尔，以天地视之，皆吾同胞也。域于血气形质，于是己见以生；因己有欲，因欲有私，而无我之本亡矣。渐至忮求[④]争夺，残刻戕杀之害并作，而不可制也。圣人忧之，不能遽返之于仁；而先助之以慈。慈者父子之所以有亲，虽凶狠惨虐，未有不爱其子。知我与人同为天地之子，天之爱斯人也至矣，其忍为戕贼欤！ 我爱我子，人亦爱人之子，又忍戕贼以自快其私欤！ 慈之说行，君上严不嗜杀人之戒，卿大夫守保赤诚求之训，然后不独亲其亲，不独子其子之风俗以成，大道之行也，与三代之治，鲜不肇于此。昔之言仁者曰宽，曰善，曰惠，未有言慈者，言之，始见于《礼记》，其后《道德经》云“我有三言而宝之，以慈属先”，而桑门[⑤]教人为慈尤详切广博，下至蜎飞蠕动[⑥]，无所不到。 颇恨其说时乖戾于圣人，然耳目口体诸欲于我无与焉，专专以爱人利物属本，盖深合于克己为仁之旨。是以虽有凶狠惨虐者，往往藉此以稍戢，其于我儒仁慈之说，盖不为无助。里北有慈门寺，岁久而圮，僧敛赀以新之，且告曰：寺旧无记，愿志其所以名。余与桑门之教未有得也，乃以闻于吾儒者告其徒，且使之镵[⑦]于碑云。

---

① 《珠里小志》，上海社会科学院出版社，2005 年，第 69 页。

② 百兽率舞：语出《尚书·舜典》，各种野兽相率起舞。旧指帝王修德，政治清平。

③ 凤凰来仪：亦作“凤凰来舞”，仪表非凡。古代指吉祥的征兆。

④ 忮（zhì）求：出自《诗·邶风·雄雉》，嫉害贪求。

⑤ 桑门：即沙门，佛门。

⑥ 蜎（yuān）飞蠕动：虫豸之属飞翔或蠕蠕而行。借指能飞翔或爬行的昆虫。

⑦ 镵（chán）：刺、凿、刻。

新修钟楼记①

[明]王昶

慈门寺在吾乡东北隅，殿左有楼巍然，巨钟悬其上。楼之高以尺计者凡六十二，钟之重以斤计者凡二千五百，撞之，闻二十余里，盖用以警觉群生，兴善止恶。然楼属明崇祯初建，岁久攲②侧，不可登，钟亦置而弗叩。费钜③工繁，数十年来，莫克举其役。今同乡善士谓名刹不可不修，慧命不可不续，争出檀施④，构巨材，鸠良工，斥其朽蠹点点，用银二千数百两。奔走劳勤，阅三月乃溃于成⑤。惟古乐钟以立号，是为金声，径围有定制，掌于凫氏⑥者独详。其悬以簴笋⑦崇牙⑧，则大不出钧，重不过石，三代以降，乃有千钧万石之称，而释氏⑨遂取以为用。其于鼓钲舞铣⑩，亦多不谐经义，然立号动众，与古无殊。盖释氏以此方教体清净在声闻，故将择圆通第一，先敕睺罗⑪击钟，使验声尘闻性之有无，无上方便。以一音摄效，见于《法藏经》《感应记》诸书，是以犍椎之用，惟钟力属最大。今斯楼之修，崇闳坚固，具濡木，复令僧主之，以其时而考击焉。吾乡人户不下数万，且寺濒溪，船往来日以千计，风晨月夕，大声隆隆，隐隐震于空虚，则凡鸡鸣而起，夜气犹存，畴（无）不肃然而醒，皇然以思止恶而兴于善，于吾儒警世之教，深有裨焉，故于倾颓之久，修建之勤，详举而记之，以示后来。若夫董事者姓名，暨善士檀施各数，别勒于石，不复详载云。

---

① 《珠里小志》，上海社会科学院出版社，2005年，第70页。

② 攲（qī）：倾斜，歪向一边。

③ 钜：数目巨大。

④ 檀施：布施。

⑤ 溃于成：语出《诗经·小雅·小旻》，"筑室于道，谋是用不溃于成"。是用：所以。溃：遂。意思是在大路旁盖房子，总是征求行人的意见，行人的意见多有不同，所以房子是盖不成的。本文指建成。

⑥ 凫氏：《周礼》官名，职掌作钟之事。

⑦ 簴（jù）笋：又称笋虡。是指古代悬挂钟磬的木架，出自《尔雅·疏》，唐代元稹有《和李校书新题乐府·华原磬》："何时得向笋簴悬，为君一吼君心醒。"

⑧ 崇牙：悬挂编钟编磬之类乐器的木架上端所刻的锯齿。亦代指钟磬架。

⑨ 释氏：佛门的简称。

⑩ 鼓钲（zhēng）舞铣：钲，军中用以指挥进退的乐器。铣：古代钟下的两角，这里代指钟。鼓钲舞铣是敲打乐器的意思，这里指自说自话。

⑪ 睺罗："魔合罗"的略语。梵语，原来是卖儿童玩具的叫卖声，元代把孩子们玩的泥人也唤作魔合罗。本意指寺僧。

西禅堂即事①

[明] 蔡珑

郑虔②归白发，笔砚已封尘。
爱此�窗净，悠然瓶盏亲。
瓜茶陇外足，花雨逐番新。
莫问长生诀，凭君听未真。

慈门禅寺③

[明] 李大成

晚烟寒古寺，一径古崚嶒。
远水映珠火，长天低玉绳。
慈云长覆护，宝界俨依凭。
百八声徐歇，同参圆觉僧。

同钱晓征过慈门禅寺④

[明] 王昶

萧然景物近残冬，遥指香林并过从。
日午烟销花院竹，天寒雪压石坛松。
传心未得通三昧，出世何当叩五宗。
欲向南原参大义，鱼山清梵响疏钟。

---

① 《珠里小志》，上海社会科学院出版社，2005年，第70页。

② 郑虔（691—759），字趋庭，又作“若齐”“弱齐”“若斋”，郑州荥泽县人，唐代文学家、书法家、画家。

③ 《珠里小志》，上海社会科学院出版社，2005年，第70页。

④ 《珠里小志》，上海社会科学院出版社，2005年，第71页。

慈门杰阁①

[清]陆庆臻

水外慈门寺，丹霞三两层。
日边开宝界，水面起金绳。
放眼疑相揖，褰帷②直可凭。
飞来双怖鸽③，每认隔溪僧。

---

① 《朱家角镇志》，上海辞书出版社，2006年，第201页.

② 褰帷：东汉刺史到任，迎接他的车子照例要挂着赤帷裳。但冀州刺史贾琮到任时，登上车子说：“刺史必须广视听，察美恶，怎么能挂起帷裳来阻塞自己的耳目呢？”吩咐把帷裳褰起来。所属各地听到此事，都深为震动。见《后汉书·贾琮传》，后亦以“褰帷”称高级地方官履任。

③ 怖鸽：《涅槃经》二十八记载，有一只鸽被鹰追逐，佛以自己的身影遮蔽保护了鸽子，使鸽子消除了恐慌，得到了平安。

青龙镇上海早期城市文化研究

（钱周天[①] 宋思帆[②]）

摘要： 青龙镇是宋代鼎盛的贸易海港，海上丝绸之路重要节点，也是上海城市文化主要发源地。其作为繁华的移民型海港贸易城市，拥有重要的历史地位和文化地位，并将上海地方城市发展史提前至千年前。青龙镇有助于联系上海与中原文化圈，是早期上海城市发展的重要研究对象。

关键词： 青龙镇；上海早期；城市文化；苏轼

上海的城市文化是多少年？有教授说是 150 年，按上海开埠的时间算。有人说不对，上海在开埠前就已经是一个颇具规格的城镇了，这么说，要按照上海地方设立机关的时间算，至少 300 年。但是在设立机关前，上海地方便与太湖文化圈断绝关系？城市文化就是平地起楼阁般独创的？上海的区位优势是明显的，其地处杭州湾，作为长江入海口，且很长一段时期，吴淞江是太湖出海走海路的唯一通道。

就宋代及更早时期而言，后者的重要性异乎寻常。先民对太湖的疏水工程，使太湖水主要通过三江，即东江、娄江和淞江。《禹贡》："三江既入，震泽底定。"[1] 震泽，即太湖。在唐初，三江中仅有淞江仍保持通航条件，故淞江几乎独占了太湖出海航运通道。此处的淞江，在南宋前的走向，是自太湖瓜泾口，经吴江、吴县、昆山，至青龙镇流入东海[2]。位于入海口的青龙镇则成为沟通对外贸易与环太湖地区的重要商港。唐、宋以来，海上贸易的开辟使青龙镇一跃成为重要的对外贸易口岸、水乡巨镇。《至元嘉禾志》[3]："（青龙镇）旧为海商辐辏之所。"

---

① 钱周天，复旦五浦汇实验学校 2019 届毕业生，目前就读于上海市进才中学，此文指导教师为李金财老师。

② 宋思帆，复旦五浦汇实验学校 2019 届毕业生，目前就读于上海市进才中学，此文指导教师为吴威老师。

这篇论文将着重讨论青龙镇作为上海早期城市文化的集中体现的诸多特点，借此讨论上海城市文化的早期形成。

一、青龙镇与现代上海之关系

青龙镇，现名旧青浦镇[4]，坐落于上海市青浦区白鹤镇旧青浦地区。大致地理位置位于老通波塘沿岸青龙寺附近，分布面积巨大。梅尧臣《青龙杂志》记载，北宋时期青龙镇的建制有“三亭、七塔、十三寺、十二桥、三十六坊。”[5]上海博物馆对这片地区进行过为期十年的重点发掘，目前已基本确定唐宋两时期的市镇主要分布地区[6]，并对青龙塔地基进行发掘。

青龙镇可追溯的最早历史是三国时期。《至元嘉禾志》载：朱伯原《续吴郡圆经》云：昔孙权造青龙战舰，置之此地，因以名之[7]。孙权鉴于青龙镇沪渎之口，河宽水深，择为建造青龙战舰之处，实际已成为东吴的后方军港。随后，青龙镇便以军港的名义开始了其近千年的历史。东晋隆安年间（397—401），吴郡太守袁山松在青龙镇边沪渎之口筑沪渎城，以防天师道首领沈恩从海上进攻，成为军事要塞[8]。唐天宝五年（746年），青龙镇正式建制。

随后，青龙镇便逐渐摆脱其军港的地位，开始转型成为重要的商业中心。唐长庆年间（821—824年），青龙镇已十分繁盛，苏州一带贡物也经吴淞江自沪渎口北运[9]。在唐代，青龙镇已然成为中国海上贸易和对外交流的重要港口。唐大中元年（840年），日本僧人圆仁于此搭新罗人船回国[10][11]。五代十国时期，青龙镇所在的上海地区位于吴越国内，吴越国五君均采取“保境安民”政策，使得青龙镇的通商贸易几乎没有受到战争影响[12]。978年，吴越国纳土归宋，完成和平演变青龙镇之通商亦未受到冲击。北宋时期，青龙镇到达全盛。宋淳化二年（991年），青龙镇建镇，设立水陆巡检司[13]，侧面反映了青龙镇海上贸易的盛况。《宋会要辑稿》载，至熙宁十年（1077年），青龙镇税收为15879贯，占青龙镇所属华亭县（今松江、嘉定、青浦全境）税收一半之多。明《青浦县志》载，青龙镇有“小杭州”之称。

南宋时期，政权更替给青龙镇带来了大量中原移民，青龙镇达到鼎盛。青龙镇隆平寺宝塔铭记（宋）载“各地贾商，自杭、苏、湖、常等州月日而至；福建、章、泉、明、越、温、台等州岁二三至；广南、日本、新罗岁或一至。人乐斯土、地无空闲……异货盈衢。”[14] 足见其繁盛。

随后，青龙镇便走向衰败。北宋庆历二年（1042 年）为保证粮船运输安全，太湖堤 80 里为渠[15]，严重减缓青龙江流量和流速，使之在南宋末年彻底湮塞。元至元二年（1290 年），青龙镇罢市。元至正十六年（1356 年），元军叛军抢烧两月有余，青龙镇彻底被毁[16]。后改名旧青浦，如今为乡村镇集。青龙镇自南宋后“无复海商之往来”[17]。

青龙镇对如今的上海有十分重要的意义。学部委员王巍评青龙镇考古遗址指出，青龙镇遗址是上海城市形成、发展史上的重要发现、千年上海的重要实证。考古发掘也明确了青龙镇是上海最早的对外贸易港口[18]。青龙镇与上海城市发展有两方面的联系。

一、青龙镇作为上海地区早期大型城市，对上海地区城市文化的发展有重要的意义。自唐代中期起，青龙镇便作为对外商开放的商港，进行了近 200 年不间断的对外贸易。就这个意义而言，青龙镇作为上海地区最早的对外贸易港，在海上丝绸之路中占有举足轻重的地位。在青龙镇遗址的考古中发现的大量德清窑瓷片说明大量瓷器从青龙镇出口，结合考古所证隆平寺塔有灯塔作用。这反映了青龙镇是海上丝绸之路的重要港口。就航运路线而言，海上丝绸之路分为向北通往朝鲜半岛、日本的北线和通往马六甲海峡及东南亚沿岸的南线。上海地处两线交界处，结合史料，“广南、日本、新罗岁或一至”。进一步反映了青龙镇重要的贸易地位。

贸易的繁盛带来的是青龙镇城市布局与规模的全盛，这方面的描述主要集中在北宋之后，符合青龙镇的经济发展史实。除北宋前期梅尧臣《青龙杂志》记载青龙镇有三亭、七塔、十三寺、十二桥、三十六坊外，南宋淳祐年间（1241—1252 年）《青龙赋》有曰：“越有巨镇，其名青龙……龙舟为海内之盛，佛阁为天下之雄……”[19] 另，青龙镇有小杭州之称[20] 足见青龙镇之富庶。

二、青龙镇与上海市有传承关系。南宋淞江湮塞后，上海地区的主要航博贸易转向吴淞江下游三十里的上海镇，即如今上海市的前身。故俗曰“先有青龙镇，后有上海滩”。长期以来，上海镇都以商港和渔业示人，这可以认为是功能上对青龙镇的继承。

除此之外，青龙镇在数百年的发展史中吸收了大量移民，是一座典型的移民型城市，是上海城市面貌写照的最早发源，体现了海纳百川的特点。主要的移民潮有三次：第一次为唐长庆年间，随着青龙镇初步完成原始资本积累，成为对外贸易港口与漕运要道时。第二次为北宋初年，青龙镇吸引了一大批知识分子，有名的有梅尧臣、米芾等人，此时海内富商齐聚，学堂、寺庙繁盛。第三次为南宋初年，随着政治中心南移，大量中原移民涌入青龙镇，给青龙镇带来了空前绝后的繁荣情景，青龙镇由此达到鼎盛。因此我们可以认为，青龙镇是一座靠移民和贸易立本的商业城市，在这点上也与现代上海不谋而合。

我们可以大体认为，青龙镇作为上海城市文化起源、上海海上贸易港起源，与上海有直接的功能传承关系，"是现代化上海城市崛起的重要发源地"[21]。青龙镇在上海地区的早期历史中具有绝对的地位。

二、青龙镇及早期上海城市之文化成就

北宋之后，青龙镇的繁盛是空前的，体现在以下两点：一、富裕的社会环境造成了教育和文化的繁盛。南宋时青龙镇建有四座书斋[22]，两座佛寺，佛寺香火繁盛，社会各类文化场所充足。二、北宋时期充分完善的社会基础设施和对移民开放包容的风气吸引了大量文人士大夫的移民定居，其中不乏留名于青史的，如北宋时期文人李无悔曾长期定居青龙镇。

上海作为一座近代起才为人所熟知的城市，其长期以来被认为是"缺乏文化底蕴的"。诚然，中原文化圈长期以来将文化的触手至远伸向了苏州，而苏州以东的宽 50 公里有余的海岸线地区长期以来在文化观念中是"未开化的""缺乏教育和文化的"，即在普遍的文化观念中，上海地方长期以来是一片荒滩，即"上海滩"，而不以经济、文化闻名于世。

这样的观念，在经济这一方面被青龙镇的雄厚经济水平推翻后，在文化上是否仍是文化观念中的一片荒滩？很显然不是，在青龙镇长期的城市建设中，文化设施的发达必定推动文化的发达。而在青龙镇由北宋时期的鼎盛至南宋末年的急速衰微的不到两百年时间中，自然出现了一大批文化事件，例如梅尧臣在青龙镇

生活过一段时间并著《青龙杂志》；米芾在青龙镇任官职并刻塔碑吸引了一大批文化人士等等。其中象征着青龙镇文化活动顶峰的文化现象，则是熙宁七年（1074年）秋，北宋文学家苏轼造访青龙镇。

苏轼是如何与青龙镇产生联系的？时间前移至北宋熙宁七年。九月，苏轼移知密州[23]。在那里，他将写下著名的《江城子·密州出猎》。我们暂且继续讲下去，这位时年39岁的文坛名士已在杭州任三年太守之职，很受当地民众的爱戴，“吏民惜其去”。他的调职很显然是一次贬官，然而这并没有很影响苏轼的兴致。苏轼离开杭州，杨绘、陈舜俞、张先一同前往。一行人到达湖州后，与李常、刘述相会，在松江（即淞江）垂虹亭饮酒作诗，史称“前六客会”。前六客会是湖州文化圈鼎盛的文化现象，因为此后前六客各赴西东，再无相聚，故前六客会成为绝唱，对湖州文化圈有深远影响。今湖州文化研究中有专门研究前六客者。苏轼《与周开祖》：“……自杭至吴与见公择，而元素、子野、孝叔、令与皆在湖，燕集甚盛……”

此后，一行人乘船沿吴淞江向东，同行者多达十七人[24]，至青龙镇。苏轼题李行中（字无悔）醉眠亭。又有说法，称醉眠亭亦是苏轼所题[25]。此后，苏轼前往苏州，后北上。

有部分专著认为前六客会的过程仅有垂虹亭一处，这个观点笔者持否定观点，原因大抵是垂虹亭位于松江，而李行中“醉眠亭”亦在松江。此处松江指淞江，即吴淞江，与位于上海市的松江地区没有任何关系。垂虹亭位于湖州，李无悔醉眠亭位于青龙江口，据青浦博物馆考证，如今青龙镇故址西有名为“李家台”的自然村，结合青浦县志、云间志多方记载，和李行中生平，几乎可以确定醉眠亭位于青龙镇。史学界亦无对于醉眠亭地理位置的争论，可能为部分学术文献编者的疏忽。

李行中，字无悔。《中吴纪闻》载，其为湖州人，移居淞江（松江），高尚不仕，筑室青龙江上。晚年移居海南儋州，并卒于此。苏轼与李行中素有交情。两人在杭州相会并一同出游[26]。六客会后苏轼北上时，李行中送行最远[27]。据青浦博物馆考证，李行中醉眠亭位于青龙镇西侧外围偏僻处，故址存在有至少700年，至元代尚有人凭吊，见于《青浦县志》。侧面反映了此次文化事件之重要性。

苏轼在青龙镇停留期间留下《李行中秀才醉眠亭三首》[28]。其余引有参考价值的李公择《醉眠亭》、张子野《醉眠亭》、李行中《醉眠亭》[29]。

李行中秀才醉眠亭三首

（其一）

已向闲中作地仙，更于酒里得天全。

从教世路风波恶，贺监偏工水底眠。

（其二）

君且归休我欲眠，人言此语出天然。

醉中对客眠何害，须信陶潜未若贤。

（其三）

孝先风味也堪怜，肯为周公昼日眠。

枕曲先生犹笑汝，枉将空腹贮遗编。

《醉眠亭》（李行中）："檐低槛曲莫嫌隘，地僻草深宜昼眠。代枕暮凭溪上石，当帘时借屋头烟。倦游拂壁画山径，贪醉解衣还酒钱。一水近通西浦路，客来犹可棹渔船。"

《醉眠亭》（张子野）："醉翁家有醉眠亭，为爱江堤乱草青。"

《醉眠亭》（李公择）："危檐弱栋倚荒渚，海雾江雨穿疏棂。勿谓幽亭易摧折，勉事伟节同明星。"

苏轼的三首七绝有明显的仿杜甫《饮中八仙歌》的意思，这与苏轼题的"醉眠亭"相契合，结合李行中高尚不仕饮酒自娱的为人处事态度和行为，颇有魏晋风度，流淌着的道家情怀与李行中隐居的状态相契合。

第一首苏轼化用《饮中八仙歌》"知章骑马似乘船，眼花落井水底眠"。抒发了现实社会的风气差，借酒以获得"天全"，即原始、自然状态，体现浓厚的道家风气。

第二首化用陶渊明的典故，《南史》："……贵贱造之者，有酒辄设。潜若先醉，便语客：'我醉欲眠卿可去。'其真率如此。……"苏轼对陶渊明的率真发表议论，认为其让宾客先行离去并不是最自然的状态，其亦表达了道家"自然"的思想。

第三首化用边韶的典故和刘伶《酒德颂》。前者满腹经纶，昼寝被学生嘲讽后回驳（边韶答弟子）。后者："先生于是方捧罂承槽、衔杯漱醪；奋髯踑踞，枕麹藉糟；无思无虑，其乐陶陶。"同样提倡借酒达到自然的状态。

三首诗合起来看，通篇引经据典，以饮酒作为手段以达到清净自然的状态，出世而超脱，颇有隐逸的风味。

李行中的《醉眠亭》，反映了其隐居不仕的豁达心态，与醉眠亭的"檐低槛曲、地僻草深"相映相衬，别有风味。

而李常、张先二人之诗反映了李行中醉眠亭的朴素：房屋简单且占地不大，房屋四周杂草丛生，因为房屋筑在江边而可以看到荒凉的河滩。这很大程度上反映了青龙镇所处地理环境的自然条件，即未被大规模开发的沿海滩涂地区。这又说明，青龙镇是依靠贸易和航运建立起的繁华发达的城市体系。

长期以来，上海与中原文化圈是割裂的，以至于我在认识到苏轼到访过青龙镇时感到割裂感，有这样感觉的不在少数，其中不乏在沪苏轼研究学者。苏轼作为一位文坛上具有重要地位的文人，他的到访意味着将青龙镇已融入到中原文化圈中。推翻了古代上海地区文化匮乏的长期认识，证明了青龙镇具有相当的社会基础和文化底蕴。青龙镇融入并属于中原文化圈这一事实，有助于帮助上海人认识到上海作为中原文化圈的文化归属感，具有相当的标志性意义。

苏轼的到访，很大程度上是对青龙镇经济和文化水平的肯定，毕竟相较于"居无屋，食无米"的天涯海角而言，青龙镇已有小杭州之美誉。苏轼的到访促进了一批知识分子前来青龙镇踏访故址，其作为第一手史料肯定了青龙镇在湖州文化圈的地位，同时作为纽带联系起古代上海与中原文化圈。从上海千年历史，转变为上海千年文化，苏轼的到访带来的标志性意义功不可没。

我们也在推动这一事实的传播，我们相信，这一文化纽带对加深上海人对华夏历史和中原文化的认同度有积极作用。

三、青龙镇早期城市文化研究的现实意义

青龙镇命题的实际意义是，提供了一个很好的研究"上海之根"特色旅游的思路。

在“上海之根”特色旅游中，我们能看到几个典型的案例：松江区争取以广富林文化遗址作为“上海之根”，再往近些是朱家角、七宝古镇两处上海水乡文化遗存。再往近些，可能就是上海开埠之后的徐家汇、租界地区一带了。从这几个典型中，我们可以看到这样一个现象：所谓的上海之根是撕裂的，充斥着历史断层的。

何谓“上海”？在上述三个例子中，我总结了出来：一，上海的先民遗存，如松江的广富林遗址、青浦的松泽遗址，即如今南汇、青浦、松江等郊县地区本地人的祖先。二，上海地区自宋代以来的居住集群的遗存，在原住民的基础上，涌入了很多其他地方的人，比如住青龙镇的李无悔就是闽南人。三，上海开埠后形成的早期上海地方的历史遗存。我们看到，这三者在定义上是有显著差异的，前两者在于关心这片土地和土地上生活的原住民们的生活状态，而后者只关心这片土地。

如今我们对上海的城市文化认同是什么样的？当上海土著们已经逐渐埋没于时代的喧嚣中，我们发现，上海所代表的海派城市文化，即上海“海纳百川，大气谦和”的城市形象成为上海地域文化认同的核心时，其文化根源就已经和这片土地上的人产生了割裂……这是一个不那么内卷化的移民型城市，这座城市不属于任何个体，而是以日本作家笔下“魔都”的形式存在，那么，其与小桥流水，与新石器时代的遗存就不存在继承关系。也就是说，在刨去朱家角、石库门在当代文化生活的语境下所包含的代表上海的文化意象后，他们就不能代表上海，不能代表上海的城市化进程与历史，更无法与在上海生存的人产生联系，无法产生共鸣。这样的隔阂与排斥感，我在访问北京的四合院时感到尤其地明显。

有学者说，上海文化不过三百年，这是从上海县立县开始算起的，甚至有学者认为上海海派文化不过百年，在这个层面上，在与“旧的”“当地的”进行区分时，是可以理解并接受的。也因此，海派文化，或是我们如今在媒体平台上看到的“海派文化”，他们的起源都是上海开埠。然而这产生了一个问题，上海开埠已经算近代史了，那么之前呢？上海的地方史以及与之相匹配的文化符号、文化认同并没有与传统中国相连接，搞得上海像没有历史一样。这样会产生很多问题。

海派文化，说到底是西式的、贸易的、近代的，其与中国传统的、农业的、儒家的是撕裂的，部分甚至是对立的。在这个预设条件下，上海海派文化难以从根本上融入中原文化圈中，这样的对立和矛盾带来的直接后果，是上海人无法理解上海的起源与早期城市发展历史。在固有观念中，上海是近代才兴起的，上海开埠前是一片海塘，上海没有城市和文化发展的历史。这样的认识导致上海这一概念长期与中原文化脱节。而这一观念是错误的。也因此，上海人亟须拥有一个可以代表他们，即海派城市文化的意象，在石库门与新天地之外，使他们与历史、与文化相连。

我抛出了一个问题：早期上海是否存在城市文化，上海的城市文化是不是通过西方文化渗透才产生的，有没有本土性？有没有和历史产生关联？

有。上海早期城市文化，是上海县，再往古是上海地方的海港和漕运文化，追根溯源，我们找到了最开始的源头，上海海派城市文化之源——上海青龙镇。

佐证笔者的观点的证据从两方面说起：

第一，城市文化的特色是民族性的，脱根于其特有的民族文化的，且这样的特色、独有之处是存在于民族审美中的、不因为其（城市文化）断档期而发生实质性变化。也就是说，尽管上海的城市文化可以用自元代以来青龙镇的衰落而没有实质性的繁荣的通商城镇，反映上海城市文化的发展、传承关系，但我们依旧可以证明，上海的城市文化不是开创性的，其与上海浦、青龙镇有直接的传承关系。因此我们有充分的理由相信，上海海派文化中的汉文化核心，有着青龙镇的影子。

第二，青龙镇的许多独创性的特色使之有别于传统的太湖文化圈与中原、南方地区的其他城市文化。并且，这些特征显著反映于开埠后的上海。究其原因，一方面，是青龙镇的区位条件决定了其作为一座海港而非传统沿河、沿湖城市的性质。这体现在实际中，分别在建置上的税收机构建制、灯塔（青龙寺塔）和文化上的移民城市特有的对不同地区文化的包容性。另一方面，青龙镇在地理上与如今的上海市曾是上下游关系，故在建筑特色和文化的趋同性上有别于宁波等杭州湾地区的海港型城市，形成了独有的语言、文化的地方性特色。在这个层面上，青龙镇与上海的联系拥有更进一步的传承意义。

因此，我们在考虑上海市城市之根专项时，是否应当考虑到上海作为一个自开埠起便是一座移民型城市的特点？毕竟，在移民的作用下，上海本地方言如今只能在浦东川沙地方、青浦西郊地方与松江地方、金山地方依稀找到残存，而市中心地方的语言明显是由早期宁波移民带来的宁波方言口音而非苏州地方口音。在文化上，我们更应该秉持着开放包容的态度，体现在城市之根的角度，应当选取有城市特点和移民性的故址，而非走与内陆型城市一样的，通过大一统文明成型前的新石器时期遗址来建立与历史、与现代城市的关系。这样的例子，如广富林遗址、松泽遗址，忽视了上海移民型城市的特点，无法与新一代的上海人起到文化上的认同感。因此笔者建议，对青龙镇遗址进行发掘与开发，以打造上海城市文化发源地的综合型特色旅游。

青龙镇遗址具有鲜明的特点：

第一，其故址所在地白鹤镇旧青浦长期以来未进行大面积商业建筑开发，遗址核心区所在地多为当地种植园田地，结合目前已挖掘的情况，这对于青龙镇遗址保存状况是重大的利好信息，也为未来青龙镇遗址的进一步发掘与保护提供保证。

第二，青龙镇的考古价值重大。青龙镇遗址是上海城镇考古的重要发现，是实证千年上海的宝贵资料，填补了上海城市文化形成过程中的空白。对青龙镇遗址的发掘，补充了我国考古工作中对基层社会单位（市镇）研究的空白部分。

考古出土的大量贸易瓷，为上海地方史及对外贸易史研究提供了重要线索，佐证了青龙镇是唐宋时期海上丝绸之路的重要港口、当时东亚的商贸中心。青龙镇的兴盛与海上丝路的繁荣得以相互印证。

青龙镇的发掘最初开始于80年代，当地村民就发现唐代水井一口，以及同朝代的长沙窑贴花褐彩壶一只，为日后大范围考古勘探埋下了种子。

从2010年起，上海博物馆考古研究部对青龙镇遗址开展了前后长达7年之久的连续性考古发掘。历年来共发掘5000余平方米，钻探了100多万平方米。其遗址主要在通波塘沿岸呈线性分布，南北绵延约3千米，总覆盖面积约200万平方米。历年总计出土较完好的瓷器数千件、瓷器碎片数十万片，以及房基、砖井、炉灶、铸造作坊、灰坑、河埠头、墓葬等建筑遗迹。

遗迹规模自河道向两岸呈密集到稀疏的布局，体现了江南水乡市镇布局的特点。种种发现将依水运而兴的青龙镇与唐宋时期以瓷器出口为主的重要贸易港相联系。

按照时间跨度，我们可以将考古发掘进程分为以下四个主要阶段：

第一阶段：2010年11月—2011年1月。

该年发掘范围主要在老通波塘两岸，从青龙寺到青龙江由南到北长达2公里的范围内，共选择了四个区域，布探方探沟25个，发掘面积300多平方米。

在此范围内，发现了唐宋时期的建筑基址，较为重要的有三十六坊；并出土了400余件可复原瓷器和大量瓷片堆积。

从紧邻通波塘河岸的堆积位置可以知道，瓷器瓷片是由于运输造成的破损而就地丢弃，进而推断出沿河周围应有规模不小的榷场集市、贸易往来频繁。与此同时，从发掘的地层堆积来看，青龙镇遗址主要以唐宋时期遗存堆积为主；宋代青龙镇的规模要远超唐代。这与“青龙镇形成于唐、鼎盛于宋”相印证。

第二阶段：2012年10月—2013年2月。

该年的发掘主要在青龙镇遗址南北长约500米、东西宽约200米范围内，发掘面积1 200余平方米。

发掘显示：通波塘西岸以唐代堆积为主，而在东岸唐宋遗存都较丰富；宋代遗址分布范围明显向北扩展，靠近现今吴淞江，反映了吴淞江河道缩窄与青龙镇发展之间的密切关系。

在老通波塘西、窑河南岸区域，发现一处范围较大、使用时间较长的唐代铸造作坊遗迹，这是在上海前所未有的。伴随着这个重大发现，约2000件的唐宋时期陶、瓷、铜、铁、木器等相继出土。最为瞩目的属唐代长沙窑腰鼓，这在全国也极为罕见。

第三阶段：2014年11月—2015年6月。

期间，上海博物馆组织勘探公司对青龙镇遗址进行钻探，勘探面积逾138万平方米，共发现遗迹现象190处。

此次发掘确定了青龙镇遗址的重点保护区与一般埋藏区，有利于进一步的遗迹保护和开发规划。

第四阶段：2015 年 10 月—2016 年 10 月。

该年的发掘面积达 2 500 平方米，发掘对象主要针对隆平寺塔的塔基及地宫。

千年古塔的重现，确立了青龙镇遗址北部的一个关键性地标。隆平寺塔始建于北宋天圣年间。勘察发现：塔基平面呈八边形，塔心室为正方形；散水、角柱、副阶铺装莲花柱础、倚柱、壶门等关键部分保存较好。同时发现的阿育王塔、佛舍利等文物为佛教史的研究提供了重要材料。

青龙镇重见天日，不仅成为考古意义上的伟大发现，也极大地加深了上海的文化底蕴。它与上海“海纳百川”的城市风貌投合契应，让身在这座城市的每个人心底都生发出一片深沉的故土，得以寄托漂泊无依的灵魂。我们所了解的许许多多历史遗迹与前人事迹，都将成为上海的城市新名片，成为宣传海派文化的新颖素材。

但是青龙镇遗址的开发目前一片空白，这是相当令人痛心的。因此我们产生了完善“上海之根特色旅游”的想法，希望通过进一步开发青龙镇遗址，发扬独属于青龙镇的特色文化，让上海的城市风貌为之增色。

基于文化遗迹的热度，又出于保护遗址的考量，我们建议政府早日兴建青龙镇遗址公园。就地保护文化遗迹的同时，吸引大批前来“寻根”的游客、历史爱好者。

我们可以将水运贸易作为遗址公园的主题，设计多个相关板块，设法复原青龙镇一部分港口原貌，给予游客更好的观赏实感。同时，将出土的珍贵文物尽快修复，置于专门的博物馆，一并呈现给广大游客，丰富遗址公园的艺术人文价值。此外，考古发掘工作应该持续跟进。在不影响当地生活秩序的基础上，采用更先进技术，降低对遗址的损害；扩大发掘范围，为上海发现更多历史遗珍；进一步探明上海与青龙镇的历史变迁。

青龙镇是吴淞江上的一颗明珠，它盛极一时、璀璨一时，却不幸蒙尘至今。唯愿各方齐心协力，让这颗明珠在不久的将来焕然新生、重绽光辉，让“青龙镇”这个名字再次像昔日那样响彻世界。

结束语

有专家说，青龙镇是一个“大遗址”。何谓“大遗址[30]”？一、要有地区文化代表；二、遗址中的不同遗存以相互依存的形式出现。青龙镇作为太湖文化圈水乡贸易文化的地区代表，其中出土的文物、遗址的聚落分布和史籍都指向一个千年前的水乡巨镇、贸易良港。青龙镇规模大，历史价值大，对于青龙镇的研究自然也是方方面面的。通过对青龙镇历史进程的考据，结合苏轼到访代表的青龙镇的繁盛文化，以及青龙镇的考古研究与发掘，我们得以管中窥豹，一瞥这座千年古港的宏伟风貌。

青龙镇的考古发掘尚处于初步勘探的阶段，且对于青龙镇的史料记载也仅仅有《青浦县志》《云间志》《至元嘉禾志》三种，其余内容分散在诸如年谱、水利志和舆图中。我们对于青龙镇的研究抱有的态度，是对青龙镇大量史实资料整理归纳，以上海城市文化发展史作为脉络，将其作为纽带联系上海海派文化与中原文化。结论是明确的，青龙镇作为上海早期城市文化的标志，将上海城市文化提前至一千年前，并将上海本土文化水平带到了前所未有的高度。我们呼吁对青龙镇进行进一步的保护和发掘工作，早日将这一瑰宝带到更多人面前。

参考文献

[1] 张修佳. 青龙江演变的历史过程 [J]. 历史地理，2007（1）：335-342.

[2][10][30] 上海博物馆. 考古・古港：上海青龙镇的发掘与发现 [M]. 上海：上海古籍出版社，2017：20，33.

[28] 苏轼. 苏轼诗集 [M] 王文诰，辑注，孔凡礼，点校，北京：中华书局，1982：519.

[23][24][26] 孔凡礼. 三苏年谱 [M]. 北京：北京古籍出版社，2004：772，781，794.

[29] 杨潜，朱端常，林至，等. 云间志 [M]. 北京：方志出版社，2008：51.

[6][18][21] 上海博物馆. 千年古港：上海青龙镇遗址考古精粹 [M]. 上海：上海书画出版社，2017.

[5][8][13][20] 青浦县志编纂办公室. 青浦县卷 [M]. 上海：上海古籍出版社，2014：83，84.

[3][7][17][25] 嘉兴地方志办公室. 至元嘉禾志 [M]. 单庆，修，徐硕，纂. 上海：上海古籍出版社，2010：24.

[4][5][9][11][12][14][15][16][19][22]《白鹤志》编纂委员会. 白鹤志 [M]. 上海：上海科学普及出版社，2004：62，63，71，77，78，82.

青浦历代疫情考

（复旦附中青浦分校　简振雷）

庚子大疫，身心困于斗室，一介书生，无缘为抗击疫情冲锋陷阵，唯有埋首故纸，寻寻觅觅，笔者依据手头已有的文献将有记载的青浦历代疫情的条目整理如下。

明景泰甲戌（1454年）正月，大雨雪，连四十日不止，平地深数尺，湖泖皆冰，夏大水，人多疫死[①]。这是青浦区有文献明确记载的发生年代最早的疫情。夏大疫，死者无算。秋七月，大水[②]。这是光绪版《青浦县志》对当年疫情的补充条目。

明万历丁丑（1577年）大疫且饥，顾命医药，复施以粥。其死者，作业冢瘞之。

（明）万历十六年（1589年）秋，大水伤稼，至十七年夏，大旱，泖湖几成沟洫，明年（1591年）大疫，米复踊贵，贫民至啮根充饥，河中浮尸栉比，越三年，谷价始平[③]。这是青浦区最早记载疫情的文献。

清康熙十六年（1678年）春正月朔，闻雷声。夏五月，雨冰。六月，疫疠大作。

清康熙十九年（1681年）春正月十五夜，月赤无光。五月，大水。八月，大疫。

清康熙三十六年（1698年）春正月朔，微雷。夏，疫作。秋，大水。

---

① 上海地方志办公室，上海市青浦区地方志办公室：《青浦县志（康熙卷）》，上海市古籍出版社，2014，342页。

② 上海地方志办公室，上海市青浦区地方志办公室：《青浦县志（光绪卷）》，上海市古籍出版社，2014，1680页。

③ 上海地方志办公室，上海市青浦区地方志办公室：《青浦县志（万历卷）》，上海市古籍出版社，2014，118页。

清康熙四十八（1710年）年春夏，疫。秋，大水[①]。

清雍正六年（1729年）夏，旱。四月，疫。八月，螟。

清雍正十一年（1734年）夏（光绪版补），疫。

清乾隆十四年（1737年），大疫。

清乾隆二十一年（1744年）春夏，大疫。[②]

清乾隆五十一年（1774年）春正月朔，日食。是年米价腾贵，每石至五千余。夏大疫[③]。

清嘉庆二十五年（1820年）秋，大疫。

清道光元年（1821年）夏，大疫。秋，鸡翼两旁生爪。

清道光二十九年（1850年）夏四月丁卯，大雨历五旬乃止，水骤涨丈余，田尽没，水之大为百年所未有，六七月夜，地屡震。秋冬，疫民大饥，饿殍载道。[④]

清光绪七年（1881年）辛巳，夏六月，彗星见东北。秋闰七月甲午，大风雨，海溢，禾棉漂没。冬十月壬午，虹见。十二月辛酉，温如暮春。是岁疫且饥。

清光绪八年（1882年）壬午，夏五月，淫雨，辰山玉皇殿后石裂二十余丈，水如泉涌，远近讹传出蛟。六月乙亥，骤冷有雪。丙子申刻，地震。秋七月，大疫。八月，彗星见东南，光长数十丈，逾月始灭。冬十二月癸酉，大雾竟日。

清光绪十一年（1885年）己酉，春二月甲戌，大风雨，雹。冬十一月乙卯，繁星乱流，自北至东南，终夜有声。是岁大疫。

清光绪十五年（1889年）己丑，秋七月，大疫。八月丁亥，地震。丁酉，

① 以上四条均选自上海地方志办公室，上海市青浦区地方志办公室：《青浦县志（乾隆卷）》，上海市古籍出版社，2014，967页。

② 以上四条均选自上海地方志办公室，上海市青浦区地方志办公室：《青浦县志（乾隆卷）》，上海市古籍出版社，2014，968页。

③ 上海地方志办公室，上海市青浦区地方志办公室：《青浦县志（乾隆卷）》，上海市古籍出版社，2014，969页。

④ 以上四条均选自上海地方志办公室，上海市青浦区地方志办公室：《青浦县志（光绪卷）》，上海市古籍出版社，2014，1687页。

雨连绵四十余日，禾棉腐烂，大饥。①

清光绪二十八年（1902年）壬寅，夏五月丙戌，黑虹亘天。秋七月癸酉，白虹贯日。八月，大疫，棺槥为空②。

民国十四年（1925年），夏秋，时疫流行，死亡者日有数起③。

民国十八年（1929年），秋，章蒸区霍乱流行，死亡颇多④。

民国二十五年（1936年），夏，重固新王等乡镇霍乱蔓延⑤。

民国二十六年（1937年），九月九日，朱湘泾发现时疫霍乱。两天死亡5人⑥。

民国二十七年（1938），白鹤江陆家台、蔡家角两村瘟疫流行，死亡数十人⑦。

据史料记载，一般说来，当年流行在江南地区的传染病有霍乱、天花、狂犬病、流脑、麻疹、伤寒、白喉、麻风、结核等，从笔者手头已有文献记载到1949年之前，青浦区共发生疫情25次，其中明朝3次，清朝17次（295年间），民国5次（38年间）。因青浦单独设县是在嘉靖21年（即1543年），所以明万历版《青浦县志》对明朝发生在青浦区的疫情记录很不完整，可以忽略。但就清朝295年间发生了17次疫情，平均17年发生一次，民国的38年间是中华民族持续动荡的年代，疫情平均7年发生一次。而从1850年到1949年这一百年间，发生的疫情就有11次之多，平均9年发生1次。由此我们可以得出：一个朝代统治后期和内忧外患社会矛盾比较突出的时候，疫情发生的次数就多。反之，一个朝代的前期，国家内忧外患比较少，疫情发生的次数就会少一些。其中明确记载发生在春夏之交的有2次，夏季的有7次，夏秋的有2次，秋季的有8

① 以上四条均选自上海地方志办公室，上海市青浦区地方志办公室：《青浦县志（光绪卷）》，上海市古籍出版社，2014，2063页。

② 上海地方志办公室，上海市青浦区地方志办公室：《青浦县志（光绪卷）》，上海市古籍出版社，2014。2064页。

③ 冯学文：《青浦县志》，上海人民出版社，1990，17页。

④ 冯学文：《青浦县志》，上海人民出版社，1990，18页。

⑤ 冯学文：《青浦县志》，上海人民出版社，1990，20页。

⑥ 冯学文：《青浦县志》，上海人民出版社，1990，20页。

⑦ 冯学文：《青浦县志》，上海人民出版社，1990，21页。

次，未作记载季节（可能持续的时间比较长）的有5次。由此可以发现，夏秋两季为青浦地区的疫情高发时段。除此之外，疫情发生当年大都会有一些其他自然灾害（诸如洪水、狂风等）以及其他特殊天象出现，诸如白虹贯日等，这恐怕是受了源自汉代的天人感应的理念的影响，有些记载难免有附会的成分。

语云“救荒如救焚”。一方有难八方支援，官府与民众群策群力，共克时艰，这样的传统在青浦这片土地自古就有了。比如：明万历十七年，松江灾荒，蠲免三县（包括青浦）税粮米一十万二千有奇，银八万二千有奇。历年逋税银四万七千有奇，停征银七万二千有奇。（松江）巡抚御史余立等奏请，知府喻均劝分行赈。御史嘉善于宾赈本邑并吴江县米二万石，序班王仕助银五百两，监生陈邦礼助米三百石，义民杨道通助米一千石[①]。道光二十九年，夏五月大水，田庐淹没。蠲租，发赈，平粜，施粥。邑人捐银助赈，一如三年[②]。由此可见，每次发生疫情，官府大都会组织赈灾，减免租税，施粥，埋葬死者，很多士商也大都慷慨解囊。据史料记载，万历三十七年华亭人陈继儒撰《煮粥条议》，专门对在赈灾过程中的施粥这一善举提出一系列的具体要求，诸如在何处架灶熬粥，当由何人督办此事，分给何人，如何分，如何监管将好事办好等等都有一系列的具体规定。“设粥于城郭，则游手好闲之人众；设粥于乡村，则力耕之农众。聚则疫疠易染，分则道里适中。宜设于城郭十一，乡村十九，较得其平矣”[③]，“俱自带碗筷进食”，“丐流另设粥场，仍令丐头管领，毋使混扰饥民”这其中的分散施粥、自带碗筷、丐帮与饥民分开管理就比较好地贯彻了防疫过程中的朴素的隔离思想。此外青浦民间“腊月二十五举家食赤豆粥，云辟瘟。除夕烧苍术辟瘟丹以却邪”[④]的习俗。

笔者将青浦历史上有据可查的疫情做一个回顾，目的在于以史鉴今：社会发展的历史就是一部抗击病毒的历史。历史每向前一步都是艰难的跋涉。在抗击病

① 上海地方志办公室，上海市青浦区地方志办公室：《青浦县志（康熙卷）》，上海市古籍出版社，2014，344页。

② 上海地方志办公室，上海市青浦区地方志办公室：《青浦县志（光绪卷）》，上海市古籍出版社，2014，1250页。

③ 上海地方志办公室，上海市青浦区地方志办公室：《青浦县志（康熙卷）》，上海市古籍出版社，2014，346页。

④ 上海地方志办公室，上海市青浦区地方志办公室：《青浦县志（万历卷）》，上海市古籍出版社，2014，18页。

毒的过程中我们丰富着对自己、对他人、对国家、对民族、对宇宙万物的认识，锤炼着我们的能力，磨砺着我们的智慧。苦难是一所大学，多难兴邦，我们只要常怀敬畏之心，感恩之心，居安思危，珍视当下，勠力同心，众志成城，我们就一定会战胜“新冠”疫情。衷心祈盼新冠肺炎疫情早日过去，衷心祝福我们的祖国风调雨顺，国泰民安！

“看·荐”三色练塘

——毓秀学校“里仁”中队练塘研学心得

（毓秀学校　陶芳琴）

练塘镇隶属于上海市青浦区，地处上海西南。镇东南与松江区新浜镇接壤，东与松江区石湖荡镇毗邻，东北与上海太阳岛旅游度假区隔泖河相望，北与朱家角镇境域相连，西北与金泽镇境域相接，西与浙江嘉善县丁栅镇毗邻，南与金山区枫泾镇毗邻。

练塘镇先后被评为“中国历史文化名镇”“国家AAAA级旅游景区”“全国环境优美乡镇”“国家生态镇”和“上海市文明镇”“上海市卫生镇”。它集优美的自然环境和悠久的历史人文景观于一身，更有红色文化基因传承。走进练塘，我们在绿色生态中徜徉，在古色文化中怀想，在红色精神下奋进。我们探访青浦上善文化之代表，“看·荐”家乡质朴奋进之精神。

在为期“两天一夜”的研学之旅中，有趣的劳动、体验、参观、研习，寓学于乐，就像是推开了一扇乡情的大门，使我们第一次零距离地看见“三色”练塘之美。

看·荐练塘之绿

八月的练塘绿意正浓。从青浦城区过朱家角，车行一路向南，过东方红大桥，便可见太浦河两岸郁郁葱葱的“九洲仙境”及田田茭白的勃勃生机。

暑气正浓时来到练塘是一定要到“九洲”一游的。那里有葱茏的杉树林，有太浦河支流蜿蜒向南流经时的潺潺水声，还有成片成片、大如圆盘的接天莲叶和亭亭玉立的映日荷花。行走此间，原生态森林氧吧里，鸟语花香，蔬果飘香，鸡犬相闻，在浓荫下乘凉消暑是一大乐事。

拂开历史的烟云，呈现在世人眼前的是练塘“高屋窄巷对街楼，小桥流水处人家”的独特景观。这里绿水荡漾，每座小桥连着沿河居民，安逸而自由。清晨，妇女们在河埠洗涮；老人们在河边喝茶闲聊；孩子们在旁边剥剥毛豆，嗑嗑菱角。清清的河水，漾着古镇上的书屋、店铺，清茶配上书香，自在而充实。踏着青石板路，看粉黛青瓦，看古桥相连，看绿树葱茏，也可以进茭白叶编织馆动手体验。

练塘的绿，不仅在秀丽清新的自然美景，更在于顺应自然、安逸悠闲的生活状态，还在于巧手编织、绿色发展的时尚理念。

看·荐练塘之红

从编织体验馆出来，往右向前，便可在绿水环绕的路边找到陈云纪念馆的大门。进门，陈云同志的铜像赫然映入眼帘。

“我们是党员，在党的领导下，适合老百姓的要求，做了一点事而已。”朴实的言语，无私的品格，深沉的情怀，是陈云“个人名利淡如水，党的事业重如山”的真实写照。看那一条用了多少年的毛巾，穿了几十年不曾换过的大衣，老一辈无产阶级革命者的勤俭节约，是身体力行在生活的时时处处的。

练塘之红不仅是老一辈无产阶级革命家的文化传统和革命精神，还有练塘人民抛头颅洒热血的家国情怀。走进革命暴动纪念馆，面对日寇侵略时正义挺身，杀身成仁的一件件血衣；看着照片中一张张年轻的脸庞、坚毅的眼神，有的不仅是感动，更是敬佩与景仰！

看·荐练塘之古

在这座中国历史文化名镇里，没有成群的游客，也没有遍地开花的商铺，慵懒恬静的生活节奏，是适合怀想，适合静心思考的。

“练塘”之名的悠远出处，有百姓对章练夫人的感恩；繁复工序的烎糕活动中，有百姓对贫苦生活中的智慧创造；悠扬清亮的田山歌里唱出的练塘人对美的追求和对生活的知足。畅春园里走一遭，品茗听歌，听非遗传承人杨老师唱一唱古韵田山歌，吴侬软语的唱腔难学，却好听。横溇青年体验中心的跑一趟，种菜摘果，淘米、碾粉，上笼烎糕，在土灶上叠起竹蒸笼，一盘又一盘的堆得高高的，欢笑着听阿婆“一年更比一年高”的祝福，热切地看着蒸腾的热气和着米香袅袅飘远，年味儿也被悠悠地勾起。

古色练塘感恩、知足、辛勤、朴实、智慧的民风刻在了当地百姓的血脉中，代代相传。

见证练塘之“三色”后，晚上一定要入住“可·美术馆”，在四周稻花飘香的空旷驻地，品八月练塘的夜色，辛弃疾的“稻花香里说丰年，听取蛙声一片”的意境悠然而至。

青浦的月明星稀

（朱家角中学2021届（7）班　赵佳俊）

夜空中，月亮斜斜地挂着，月光恰到好处地笼在了这座小镇上空，星河里流淌着小镇的前世今生。小镇便是我出生长大的地方，名曰凤溪。

凤溪坐落在青浦的东边，又在整个上海的西边，是古时青浦的重心，也是上海的重心之一，附近的白鹤能证明这一点。

“青浦”得名于“青龙江”“浦家江”，青龙江要追回到三国时期孙权的青龙战舰，唐天宝五年设立青龙镇，之后于嘉靖二十一年置青浦县。

青浦说大不大，说小不小，略显拥挤的土地上静静地停靠着三座水上古镇“练塘”“朱家角”“金泽”。窄窄的河道之上架起一座又一座的石桥，在数不清的脚印下，石桥被打上了厚重的时光的痕迹。无论是仰望天空，还是眺望河面，抑或是发呆，在石桥上的人们有的驻足久立，有的匆匆而过，给了岁月轻轻的一个吻，便从此离去，不散的，只有吻痕。月色下的桥上没有行人了，在星光映衬下，石桥显得孤独而又沧桑，唯有清冷的月色才能复刻出古往今来的纷纷往事。月明星稀下，石桥，河水，人家，小镇散发出的悠久的古韵，意味深长，

在我看来青浦最理解美的含义的，不是有知识的青年，而是世代生活于水边的老阿姨，尝尽了几代人烟火气息的她们才能真正称得上是懂情调，懂生活，能代表这些阿姨的，我能想到的只有“阿婆茶”了，在吃饭的碗里，装下满满一碗茶叶，佐之重口味的咸菜、酱瓜、萝卜干等。清闲的日子总需要一点浓油赤酱。无需盅盏，最具有乡土气息的，就是吃饭的碗。在劳作之余，喝一碗茶，口中不停地用吴侬软语叙说着一个又一个家常的故事，阿姨就像这样，话匣子一旦开了，不聊尽兴是无论如何也不会停的，她们的故事加起来足以铺满整个世界。农家生活在粗糙中还透着点点精致，“风炉”是炖水的必备工具，柴火以松树条为最佳，棉花秆，菜花秆，豆秆次之，稻柴最下，三五成群的人们一起到一家去。

品茶，谈天，说地，正是江南古镇人民悠闲的人生写照。月色降临时，人们三三两两地各自回家，主人收拾完茶碗、饭桌之后，到床上躺下，结束一天的忙碌。当小镇上的最后一盏灯熄灭后，一方天地间唯一的明亮，便是天上的月亮。星空用点点闪耀记录着上千年的回忆，而古镇也与这月明星稀互相遥望。

青浦的星空，青浦的明月，数万人的共同努力下，在向着更灿烂的明天前进，青浦也许不是世界的焦点，然而在一片月明星稀下，有医生，有老师，有孩子，有长辈，有莘莘学子。正是可爱的人们，构建了美丽的尚善之地——青浦。

（指导教师：青浦一中王志江）

忆“双抢”

（青浦区大盈友爱社区　倪祥初）

这是一段难忘的记忆，现在的孩子无法想象和理解那时我辈经历的“双抢”岁月，特作此篇，略表情怀。

我的家乡是青浦区新桥（现改名为大盈）人民公社金横大队。那个年代水稻一般种两季，七月早稻成熟收割后，得立即插上二季稻，还务必在八月前后将秧苗插下。如果晚了，收成将减少，甚至绝收。才二十天左右工夫，抢收、抢种，所以叫“双抢”。记忆里，它却是维系所有农家生活命脉的一种繁重劳动的代名词。“双抢”时，要全队劳动力齐上阵。我从 14 岁开始，队里那片贫瘠的土地上也就留下了我幼时那瘦小的身影。

天还蒙蒙亮，在大人由轻到重的呼唤声中醒来，揉着惺忪的睡眼，很不情愿地从蚊帐中钻出来，慢吞吞地解决掉一夜的憋尿，接着听着大人的唠叨声，喝碗稀粥，赤着脚跟在大人背后。“双抢”期间的某一天就这样拉开了序幕……

早上清凉，是拔秧的好时机。清新的空气里夹杂着泥土的芬芳，田埂上的小草伸了伸懒腰，身上的露珠晶莹剔透，像一颗颗珍珠在初升的太阳下闪耀着，不时滴落在奔走在田埂上的人们的脚背之上，透着一股沁心的凉意。女劳动力将一大把整齐的扎秧稻柴放在密匝匝的秧苗上，人们弯着腰把秧苗一小把一小把地从秧田里拔起来，凑成一束，放在水田里“哗啦哗啦”地把秧苗根部的泥巴洗去，再从前面抽出几根扎秧柴，简单绕拧，熟练地打了个活结，随手就把一束秧苗扎起来了，丢在身后。不一会儿，后面翠绿的秧苗越来越多，像一个个士兵一样，雄赳赳气昂昂地站在秧田里，在晨风中飘摇。日上三竿时，人们腰酸背疼，饥肠辘辘地从秧田里走上来，吸附在腿肚上的几条蚂蟥，已滚圆滚圆了，一头粘连在腿肉里，还没有吸饱血，饱了就会自己滚落。这时我们一边骂着，一边习以为常地从腿上将它们拽下来，找根细树枝，插进蚂蟥体内，随着滴落的鲜血，蚂蟥被整个穿肠翻了过来，丢在火辣的太阳下，终究化成一摊水，再也不能复活。蚂蟥，这个东西很讨厌，好像碎成几段都没用，翻皮才是绝杀。

记得小时候我队里有一百多亩田，生产队长总是胸有成竹地根据每块田里稻子的成熟度，来决定先收割哪块田。割稻时，手持一把铮亮的镰刀顺着水稻倒伏的方向将其一一割断，然后再一把把理好，两把一堆。起先整片金黄的稻穗不见了，一块块稻田在镰刀“嚓嚓”声中露出了一截截整齐的稻桩。有力气，手快，这是割稻好手。也常见到在田野里捂着手急匆匆、满脸痛苦的小伙伴，手快比不过刀快，你割稻时若有分神，锋利的镰刀就有可能亲吻你的手。如今自己手上的刀疤依旧如新，只是不知道那把镰刀烂在哪里……从最初的甩桶到脚踩的轧稻机到后来的“大炮机”，好长时间我都是专职抱稻铺，裸着身子，只穿个短裤衩，弯着腰把一把把稻谷从泥田里（场地上）抱起来，来来回回，将稻铺递给大人。

临近中午，骄阳喷火。脚踏轧稻机或“大炮机”千篇一律地发出了“嗡嗡嗡”的声音，震颤回荡在旷野远方。知了也在声嘶力竭地鸣叫着，好像在倾诉着夏日的炎热。两种声音在原野上空交织，奏出了庄稼人的艰辛，农民的辛酸……

太热了，歇息是一件幸福的事。留守家里做饭的祖父母用大水壶送来了茶水或早晨吃剩的稀饭，算是“吃点心”。这时满身泥巴犹如泥猴的我们顾不上喝水，“噗通”一下就跳进了“龙沟”或河里。河里表层的水也是热的，必须下潜到水底，才能感受到一丝清凉，那是一种沁人心脾的凉爽，却需要不停地潜上来换气再下潜。片刻的清凉，温热的茶水，换来一丝暂时的惬意；继而发现胳膊上、胸脯上已然留下了一条条被稻铺划扫的红痕，汗水流过，感到一阵一阵刺辣辣的疼。这时大人又吆喝起来：再下田，加把劲，弄完这块田，就可以回家息工了……

轰隆隆的齿轮转动声，哗啦啦的脱谷声汇聚成正午的喧嚣。大人们一只脚用力支撑着躯体，一只脚用力踩着打稻机脚踏板，双手紧紧握住稻把，摁在滚轮上用力转动着。随着打稻机消灭了周边的稻铺，我们疾驰在泥巴田里，在越来越远的地方将稻铺抱回来快速递给大人，在大人身体的晃动起伏中，谷粒唱着欢快的歌，离开了稻草，飞入前方的谷堆中……

“双抢”中午的伙食，父母尽可能让我们吃饱肚子，知道消耗的体力太大，有时有意弄只“荷包蛋”让我们补身子。饭桌旁边，家里唯一一台组装电风扇在呼着热风，我们狼吞虎咽地吃着，喝着丝瓜蛋汤……觉得幸福满满，苦楚与疲惫早就抛之脑后了。

突然，天空中传来“咔啦”一声巨响，让所有的人都无奈地扔下了饭碗，离开饭桌，奔了出去。六月天娃儿脸，说变就变；暴雨可能即将伴着刚才的雷声呼啸而至。我们得快速把上午摊晒在场上的稻谷收起来，否则雨把稻子淋湿后会发芽、发霉，卖不了好价钱。此时，屋前的宅基场上熙熙攘攘，队里男女老少全部出动，即便没有晒稻的人也会赶过来帮忙。各种工具将稻谷抄成一堆，用大塑料薄膜盖上，压上石头稻草防止被风吹开进雨。整个过程火急火燎，容不得半点松懈，这堆稻子盖好后还要盖其他谷堆，总之，必须保证所有稻子不能淋雨。也有来不及收，稻谷被淋雨的时候，如果碰上持续阴雨天，那就麻烦了，淋雨的稻子也交不了公粮，粮站收稻员拿根空心的铁钎子插进麻袋，又抽出来，在交售人可怜巴巴的眼神中，捏起几粒稻谷丢进嘴里，一咬，白眼一翻，拉回去，拒收！碰上这样子的事只能叹息。

“棒冰棒冰，赤豆冰棒”，一声声吆喝伴着自行车铃铛声，将我们吸引。卖棒冰的来了。大人为了鼓励我们继续好好干活，也摸点零钱出来给我们解馋。五分钱一根的棒冰太令人回味无穷了，我们小孩子小心翼翼地剥开棒冰纸，不忘将粘在纸上的碎冰舔到口里，棒冰表面留有一层薄薄的白霜，一股甜丝丝的雾气夹杂着丝丝凉意一下子钻入鼻孔中，迫不及待狠狠咬上一大口，含在嘴里让它缓缓化掉，再一点一点咽下肚去，只半支棒冰下肚顿觉通体舒畅极了。那时觉得更觉神奇的是，棒冰放在铁搪瓷缸里，过一会儿瓷缸外面怎么也会变湿呢！

有时雨后的凉爽经不住太阳公公的霸道，半下午左右，息风了，整个田野又像大蒸笼一样闷热不堪起来。插秧的人们已经个个汗流浃背，草帽下的汗水顺着额头流到眼里，一阵刺辣……却也无法分出手来擦一把。大人们将手里的秧苗掐分成一撮撮，快速地按进滚烫的泥巴里，弓着腰有序地往后倒退着，一棵棵秧苗也就慢慢将水汪汪、白茫茫一片的水田装扮得郁郁葱葱起来。插秧是个技术活，插得不好不能成活，回头还要补棵，所以大人一般都不让我们插，我们小孩们只能甩甩秧把，把秧把往大人身后传递。

火红的太阳渐渐落下去，好像整天锋芒四射让他自己也不好意思了，在这黄昏时分透出了些许温柔。

“双抢”的早上、晚上都是干活最佳的时间段，火烧云的映射下，人们经历一天的劳作，体力消耗得所剩无几，可深知明天农活任务更加艰巨，不得不在蚊子牛虻的叮咬下，继续奋力抢收抢种着。阵阵犁田人呵斥牛儿的声音，为田间放水而吵架的声音，跟四起的炊烟一同飘荡在田野上空。

天色渐黛，河滩头边上挤满了人，洗脚的，洗农具的，牵牛喝水的，抬水的，洗菜的……我们赤身裸体地在河里水中翻滚，肆意嬉笑打闹；大家相互表演仰浮，肚皮朝上，这在我们这里称之为“淌水面”，不会担心溺水，直到今天我的水性一直很好。

现如今，农业机械化程度越来越高，这渐已消失的“双抢”，伴随着我从14岁一直持续到22岁当兵止，已化成一种融入血液与骨头里的记忆，铭刻盘踞在我的心灵深处，其滋味刻骨铭心、五味杂陈，让人想笑，想哭……

“双抢”，让我心悸、惧怕与敬畏，但它的艰辛苦涩，让我在茫茫人生路途中学会了隐忍、无畏、坚强！

时光如梭，这种特殊的经历，此生不会再有，回不去的岁月，忘不了的“双抢”！

（崧淀中学付宏莹供稿）

小镇庙与园

（复旦五浦汇实验学校　程涵悦）

国际学校、购物中心、私人医院
爆文、电子账单、焦虑
从郊县的烂泥地里蓬勃长出
守旧的鄙陋和莽撞的欲望
浩浩然漫过
城镇最边缘遗留的田埂

灵光千百年间的无数次骤降
在他日炊烟里炸响
失语在日复一日下班时分
狭小马路的某串汽车尾气中

镇中心没落的老商场里
所有的口红与眼影
都直直略过隔壁
源源升腾的金色气脉
和刻意缄默的假山与落叶

城隍庙里
少人知晓明皇的敕封
和身后百年被唤醒的显灵伯
香烟袅袅而上

降下被遗忘姓名的庇护人
巍峨而无尽的父性
恐惧或曰敬畏
热望或曰信仰
褪下来人
从俗世穿来的鞋
他遁入空中的浓烟里
感官里隆隆的都是宁静

一尊尊神像镇定了万物
眼神从万里之外而来
穿过香火与人言
只刻印下某一句劝诫
反反复复，似是乡音

惩恶扬善的画作
沿墙而绘
绵延到不可测知的深处
城隍夫人的居处
由二楼下望
一如俯谛大地的叮咛

檐角的神明
守着意念的结界
又不经意地
觊觎着庙墙外
奔腾的花木与流水

百余年前
城隍庙的鼎沸
唤来曲水园假山
次第而归
庙的肃穆
恢弘了
清高的园
园的灵秀
流溢
一墙之隔的香火
而今
他们互相依偎
不安地占着
寸土寸金的闹市
一块天命与伦常的预言石
一日日分崩在清冷里
一方坠入农家的砚台
因漂亮暂被高高收起

园子是座迷宫
任中国人的神经四通八达
狂飙突进
所及皆有小亭清唱
花木拥裹
还有池塘湮没他
再复活他

诗书功名的历史

被悬在园中最高的阁楼
本镇最后一个秀才的叹息
和本镇唯一领受的圣旨
在农人们想象得到的天际线
一同被遗忘
如果忽而有人冲进阁楼
极尽吹捧
定是它们被彻底遗忘前的
喃喃自白

残荷浩荡了水与天
每一片叶子里
都有一个人在梦游
知识分子气的嗜好
农人们不屑懂得
他们关心园中的
琴棋与退休
草木与呼吸
榫卯与归依

小镇上的庙与园
还在等待
下一个惴惴的灵魂
等他误入
等他归来
为他晕开眉心的山水
再请一位故人常驻耳垂
等他回到高级公寓
依然超逸并欢喜

（代跋）事非经过不知难

简振雷

索性将岁月的指针拨回到2016年11月20日。在图书馆翻阅资料的我忽然在书架上发现了一部繁体字的《青浦县志》，粗粗翻过，《列女篇》里记载了明清两代在青浦地区那些守节女人的一些基本资料，我的心一阵颤抖，这寥寥几笔的背后一定是无数女人的茕茕独立，长夜孤灯；钟贾山上的栖云楼点点烛光，铁崖先生对生命的独到见解令人肃然起敬。再加之笔者在七宝古镇生活超过十二年，对七宝与青浦的渊源有所了解，七宝古戏台铭文中就提到了县令屠龙，颇感亲切，于是我就借阅了上下两卷，放置案头，偶尔翻阅一下。

在翻阅《青浦县志》的过程中，历朝历代在青浦这片土地生活过的文人墨客留下的足迹日渐鲜活起来。早期的陆机、陆云，范仲淹的《江上渔者》、苏东坡的《思堂记》。任仁发身为朝廷命官，阶至二品，但在画马上艺术成就斐然，引得时人倚重。《海瑞罢官》中的徐阶就是青浦人，首任《青浦县志》编纂官居然是福建沙县人，等等。我就思忖着能否从《青浦县志》上撷取一些阅读材料作为日常语文教学的补充材料，这样既能学习文言文，又挖掘、提炼、传播了青浦地方的传统文化。

机会终于来了。就在2017年年初，青浦区申报名师工作室，因为杜虹老师工作繁忙，也承蒙各位厚爱，关键是邀请了黄玉峰校长做了本工作室的顾问，本人的青浦区经典教材开发与教学设计研究工作室作为当年教育系统唯一一个名师工作室入选，同年四月还举行了隆重的揭牌仪式，五月份工作室组织了开题论证会，我执教《栖云楼记》并向各位介绍了本工作室课题的基本情况，华东师范大学中文系赵志伟教授，青浦区教师进修学院姜虹院长，复旦五浦汇实验学校黄玉峰校长参加了论证会，大家一致认为，依托《青浦县志》开发中学生阅读教材具有相当的开创性，很有意义。

接下来的日子我们按照黄玉峰老师的指导，先是购买书籍，分头阅读，找出自己印象最深、最有阅读体会的材料，并以此与日常教育教学相衔接，让这些看似遥远的阅读材料走进中学课堂。我们先后开办十几节公开课，每次公开课都面向全区开放，也邀请外区甚至其他省份的兄弟学校教师来听课，大大激发了工作室成员研读《青浦县志》的积极性和效率，为依托《青浦县志》开发阅读教材积累了非常宝贵的经验和资料。

在教材开发的过程中，没有参考资料是我们遇到的最大的困难。阅读资源是在真正的“一穷二白”的基础上依靠工作室成员辛勤努力克服重重困难开发出来的。首先是文本的整理，由于《青浦县志》的内容是繁体字，首先要将繁体字扫描下来，然后将文档中的繁体字转换成简体字，再将简体字的文档与原来的繁体字的文档逐字核对，看看有无出入。对于这些资料，网上和现有文献没有任何可以借鉴的东西，全凭同仁们自己揣摩、理解、把握，在这一过程中，工作室的同仁们付出了巨大努力，他们常常是一遍一遍地研读文本，揣摩文本的句读，划分文本的段落，把握文章的整体结构，理解蕴含在文本中的思想内涵，所有这些没有任何资料可以参考和借鉴，都要依靠他们自己去创造。

在研究成果如何呈现的问题上大家的意见也颇不一致，最后还是杜虹老师为我们提供的一个编纂体例获得大家的一致认同。本书呈现的体例主要依托此体例呈现：一是“推荐理由”（为什么从《青浦县志》中选出这一篇），二是“艺海拾贝”（对文本进行注释和翻译），三是“作者简介”（介绍作者生平事迹及创作背景），四是“指点迷津”（即文本解读，这一部分就要彰显语文的功底，从内容、形式上进行点评，可以旁征博引，表达自己的看法），五是“智慧碰撞”（提出一些值得深入思考的问题）。原来的体例中还有“说文解字”和“同文赏析”两个部分，但这两个部分不能很好地体现本书立足青浦人文精神进行挖掘的主旨，故删去，以使本书的主题更突出。

书到用时方恨少，事非经过不知难。从朦朦胧胧的一个想法到依托这个想法对一部浩如烟海的《青浦县志》进行挖掘、解读、提炼加工，到最后将大家的研修成果汇集成一部作品集，这是一件极其不容易的事，是一场修行，也是一次自我超越，在这个过程中，每一个参与其中的人都收获颇丰。通过编撰本书，我们渐渐认识到中华文化的丰厚博大，学习民族文化智慧，关心当代文化生活，尊重多样文化，吸取人类优秀文化的营养是语文教学的最根本的目标。特别是在最近几十年里，外来文化的渗透，使得越来越多的传统文化被遗忘、被曲解、被抛弃，传统文化在青少年中的影响力越来越低，传统文化的挖掘、整理、提炼、加工、普及工作迫在眉睫。我们传统经典阅读教材开发与教学设计工作室立足于《青浦县志》，通过对青浦县志的阅读、梳理和加工，还青浦区的青少年一块传统文化的沃土。提升语文能力，积淀文化功底，提高人文修养，夯实语文基础，为青少年的生命奠定文化根基，这是一件功在当代，利在千秋的事情。

我们认为青浦人文精神应该包括如下一些内涵：修身为本，以水为镜，上善若水，惩恶扬善，融通古今，天人合一，敢为人先，勇于进取。这些精神体现于《青浦县志》所记载的历代生活在青浦这片土地上的人们的一言一行、一举一动之中，体现于青浦历代文人雅士的文学作品之中，阅读本书你会清晰地感受到文本背后流淌着的青浦人文精神。

本书的编撰得到了各位专家学者的鼎力帮助和指导，古文字学家、字源网创始人叶冠卿先生指出了词语解释中的不妥之处，上海市金爱心教育基金会副会长叶是雄老师通览书稿并对本书的版式和翻译注释中值得商榷之处提出过宝贵意见，复旦大学哲学系李天纲教授、华东师范大学赵志伟教授、上海师范大学中文系陈飞教授、青浦区教师进修学院姜虹院长、闵行区教育学院王琳老师都对本书的编撰提出了具体的指导意见。本工作室顾问、上海复旦五浦汇实验学校黄玉峰校长在百忙之中为本书题写了书名。本工作室开展的活动得到了复旦附中青浦分校、复旦五浦汇实验学校以及兄弟学校的领导和同仁的大力支持和帮助，在此一并致谢。

由于依托《青浦县志》来组织教材开发尚属首次，根本没有可借鉴的经验或资料，编纂本书的各位同仁平时的教育教学任务繁重，古文字学的修养也有限，加之时间也仓促，本书中疏漏、误解、错误之处在所难免，恳请阅读此书的读者、专家、学者批评指正。

简振雷
2020 年 12 月 1 日
于海上观澜府